侵权责任法讲义

侵权责任法讲义

梁慧星　著

法律出版社
LAW PRESS · CHINA
——北京——

图书在版编目(CIP)数据

侵权责任法讲义 / 梁慧星著. -- 北京 : 法律出版社, 2023

ISBN 978-7-5197-7880-4

Ⅰ. ①侵… Ⅱ. ①梁… Ⅲ. ①侵权法—法律解释—中国 Ⅳ. ①D923.75

中国国家版本馆 CIP 数据核字(2023)第 080818 号

侵权责任法讲义
QINQUANZERENFA JIANGYI

梁慧星 著

责任编辑 宋丽娜 周合芝
装帧设计 凌点工作室

出版发行 法律出版社
编辑统筹 法律教育出版分社
责任校对 晁明慧 王 皓
责任印制 刘晓伟
经 销 新华书店

开本 32K
印张 11.75 字数 276 千
版本 2023 年 8 月第 1 版
印次 2023 年 8 月第 1 次印刷
印刷 三河市兴达印务有限公司

地址:北京市丰台区莲花池西里 7 号(100073)
网址:www.lawpress.com.cn
投稿邮箱:info@lawpress.com.cn
举报盗版邮箱:jbwq@lawpress.com.cn

销售电话:010-83938349
客服电话:010-83938350
咨询电话:010-63939796

书号:ISBN 978-7-5197-7880-4
定价:56.00 元

凡购买本社图书,如有印装错误,我社负责退换。电话:010-83938349

作者小传

1944 年 1 月生，四川眉山青神人。1962 年，毕业于眉山县青神区中学；1966 年，毕业于西南政法学院法律系；1981 年，毕业于中国社会科学院研究生院，获民法学硕士学位。1981 年 10 月，进入中国社会科学院法学研究所，从事民法学研究。1983 年，任助理研究员；1985 年至 1988 年，任《法学研究》杂志副主编；1988 年，晋升研究员；1988 年至 1998 年，任民法研究室主任；1993 年，任民法学博士生导师；1999 年至 2013 年，任《法学研究》杂志主编。1986 年，人事部批准为“有突出贡献的中青年专家”。2006 年，被评为中国社会科学院学部委员。2001 年至 2007 年，兼任山东大学法学院院长。2012 年起，曾任第六届、第七届北京仲裁委员会主任。2013 年起，任北京理工大学珠海学院民商法律学院名誉院长。

曾任第四、五、六届国务院学位委员会委员；中国人民政治协商会议第十届全国委员会委员、社会和法制委员会委员；第十一届全国人民代表大会代表（主席团成员）、法律委员会委员。

主要著作如下：独著《民法总论》《为了中国民法》《民法解释学》《裁判的方法》《法学学位论文写作方法》《读条文 学民法》《民事解答录》《民法总则讲义》《合同通则讲义》《民法物权讲义》等；合著《中国

物权法研究》《中国物权法草案建议稿附理由》《中国民法典草案建议稿附理由》等；主编《民商法论丛》、“中国民商法专题研究丛书”（100部）、“中国法学学术文库”等。

序　言

本书对《民法典》侵权责任编全部条文做了解读。写作目的，是将其作为第三种民法学习方法（以法律条文为中心的学习方法）的自学教材，以及法官、律师等法律人解释和适用法律条文的参考书。

本书与此前出版的《民法总则讲义》（法律出版社 2021 年修订版）、《民法物权讲义》（法律出版社 2022 年版）、《合同通则讲义》（人民法院出版社 2021 年版）组成一个系列，作为读条文、学民法的教材使用。建议先读《民法总则讲义》，然后读《民法物权讲义》或者《合同通则讲义》，最后读本书。

希望本书有助于法律人对《民法典》侵权责任编条文的理解和解释适用！

谨向为本书出版付出辛勤劳动的法律出版社法律教育分社编辑同志表示真诚的谢意！

梁慧星

2022 年 12 月 5 日

于昆明呈贡荒凉山庄之听风阁

目　录

引　言

《民法典》侵权责任编(以下简称本编)是以《侵权责任法》(已失效)为基础编纂而成。本编分为十章:第一章“一般规定”;第二章“损害赔偿”;第三章“责任主体的特殊规定”;第四章“产品责任”;第五章“机动车交通事故责任”;第六章“医疗损害责任”;第七章“环境污染和生态破坏责任”;第八章“高度危险责任”;第九章“饲养动物损害责任”;第十章“建筑物和物件损害责任”。正确理解、适用本编各项规定,须先正确理解、掌握侵权责任法的保护客体和本编在《民法典》的逻辑位置及法律适用关系。

关于侵权责任规定的保护客体,《德国民法典》(第 823 条)、《日本民法典》(第 709 条)及中国台湾地区“民法”(第 184 条)均规定为“权利”。例如,《德国民法典》第 823 条规定:“因故意或者过失不法侵害他人生命、身体、健康、自由、所有权或者其他权利者,对他人因此而产生的损害负赔偿义务。”(2004 年修改前的)《日本民法典》第 709 条规定:“因故意或者过失侵害他人权利者,负因此而产生损害的赔偿责任。”中国台湾地区“民法”第 184 条规定:“因故意或过失,不法侵害他人之权利者,负损害赔偿责任。故意以悖于善良风俗之方法,加损害于他人者亦同。”

早期法院裁判实践,拘泥于概念法学思想,对法条多作严格解释,认为侵权责任法保护客体以"权利"为限,侵害权利之外的"利益"不构成侵权行为,加害人不应承担侵权责任。"二战"以后,法院裁判实践受自由法学和现实主义法学思潮影响,为适应社会发展的要求,改采弹性解释,认为侵权责任法保护客体不以"权利"为限,还应当包括尚不构成权利的"合法利益";侵害尚不构成权利的"合法利益",亦可成立侵权行为,而由加害人承担赔偿责任。迄今规定侵权责任法保护客体的法律条文大多未有改变,但民法理论和裁判实践已将"合法利益"纳入保护客体范围;无论"权利侵害"或者"法益侵害",均可成立侵权责任。[1]

中国1986年颁布了《民法通则》(已失效)。按照《民法通则》第106条的规定,"侵害国家的、集体的财产,侵害他人财产、人身的","应当承担民事责任"。条文并未规定"财产权""人身权"。[2]据此,中国民法理论和裁判实践,解释侵权责任法保护客体不以"民事权利"为限,包括"财产权"、"人身权"及尚不构成权利的"财产利益"、"人身利益"。无论侵害民事权利(财产权、人身权),或者侵害合法利益(财产利益、人身利益),均可成立侵权责任。

原《侵权责任法》制定时,在《民法通则》第106条规定基础上,根据《民法通则》实施以来的民法理论和实践经验,用"民事权益"概念代替所谓"财产权""人身权",作为《侵权责任法》的保护客体(第2条第1款);并且设立第2款,以列举方式规定"民事权益"范围(第2条第2款)。该第2条第2款规定:"本法所称民事权益,包括生命权、健康权、姓名权、名誉权、荣誉权、肖像权、隐私权、婚姻自主权、监护权、所有权、用益物权、担保物权、著作权、专利权、商标专用权、发现权、股权、继承权等人身、财产权益。”

民法关于权利分类之通说，以权利的效力所及范围为标准，将民事权利分为绝对权与相对权。所谓绝对权，是指权利主体得对一切人主张、其法律效力可以拘束一切人的权利。绝对权亦称对世权。所谓相对权，是指权利主体仅得对特定人主张、其法律效力仅拘束相对人（义务人）的权利。相对权亦称对人权。物权、人格权、知识产权、股权、继承权均属于绝对权，而债权属于相对权。区分绝对权与相对权的实益，在于权利保护、救济方法的不同。绝对权受侵权责任法保护，以侵权责任为救济方法；相对权受合同法保护，以违约责任为救济方法。上引《侵权责任法》第 2 条第 2 款条文未提及债权（相对权）、所列举的 18 种民事权利[3] 均属于绝对权，明示侵权责任法保护客体以“绝对权”为限。

请特别注意，《侵权责任法》第 2 条第 2 款，不是对“民事权益”概念的法律定义，而是对“民事权益”概念的“立法解释”（“解释性规定”）。该解释性规定，在《侵权责任法》编纂为《民法典》侵权责任编时未予保留。未保留此项解释性规定的理由，盖在认为法典编纂对于法律概念宜设定义性条文，而不宜设解释性规定，并非该解释性规定的内容有错误。因此，《侵权责任法》第 2 条第 2 款规定，仍可作为裁判实务及理论研究理解侵权责任法保护客体的“民事权益”概念的参考。

在中国民法语境，“民事权益”概念有广义与狭义之分。广义民事权益概念，包括“民事主体的人身权利、财产权利以及其他合法权益”（本法[4] 总则编第 3 条）；狭义民事权益概念，指作为侵权责任法保护客体的民事权益概念，限于具有绝对权（对世权）性质的民事权利及其他合法利益,不包括债权(相对权)在内。应予留意。

这里特别谈一下监护权。民法理论上关于“监护权”是否属于“权利”,有不同意见。本法总则编第 34 条第 1 款规定:“监护人的职责是代理被监护人实施民事法律行为,保护被监护人的人身权利、财产权利以及其他合法权益等。”从这一规定来看,监护应属于一种“职责”,监护人履行“监护职责”,对其自身没有什么利益可言,因此与权利观念不合。按照关于权利本质的通说,权利由法律上之力与受保护的利益两要素构成。故凡有权利,必包含利益。但请注意同条第 2 款规定:“监护人依法履行监护职责产生的权利,受法律保护。”“监护”的本质属于一种“职责”而非(本来意义上的)“权利”,但监护人“依法履行监护职责”亦可“产生权利”。而对所“产生权利”的保护是监护职责依法履行的必要条件。采目的解释方法,应当认为,“监护”虽本质上属于一种“职责”,但此“监护职责”与通常所谓“职责”(如公法上的“职责”)不同,监护人依法履行“监护职责”,亦可使监护人享有某种权利,如排除他人非法干涉和妨碍的权利(“排除妨害请求权”)。故民法理论在肯定监护本质为一种“职责”的前提下,从保障监护职责依法履行的角度,应当承认监护具有某种权利性质和效力。联系到我国存在拐卖未成年人犯罪行为的社会现实,肯定“监护”兼有“民事权利”的性质和效力,称之为“监护权”纳入侵权责任法的保护客体范围,规定侵害“监护权”将构成侵权责任,使监护人可以直接根据监护权向人民法院提起民刑诉讼,请求归还被拐卖的被监护人并制裁犯罪行为人,具有重要意义。

前已述及,侵权责任法保护客体包括“权利”及尚不构成权利的“合法利益”。此合法利益,分为“人身利益”和“财产利益”。但究竟存在哪些“人身利益”和“财产利益”,法律难于列举规定。根据《民法通则》和《侵权责任法》实施以来的裁判实践,受法律保护的“人身利益”,有如死者名誉、死者肖像、家庭生活安宁、对死去亲人的悼念等;“财产利益”,有如可得利益(所谓纯经济损失)、财产的占有、个人信息、网络虚拟财产、虚拟角色的商品化等。有的合法利益,如冒名上学案件受侵害的“合法利益”,兼有财产利益和人身利益的性质。

须特别注意的是,某种利益即使属于合法利益,其受侵害时是否成立侵权责任,取决于审理案件的法庭结合具体案情的自由裁量。法庭裁量的第一步,判断原告所主张的利益是否存在。其应由原告承担举证责任。当然被告亦可反证原告主张利益之不存在。第二步,法庭在认定存在原告所主张的该项利益后,应进一步判断该项利益是否属于“合法利益”。据以进行判断的标准,是现行法律、法规的具体规定以及原则性规定[5]。第三步,判断本案受侵害的合法利益是否适宜用侵权责任法予以保护,是否适宜追究侵权责任。法庭据以进行判断的标准,是社会生活经验。例如,所谓“亲吻权”案件,“亲吻”当然属于合法利益,但法庭并未予以保护。法庭不予保护的根据,是社会生活经验。按照社会生活经验,所谓亲吻为双方共同行为,非独立存在于一方,且附属于人的身体。鉴于人身损害案件可以判决残疾赔偿金(第1179条)和精神损害赔偿金(第1183条),故不宜另外再用侵权责任保护所谓“亲吻利益”。类似的案例,还有所谓侵害“生育权”案件、所谓侵害“性权利”案件。这些案件中原告的请求被驳回,理由都是依据社会生活经验不宜予以保护。而所谓“悼念权”案件则不同,法院认为原告悼念死去的亲人属于合法人身利益,依据社会生活经验应受保护,故法庭支持了原告的请求。

现在介绍本编在《民法典》的逻辑位置及法律适用关系。

一、本编与合同编通则

请特别注意合同编第468条的规定："非因合同产生的债权债务关系，适用有关该债权债务关系的法律规定；没有规定的，适用本编通则的有关规定，但是根据其性质不能适用的除外。"

所谓非因合同产生的债权债务关系，简称非合同之债，包括不当得利之债、无因管理之债、悬赏广告之债和侵权行为之债。除悬赏广告之债出于广告人允诺外，均属于法定之债。该条前段规定，"非因合同产生的债权债务关系，适用有关该债权债务关系的法律规定"，即侵权行为之债适用侵权责任编（本编）的规定，不当得利之债和无因管理之债适用合同编第三分编（第28章、第29章）的规定，悬赏广告之债适用合同编第499条的规定，这是不言而喻的。

该条的重心在后段规定："没有规定的"，可以"适用本编（合同编）通则的有关规定"。我们马上就想到一个问题，条文为什么不规定"参照适用"？合同编第463条明确规定"本编调整因合同产生的民事关系"，即合同之债，非因合同产生的债权债务关系，诸如侵权责任案件、不当得利案件和无因管理案件，本不在合同编的适用范围之内，条文似应规定可以"参照适用本编通则的有关规定"。

条文为什么规定"适用本编通则的有关规定"，而不是"参照适用本编通则的有关规定"？因为中国《民法典》编纂体例的一大特色是，"不设债权总则（编），而以合同通则代替债权总则"。《民法典》不设债权总则，（不得已）尽量将属于债权总则的规则纳入合同编通则。合同编通则也就代替了债权总则。合同编通则既然代替债权总则，则侵权行为之债、不当得利之债、无因管理之债,也就在合同编通则的“立法目的范围之内”了。

按照民法解释学,援引某个法律规范裁判其适用范围内的案件,叫作“适用”。于法律规范的适用范围与其立法目的范围不一致时,则应当以其立法目的范围为准,扩张其适用范围(目的性扩张)或者限缩其适用范围(目的性限缩)。非合同的债权债务关系,虽然不在合同编的适用范围之内,却在合同编通则的立法目的范围之内。有鉴于此,第 468 条明文规定,非合同之债(着重是侵权行为之债)可以“适用本编(合同编)通则的有关规定”。这是由以合同通则代替债权总则的立法目的所决定的。[6]

须注意,不是合同编通则的全部规定都可以适用于侵权行为之债。条文后段句末“但书”规定:“但是根据其性质不能适用的除外”。那么,根据侵权行为之债的性质,合同编通则哪些规则不能适用?概而言之,首先是合同编通则关于合同的订立(第 2 章)、合同的效力(第 3 章)、合同的解除(第 7 章)等规则不能适用于侵权行为之债。因为侵权行为之债的发生系直接根据法律规定(侵权责任编)而与当事人的意思无关;其次是违约责任规则(第 8 章)不能适用于侵权行为之债。因为侵权行为之债属于侵权责任,侵权责任与违约责任是本质和功能有重大差异的两种民事责任类型。其余如合同的履行(第 4 章)、保全(第 5 章)、变更与转让(第 6 章)等规则,应有适用于侵权行为之债的可能。

这就发生另外一个问题,本编(侵权责任编)在《民法典》上的逻辑位置如何?从《民法典》编纂体例看,立法者着重于本编的救济法功能,将本编安排在法典最后。乍看起来,本编与合同编均属于分则编,似居于同一位阶;但从法律逻辑和适用关系看,既然本编没有规定的可以适用合同编第一分编"通则"的有关规定(第468条),则本编实居于合同编第一分编"通则"的下一位阶,与合同编的第二分编"典型合同"、第三分编"准合同"居于同一位阶。质言之,《民法典》的总则编居于第一位阶,合同编第一分编"通则"居于第二位阶,合同编第二分编"典型合同"、第三分编"准合同"与侵权责任编(本编)居于第三位阶。合同编第一分编,合同编第二、三分编加上侵权责任编(本编),相当于大陆法系民法理论和立法例的"债权编(法)"。其中,合同编通则是债权总则,典型合同分编、准合同分编和侵权责任编均属于债权分则。

在法律适用关系上,合同编通则作为债权总则,属于一般法;侵权责任编作为债权分则,属于特别法。两者之间构成一般法与特别法的逻辑关系。按照特别法优先适用原则(第11条),法庭裁判侵权责任案件,应当优先适用本编的规定;于本编未有规定的事项(如金钱赔偿责任的履行、保全、变更、转让、终止)应当适用合同编通则的相关规定。

二、与总则编第8章民事责任

前已述及,中国《民法典》编纂体例不同于其他大陆法系民法典编纂体例的另一个重要特色,是多重"总(则)、分(则)"结构。除前述合同编通则为债权总则,合同编第二、三分编和侵权责任编(本编)为债权分则构成"总(则)、分(则)"结构外,总则编第8章民事责任,亦与侵权责任编、合同编第8章违约责任,构成"总(则)、分(则)"结构。

无论大陆法系中的德国法系还是法国法系的民法典,大体在债权编的合同部分规定违约责任、侵权行为部分规定侵权责任,并在物权编规定具有民事责任性质的物上请求权。其余具有民事责任性质的制度,则或者附带规定于债权编合同部分,如缔约过失责任、违反后契约义务责任,或者附带规定于物权编相邻关系,如不可量物侵害责任。而将各种属于民事责任性质的责任类型(制度),合并称为"民事责任"于民法典总则编专章规定的立法例较罕见。

传统民法理论,也受立法(或者民法教学分科)的局限,往往对侵权责任、违约责任、物上请求权等作个别研究(论述),将侵权责任、违约责任、物上请求权、缔约过失责任及分散在民商事特别法中的责任,合并称为"民事责任"予以总括研究的著作极少。但日本的情况有所不同。日本民法学者对"民事责任"进行总括研究的著作颇多,诸如团野新之著《民事责任论》、石本雅男著《民事责任的基本理论》、中井美雄等编《民事责任的规范构造》、饭塚和之著《民事责任的诸相与司法判断》等。[7]

既然有必要对各类民事责任作总括的理论研究,则在民法典的总则编设置民事责任章,作为民法典各分则编关于各类民事责任规定及民商事特别法关于各类民事责任规定的总则,也就具有其合理性。显而易见,关于民事责任的"总(则)、分(则)"结构,也是中国《民法典》编纂体例的一个特色。

总则编第 8 章"民事责任",属于民事责任之总则;而侵权责任法(本编)、违约责任法(合同编第 8 章)、物上请求权制度(物权编第 3 章)及其他散见于本法分则编和民商事特别法的民事责任规定,均属于民事责任之分则。有鉴于此,属于民事责任总则的总则编第 8 章,相对于本编(侵权责任编)而言,居于上位阶,而本编居于下位阶。换言之,总则编第 8 章属于上位法(一般法),本编属于下位法(特别法)。在适用关系上,法庭裁判侵权责任案件,依据特别法优先适用原则(第 11 条),应当优先适用本编的规定,于本编未有规定的事项才能够适用总则编第 8 章民事责任的相关规定。

这里不可回避的一个问题是总则编第 8 章民事责任与合同编通则之间的位阶问题。不可拘泥于法典外在结构体例,误认为民事责任章既然是总则编的一章,而合同通则属于法典分则的合同编,则总则编第 8 章民事责任应居于上位阶,而合同编通则应居于下位阶,于是得出合同编通则应当优先于总则编第 8 章民事责任适用的意见。实则,民法典内在逻辑体系与外在结构体例并不完全吻合。在中国民法语境,具有(对债务人)惩戒、制裁功能的债权债务关系,被称为民事责任(关系)。总则编第 8 章民事责任,仅是具有惩戒、制裁功能的债权债务关系的总则。合同编通则,是涵盖具有惩戒、制裁功能的债权债务关系(民事责任)和不具有惩戒、制裁功能的债权债务关系的全部债权债务关系的总则。可知,总则编第 8 章民事责任与合同编通则之间,合同编通则反居于上位阶,而总则编第 8 章民事责任居于下位阶。换言之,合同编通则属于上位法,总则编第 8 章民事责任属于下位法。在适用关系上,总则编第 8 章民事责任,应当优先于合同编通则适用。

三、法律适用关系小结

由上可知,本编与合同编通则、总则编第 8 章民事责任三者之间的适用关系是:按照特别法优先适用原则(第 11 条),法庭裁判侵权责任案件,应当优先适用本编的规定;于本编未有规定的事项,如关于按份责任(第 177 条)、连带责任(第 178 条)、法定免责事由(第 180

条、第 181 条、第 182 条、第 184 条)、责任竞合(第 186 条)、民事责任优先原则(第 187 条)等,则应适用总则编第 8 章民事责任的相应规定;于本编及总则编第 8 章民事责任均未有规定的事项(如金钱赔偿责任的履行、保全、变更、转让、终止),应当适用合同编通则的相关规定;于本编、总则编第 8 章民事责任及合同编通则均未有规定的事项(如诉讼时效),应当适用总则编的相关规定。

注 释

1 值得注意的是,2004 年修改《日本民法典》,于第 709 条"因故意或者过失侵害他人权利"之后添加"或者受法律保护的利益",明示"受法律保护的利益"属于侵权责任法保护客体。修改后的第 709 条规定:"因故意或者过失侵害他人权利或者受法律保护的利益者,对因此所生损害负赔偿责任。"

2 《民法通则》第 106 条第 2 款规定:"公民、法人由于过错侵害国家的、集体的财产,侵害他人财产、人身的,应当承担民事责任。"

3 《侵权责任法》第 2 条第 2 款所列举的 18 种民事权利,除"发现权"外,《民法典》均有明文规定。所谓"发现权",是发现人(自然人或者法人)因重大科学发现而获得国家荣誉和物质奖励的权利。《民法通则》第 97 条第 1 款规定:"公民对自己的发现享有发现权。发现人有权申请领取发现证书、奖金或者其他奖励。"《民法通则》废止后,"发现权"的根据是《国家科学技术奖励条例》第 9 条,属于《民法典》总则编第 126 条所谓"法律规定的其他民事权利"。

4 如无特别说明,本书所用"本法",即指《民法典》;与此相对,"原法",即指原《侵权责任法》。

5 须特别注意，此所谓现行法律、法规具体规定和原则性规定，不限于民事法律法规的具体规定和民法基本原则。例如，宪法关于劳动保护、人身自由、信仰自由、营业自由、受教育权利、住宅不受侵犯、不得被强迫劳动等的规定，应采合宪性解释，将其视为民事权益概念中的合法利益。

6 第 468 条规定非合同之债可以适用合同编通则的规定，其立法着重点是侵权行为之债。因为其他非合同之债，悬赏广告之债已经规定在合同编通则（第 499 条），无因管理、不当得利之债已经作为合同编分则（第 28 章、第 29 章）加以规定，它们之适用合同编通则是不言而喻的。

7 最早的著作是团野新之著《民事责任论》，岩松书店 1922 年版。其他重要的著作有：石本雅男著《民事责任的基本理论》，有斐阁 1979 年版；中井美雄等编《民事责任的规范构造：中川淳先生古稀纪念论文集》，世界思想社 2001 年版；饭塚和之著《民事责任的诸相与司法判断》，尚学社 2012 年版。

第一章　一般规定

一般规定，包括侵权责任编的调整范围、归责原则、侵权责任承担方式等。

第一千一百六十四条　侵权责任编的调整范围

本编调整因侵害民事权益产生的民事关系。

本条规定本编（侵权责任法）的调整范围。条文规定，“本编调整因侵害民事权益产生的民事关系”，明示“因侵害民事权益产生的民事关系”，即是侵权责任法的调整范围。但在中国民法语境中，“民事关系”概念的外延宽泛，包括人身关系和财产关系。其中，人身关系仅指身份关系即婚姻家庭关系；财产关系分为物权关系、债权关系、知识产权关系及股权等投资权益关系。因侵害民事权益产生的“民事关系”，应属于“债权债务关系”。

本法总则编第118条第2款规定了债权定义:“债权是因合同、侵权行为、无因管理、不当得利以及法律的其他规定,权利人请求特定义务人为或者不为一定行为的权利。”该条的特点是,立法者将债权债务的发生原因一并规定在债权债务的定义之中。此项定义明示侵权行为是债权(债务)发生原因之一。侵害民事权益(侵权行为)发生的民事关系,与合同、无因管理、不当得利发生的民事关系相同,均属于“债权债务关系”。因合同发生的债权债务关系,合同编予以调整;因侵权行为发生的债权债务关系,由本编予以调整;因无因管理、不当得利发生的债权债务关系,规定在合同编的第三分编“准合同”(第28章、第29章)。[1]

基于发生原因不同,民法理论将债权债务关系区分为因合同发生的债权债务关系与非因合同发生的债权债务关系。前者简称合同之债;后者简称非合同之债。非合同之债,包括无因管理之债(合同编第28章)、不当得利之债(合同编第29章)、悬赏广告之债(合同编第499条)和侵权行为之债(本编)。

鉴于侵权行为之债具有救济受害人(被侵权人)和惩戒加害人(侵权人)的功能,故侵权行为之债亦称“侵权责任”。[2] 因此,对本条“民事关系”一语,应采限缩解释,解释为“债权债务关系”或者“侵权责任关系”。质言之,本编的调整范围,限于“因侵害民事权益产生的”债权债务关系(侵权责任关系)。

第一千一百六十五条　过错责任与过错推定责任

行为人因过错侵害他人民事权益造成损害的,应当承担侵权责任。

依照法律规定推定行为人有过错，其不能证明自己没有过错的，应当承担侵权责任。

一、归责原则

归责原则，亦称归责事由。中国民法学界关于侵权责任法的归责原则存在分歧。有所谓“三原则说”、“二原则说”和“一原则说”。所谓“三原则说”，即主张侵权责任法应当规定过错责任、无过错责任和公平责任三项归责原则。所谓“公平责任”的实质是，法律规定由双方当事人分担意外事故所造成的损害，属于“特殊救济措施”，并非归责原则。所谓“二原则说”，即主张侵权责任法仅规定过错责任和无过错责任两项归责原则。所谓“一原则说”，即主张侵权责任法仅有过错责任一项归责原则，法律规定不以过错为侵权责任的构成要件，应属于“例外规定”，不得称为归责原则。

须注意的是，《侵权责任法》制定时，在第十一届全国人大常委会第六次会议上，全国人大原法律委员会就《侵权责任法草案（第二次审议稿）》所作说明，明确指出“我国侵权责任制度实行过错责任和无过错责任相结合的原则”。《侵权责任法》第 6 条规定过错责任原则、第 7 条规定无过错责任原则，可见侵权责任法采取“二原则说”。《侵权责任法》编纂为本编时，本条规定过错侵权责任原则、第 1166 条规定无过错侵权责任原则。第 1186 条规定受害人与行为人“对损害的发生都没有过错”情形“由双方分担损失”，属于特别救济措施（“公平分担损失”）而非所谓“公平责任原则”。可见，本编仍维持“二原则说”，应无疑义。

二、本条规定过错责任原则

本条第 1 款关于过错责任原则的规定，是以《民法通则》第 106 条第 2 款的规定[3] 为基础，加以简化而成：以“行为人”概念涵括原文“公民、法人”两个概念；以“侵害他人民事权益”一语，涵括“侵害国家的、集体的财产”及“侵害他人财产、人身”，使关于过错责任原则的表述，更加简明、准确，符合过错责任原则的本意。本条第 2 款关于“过错推定”的规定，是新增的。从第 2 款的编排位置可知，起草人并未将“过错推定”作为一项单独的“归责原则”，而是作为本条第 1 款“过错责任原则”的特别规定。

按照本条第 1 款关于过错责任原则的规定，凡属于适用过错责任原则的案型，原则上须由原告（受害人）证明被告（加害人）有过错；按照本条第 2 款的规定，如果属于“法律规定推定行为人有过错”的案型，则不要求原告就被告有过错举证，而是要求被告就自己“没有过错”举证；如果被告“不能证明自己没有过错”，法庭即应认定被告有过错，而判决被告承担侵权责任。质言之，属于法律规定“推定过错”的案型，适用本条第 2 款规定，举证责任及举证不能的后果由被告（加害人）负担；属于法律未规定“推定过错”的案型，则应适用本条第 1 款规定，举证责任及举证不能的后果由原告（受害人）负担。

本条第 1 款规定与第 2 款规定之间构成一般法与特别法的逻辑关系。法庭审理侵权责任案件，按照特别法优先适用原则（第 11 条），凡属于法律规定过错推定的案型，应当优先适用第 2 款规定、不适用第 1 款规定。本法规定“推定行为人有过错”的案型，例如，第 1253 条规定的建筑物管理瑕疵损害责任、第 1255 条规定的堆放物倒塌损害责任、第 1257 条规定的林木折断致人损害责任、第 1258 条第 2 款规定的窨井等地下设施损害责任、第 1248 条规定的动物园的动物致人损害责任等。特别应注意的是，第 1222 条关于医疗机构“过错推定”的规定，与前述“推定过错”规定不同。该条规定“推定医疗机构有过错”，并不允许医疗机构举证证明自己没有过错（而获得免责），属于法理上所谓“不可推翻的推定”。

三、过错侵权责任的构成要件

请特别注意，本条第 1 款不仅是关于过错侵权责任归责原则的规定，同时是法庭裁判过错侵权责任案型的裁判规范（请求权基础）。请注意本条第 1 款与《侵权责任法》第 6 条的差异在“造成损害的”五字。本编起草人用“造成损害的”五字，表述侵权责任构成要件之一的“损害事实要件”。《侵权责任法》第 6 条没有“造成损害的”五字、缺乏“损害事实要件”，仅仅是关于过错责任原则的规定，不具有裁判规范（请求权基础）的性质，而裁判过错侵权责任案型的裁判规范（请求权基础）是《侵权责任法》第 2 条第 1 款[4]。《侵权责任法》编纂为本编时，起草人删去《侵权责任法》第 2 条，在规定过错责任原则的条文（第 1165 条）补全责任构成要件，使其具有过错侵权责任案型裁判规范（请求权基础）的性质和功能。按照本条的规定，过错侵权责任的构成要件如下：

第一，加害行为，即条文“侵害他人民事权益”的行为。加害行为，须是人的行为。民法所谓“行为”，指人有意识的活动。无意识的活动，如人在熟睡或昏迷状态中的动作，及受他人暴力强迫所为的动作，均不属于行为。无行为能力的未成年人及成年人，因其无意识能力,所为动作也不得称为行为。人的行为,分为合法行为与违法行为。"侵害他人民事权益"的加害行为,属于违法行为,包括侵权行为与违约行为。侵权行为指侵害他人具有绝对性民事权利和合法利益的加害行为;违约行为指侵害债权(不履行债务)的行为。此所谓"人"指"自然人",不包括"法人"。[5]

前已述及,作为侵权责任法保护客体的"民事权益",限于具有绝对权(对世权)性质的民事权利及其他合法利益,不包括债权(相对权)在内。故作为侵权责任构成要件之一的"加害行为",是指自然人(包括担任法人法定代表人的自然人)实施的侵害他人具有绝对权性质的民事权利及合法利益的行为。须注意,民法理论有所谓侵权行为与准侵权行为之分。"侵权行为",指自然人实施的侵害他人民事权益、依法应当承担民事责任的"加害行为"。与此相应,本编条文所谓"行为人",是指实施加害行为的自然人。所谓"准侵权行为",包括两类"法律事实":其一,被监护人施加损害于他人,依法应当由其监护人承担民事责任的"法律事实"。被监护人因无民事行为能力,其损害他人的动作不得称为"加害行为",而属于"法律事实"中的(致损)"事件"。其二,物的危险实现造成他人损害,依法应当由其管理人承担民事责任的"法律事实"。本编分则规定的产品责任、交通事故责任、高度危险物致损、建筑物和物件损害、动物伤害,均非人的加害行为,而属于"法律事实"中的(致损)"事件"。[6] 本编有的条文所谓"侵权行为"概念(如第 1171 条、第 1172 条),仅指自然人实施的加害行为即严格意义的"侵权行为",但有的条文所谓"侵权行为"(如第 1167 条),不仅指严格意义的"侵权行为",还包括所谓"准侵权行为",应予留意。

第二,损害,或称损害结果、损害事实。作为侵权责任构成要件之一的损害,是指对受害人人身或者财产的不利后果。包括财产的减少、利益的丧失以及名誉的毁损、精神痛苦或肢体疼痛、生命丧失(死亡)、身体损害(残疾)、健康损害(患病)、自由损害(非法拘禁、强迫劳动)、知识产权损害等。按照条文“造成损害的”一语的文义,“损害”指已经存在的“不利后果”。如果只是一种造成人身、财产“不利后果”的可能性,本法称为“危及他人人身、财产”的“危险”(第1167条),可以发生停止侵害、排除妨害、消除危险请求权(特别侵权责任),不发生损害赔偿请求权(一般侵权责任)。可知,作为(一般)侵权责任的构成要件的“损害”,应当以实际损害已经存在为条件。

法庭审理侵权责任案件,损害事实要件应当由受害人(原告)承担举证责任。受害人(原告)应当举证证明所受损害的范围、程度、具体的数额以及计算方法等。但按照社会生活经验,“精神损害”是难于举证证明的。因此,对于“精神损害”之是否存在及其严重程度,法庭不要求原告(受害人)举证,而由法庭依经验法则直接认定。

第三,因果关系。加害人的行为与受害人所受损害之间存在因果关系,是侵权人承担民事责任的必要条件。所谓因果关系,是指加害行为与损害之间的内在联系;在责任人对他人(被监护人、被使用人)造成的损害承担责任案型,以及责任人对物(饲养动物、建筑物)导致的损害承担责任案型,因果关系是指该他人(被监护人、被使用人)的行为或者该物(饲养动物、建筑物)与损害之间的内在联系。即责任人自己实施或应由责任人负责的他人(被监护人、雇员等)实施的加害行为,或者应当由责任人负责的物之危险实现(如饲养动物致损、建筑物倒塌)是损害发生的原因,受害人所受损害则是加害行为、物之危险实现的结果。[7]

条文“行为人因过错侵害他人民事权益造成损害的”一句,对因果关系作了准确表述,即“加害行为”是造成损害的“原因”;所“造成的损害”是该“原因”(“加害行为”)导致的“结果”。

法庭判断因果关系之是否存在,应当采用“有此(原因)即有彼(结果),无此(原因)即无彼(结果)”检验法[8]。如经判断,有此加害行为,即有彼损害结果;无此加害行为,即无彼损害结果,则应当认定此加害行为与彼损害结果之间,存在因果关系。如经判断,虽有此加害行为,有彼损害结果;但无此加害行为,亦有彼损害结果,则应当认定此加害行为与彼损害结果之间,不存在因果关系。

因果关系属于侵权责任构成要件,应当由原告(受害人)对被告或者被告负责的他人(被监护人、被使用人)的加害行为或者物(产品、动物、建筑物)之危险实现与原告所受损害之间存在因果关系,承担举证责任。原告不能举证或者举证不足以证明因果关系存在的,法庭应据此驳回其诉讼请求。对此须注意三点:

其一,鉴于社会生活复杂性和信息资料在当事人间分布不均衡,法庭不应要求原告的举证达到充分的程度;于原告举出的证据证明可能存在因果关系情形,法庭应当认为原告已履行举证责任而不再要求原告继续举证,同时责令被告举证证明因果关系不存在,即举证责任转换;如果被告举证证明因果关系不存在,法庭即应认定因果关系不存在并判决驳回原告的请求;如果被告不能举证或者所举证据不足以证明因果关系不存在,则法庭即应认定因果关系存在并作出支持原告诉讼请求的判决。

其二,于被告怠于履行义务致使受害人遭受损害的案型,如不履行安全保障义务（第 1198 条）案型，按照社会生活经验，受害人往往难于证明被告的不作为与损害后果之间存在因果关系。在多数这类案件，损害后果之发生的原因，是第三人的行为或者别的原因。如被告不履行安全保障义务的案型（第 1198 条），第三人的加害行为才是损害发生的原因。法律规定安全保障义务人承担补充责任，出于促使安全保障义务人认真履行安全保障义务，尽可能避免损害的发生的政策目的。因此，法庭不要求原告（受害人）证明被告的不作为与损害后果之间存在因果关系，而仅要求原告（受害人）证明被告负有特定的作为义务（如安全保障义务），如果被告履行了该作为义务，就有可能避免损害结果的发生。

其三，法律规定因果关系举证责任倒置的案型。第 1230 条规定，污染环境、破坏生态侵权责任案型，由行为人（被告）就其行为与损害之间不存在因果关系承担举证责任。换言之，受害人不承担证明因果关系存在的举证责任。

第四，过错。民法所谓过错责任原则，亦称自己责任原则。即任何人只对自己有过错的行为造成他人的损害承担责任，不对没有过错的行为给他人造成的损害承担责任。即所谓“有过错即有责任、无过错即无责任”。民法所谓过错，为一种主观心理状态。有意追求或者放纵某种损害结果发生，称为故意；明知或者应知某种损害结果的发生而不采取措施加以规避致使该损害结果发生，称为过失。

民法理论和立法例，加害人具有过失即应当承担侵权责任，一般不因加害行为之属于故意或者过失而影响所承担责任之轻重。因此，法庭审理侵权责任案件，仅判断被告（加害人）实施加害行为时是否具有过失，而无须进一步判断其是否属于故意。但不能因此误认为不需要区分故意与过失。一是若干侵权责任案型,法律规定以行为人具有故意为加重责任的条件(如第 1185 条);二是以受害人之属于故意作为免责事由(如第 1174 条)。

依民法过错理论,所谓过错,指行为人应受谴责的主观心理状态,而非外在的行为。鉴于个人意思自由、意志能力和责任能力,个人应对自己行为的后果负责。行为人实施加害行为时是否具有过错,须就对行为人的责任能力、认识能力、预见能力做准确的判断。因各人的智力程度、教育程度、业务能力、专业知识、健康状况、所处环境等各不相同,其认识能力、预见能力往往千差万别,使具体案件判断过错遭遇巨大困难。于是民法理论放弃主观过错说,改采客观过错说、新过失说。按照新说,所谓过错并非行为人应受非难的主观心理状态,而是指应受非难的行为本身,如行为人的行为不符合该种行为标准,行为人即具有过错。

例如,《欧洲私法原则、定义与示范规则:共同参考框架草案》(欧洲民法典草案)第 VI.-3:101 条(故意)规定:"行为人在造成具有法律相关性的损害时存在下列情形的,得认为其系故意:(a)意图即在于造成此种损害;或者(b)明知将会或者几乎必然会导致此种损害或者同类损害的发生而仍为一定行为。"《欧洲私法原则、定义与示范规则:共同参考框架草案》(欧洲民法典草案)第 VI.-3:102 条(过失)规定:"行为人在造成具有法律相关性的损害时,其行为符合下列情形的,得认为其系过失:(a)未达到制定法所规定的旨在保护受害人免受损害的特殊注意义务标准;或者(b)在没有法定注意义务标准时,未尽到在个案情形下相当谨慎之人可以被期待的注意。"

须补充一点,按照我国民法理论和实践,关于侵权责任之成立,无所谓“违法性”要件。《民法通则》关于侵权责任的规定，亦仅规定“侵害”而未规定“不法侵害”或者“违法侵害”。裁判实践中，凡“侵害”他人民事权益，均可成立侵权责任。民法教科书在论述侵权责任构成要件时，鲜有论及所谓“违法性”要件者。因此，《侵权责任法》第 2 条及以下条文均仅言“侵害”，而不论“侵害”之是否属于“不法”。[9] 此与《德国民法典》(第 823 条)、《日本民法典》(第 709 条)及中国台湾地区“民法”(第 184 条)关于侵权行为之规定明示“不法侵害”不同。而德国、日本民法理论和裁判实践均发生所谓“违法性要件之要否”的争论。本条以原法第 6 条规定为基础、第 1 款有重要改动。

第一千一百六十六条　无过错责任原则

行为人造成他人民事权益损害，不论行为人有无过错，法律规定应当承担侵权责任的，依照其规定。

前已述及，本编采过错责任与无过错责任的“二元归责”，紧接前条关于过错侵权责任的条文之后，本条规定无过错责任原则。按照本编内在逻辑关系，过错侵权责任为一般法，无过错侵权责任为特别法。本条的法律意义仅在排除前条过错责任原则之适用。本条规定本身，并不具有作为裁判规范(请求权基础)的意义。法庭审理无过错侵权责任案件，所应适用的是本编关于无过错侵权责任的具体规定(如产品责任、交通事故责任)及其他法律(如产品质量法、道路交通安全法)关于无过错侵权责任的具体规定。凡属于本编或者其他法律未明文规定为无过错责任的案型，均属于(前条规定的)过错责任原则

的适用范围。

本编规定适用无过错责任原则的案型，包括：监护人责任案型（第1188条、第1189条）、使用人责任案型（第1191条、第1192条）、产品责任案型（第4章）[10]、机动车交通事故责任案型（第5章）、环境污染和生态破坏责任案型（第7章）、高度危险责任案型（第8章）、饲养动物损害责任案型（第9章）[11]、建筑物、构筑物倒塌、塌陷损害责任案型（第1252条）。需说明的是，法律规定适用无过错责任原则的案型，如法律规定有免除责任或者减轻责任事由，加害人可以通过证明存在免责事由或者减责事由而获得侵权责任之免除或者减轻，自不待言。

现代侵权法上的无过错责任原则，是作为过错责任原则的例外规则。相对于过错责任原则须以行为人具有过错作为承担侵权责任的条件而言，无过错责任原则不以行为人具有过错作为承担侵权责任的条件。换言之，在法律规定适用无过错责任原则的案型，从侵权责任构成要件中排除了“过错”要件，法庭在判断被告应否承担侵权责任时，根本不考虑被告有无过错。既不要求原告证明被告有过错，也不允许被告主张自己无过错而请求免责。

现代侵权立法，之所以对某些案型规定适用无过错责任原则，其法律政策上的考虑是：在某些案型，如缺陷产品致损案件、企业劳动者受害案件、机动车交通事故致损案件，受害人很难举证证明产品生产者、企业主、机动车使用人具有过错；要求受害人证明生产者、企业主、机动车使用人具有过错，有使受害人难于获得赔偿、责任人逃脱责任之虞。而在其他案型，如高度危险物致损案件，饲养动物致损案件，环境污染致损案件，建筑物倒塌、塌陷致损案件，其责任人之具有过错是显而易见的[12]，要求受害人证明过错之存在，纯属多此一举。显而易见，现代侵权法规定无过错责任原则的政策目的，绝不是要使“没有过错”的人承担侵权责任，而是要免除受害人证明加害人过错的举证责任，使受害人易于获得损害赔偿，使加害人不能逃脱侵权责任。

补充一点，对条文“行为人造成他人民事权益损害”所谓“行为人”概念，应当稍作解释。前已述及，适用无过错责任的案型中，在监护人责任案型和使用人责任案型，承担侵权责任的是监护人、使用人，而“造成他人民事权益损害”的是“被监护人、被使用人”；在产品责任案型，机动车交通事故责任案型，高度危险物致损责任案型，饲养动物损害责任案型，建筑物倒塌、塌陷责任案型，“造成他人民事权益损害”的“原因”是缺陷产品、机动车、高度危险物（或设施）、饲养动物、建筑物，而不是人的行为。如果说监护人责任案型和使用人责任案型还有“行为人”（虽然此“行为人”非“责任人”），那么在此外的无过错侵权责任案型，根本不存在所谓“行为人”。故条文使用“行为人”概念，并不正确。建议采目的解释方法，解释本条如下：依法应当由责任人（自然人或者法人、非法人组织）负责的他人行为或者物（的危险实现）造成他人民事权益损害的，无论责任人有无过错，法律规定应当承担侵权责任的，依照其规定。本条基本沿用原法第 7 条原文。

第一千一百六十七条　危及他人人身、财产安全的责任承担方式

侵权行为危及他人人身、财产安全的，被侵权人有权请求侵权人承担停止侵害、排除妨碍、消除危险等侵权责任。

民法传统的救济方法,主要是对造成损害的金钱赔偿,属于事后的救济。前已述及,无论过错侵权责任或者无过错侵权责任,均以已造成实际损害后果为构成要件。因此,须待加害行为造成实际的损害后果具备侵权责任全部构成要件,法院才判决加害人承担侵权责任、向受害人支付一笔损害赔偿金。即所谓"有损害即有责任、无损害即无责任"。这是由民事责任填补损害的本质、功能所决定的。自罗马法以来,侵权行为的通常形态是侵害财产权及侵害自然人的生命、身体,以造成实际的财产损失、人身损害为追究侵权责任的条件,即所谓"有损害即有责任、无损害即无责任",似乎并没有什么不妥。因为在侵权行为刚开始实施、还没有造成实际损害后果的时候,受害人可以依法实施正当防卫、自助行为等自力救济措施,以维护自己的财产权和人身权,而无须法院介入、予以公力救济(况且未具备追究侵权责任的条件)。

但是,现代社会因为新闻、出版、电影、电视、网络侵害他人隐私、损害他人名誉的侵权行为形态,一律等到造成实际损害后果、具备侵权责任全部构成要件之后法院才介入、实行公力救济,就不合情理。因为,对于这类侵权行为,受害人难于实施正当防卫、自助行为等自力救济措施。这类侵权行为刚开始实施、尚未造成实际损害后果之时,如侵权著作还在印刷中或者尚未投放市场,侵权影片、电视剧正在制作或者制作完成尚未放映,受害人能否请求法院及时制止、禁止它的制作、发行、放映,以回避造成严重损害后果?大陆法系传统侵权法没有这个制度。于是,德国民法理论和裁判实务发明了一个办法,对于侵害人格权的侵权行为准用物权法上的停止侵害、排除妨害请求权。我国台湾地区"民法"修改新增第 18 条第 1 款规定:"人格权受侵害时，得请求法院除去其侵害；有受侵害之虞时，得请求防止之。”此即侵权规定上的妨害除去请求权、停止侵害请求权。

中国民法理论和实践，认可对于进行中的侵权行为，受害人有停止侵害、排除妨害、消除危险请求权。《民法通则》第 134 条规定的承担民事责任的方式，包括“停止侵害”“排除妨碍”“消除危险”。但对此“停止侵害”“排除妨碍”“消除危险”是否属于侵权责任，尚有疑问。有人认为仅是物权请求权而非侵权责任。有鉴于此，2009 年制定《侵权责任法》，专设第 21 条明确规定“停止侵害、排除妨碍、消除危险”请求权为侵权责任的责任形式。本条基本沿用《侵权责任法》第 21 条，仅将“可以请求”一语改为“有权请求”。

须注意的是，本条规定的三项请求权，其中排除妨害请求权和消除危险请求权，与物权编第 236 条规定的排除妨害请求权和消除危险请求权类似。物权编第 236 条规定的排除妨害请求权和消除危险请求权，与本条规定的排除妨害请求权、消除危险请求权，区别何在？第一，物权编第 236 条排除妨害请求权、消除危险请求权，性质上属于物权请求权；而本条排除妨害请求权、消除危险请求权，属于侵权责任的责任形式。第二，物权编第 236 条排除妨害请求权、消除危险请求权，其构成要件简单，仅以存在“妨害物权”（的行为）或者“可能妨害物权”（的行为或者状态）一项构成要件；而本条规定的排除妨害请求权、消除危险请求权，须具备三项构成要件：其一，须实施妨害行为或者存在危险状态；其二，须危及他人人身、财产安全；其三，须妨害行为或者危险状态与危及他人人身、财产安全之间存在因果关系。

本条规定的停止侵害请求权、排除妨害请求权和消除危险请求权，其目的范围亦有差异。(1)停止侵害请求权，其目的范围是，正在实施、尚未造成实际损害后果的侵权行为形态。针对侵权人正在实施侵害他人人身权、财产权(如侵害名誉权、隐私权、知识产权),尚未造成实际损害后果的侵权行为,受害人可以行使停止侵害请求权,向法院提起停止侵害之诉。[13](2)排除妨害请求权的目的范围是,侵权人或者应当由其负责的人(被监护人、被使用人)正在实施的妨害他人人身权、财产权行使的妨害行为。受害人可以向法院提起排除妨害之诉。(3)消除危险请求权的目的范围是,侵权人管理之下的物(动物、无生物)危及他人人身权、财产权安全的危险状态。受害人可以向法院提起消除危险之诉。

还须注意,人民法院审理请求排除妨害和消除危险案件(无论依据本条或者第236条),可以适用《民事诉讼法》规定的一审普通程序。但本条规定的停止侵害请求权,所针对的是危及人身、财产安全的进行中,尚未造成实际损害后果的侵权行为,其立法目的,在于通过停止侵害请求权之行使,及时制止侵权行为,以避免造成严重损害后果。如果人民法院按照一审普通程序审理,在查明事实后作出责令被告停止侵害的判决,待判决生效之后再由受害人依执行程序申请执行,则必致设立停止侵害请求权之立法目的落空。可见,本条规定停止侵害请求权,将导致现行民事诉讼程序法律变革,要求创设一种类似于英美法申请禁止令(injunction)的特别程序。但在民事诉讼法创设类似禁止令之特别程序之前,人民法院可以根据受害人的申请先行作出停止侵害的裁定。[14]

补充两点。其一,停止侵害请求权的目的范围,是侵权人正在实施的加害行为;排除妨害请求权的目的范围,是侵权人或者由其负责的人实施的妨害行为;但消除危险请求权的目的范围,是责任人管理之下的物(动物、无生物)危及他人人身权、财产权安全的危险状态，而非“行为”。故条文用“侵权行为”概念加以涵括，有欠准确。其二，条文中的“等”字究何所指？其应当指除停止侵害、排除妨害、消除危险之外的“责任形式”。例如，提起停止侵害之诉的同时，请求法院判令被告侵权人“赔礼道歉”；提起排除妨害之诉、消除危险之诉的同时，请求法院判决被告侵权人赔偿因妨害行为、危险状态给原告造成的损失。本条基本沿用原法第 21 条原文。

第一千一百六十八条　共同侵权

二人以上共同实施侵权行为，造成他人损害的，应当承担连带责任。

本条规定主观共同侵权行为。共同侵权行为人应当承担连带责任，为各国民法的共同制度，且多数民法典设有明文规定。[15]《民法通则》第 130 条规定：“二人以上共同侵权造成他人损害的，应当承担连带责任。”民法理论和实践，关于共同侵权行为之成立，是否以各行为人间存在“意思联络”为要件，存在分歧意见。多数学者主张，不要求“意思联络”，只要有“行为上的关联性”和“结果的统一性”，即可成立共同侵权行为。

原 2003 年最高人民法院《关于审理人身损害赔偿案件适用法律若干问题的解释》(已修改)，以《民法通则》第 130 条为根据，进一步将共同侵权行为区分为两种：“共同故意或者共同过失”的共同侵权；“侵害行为直接结合发生同一损害后果”的共同侵权行为。前者相当于“有意思联络”的共同侵权；后者指存在“行为上的关联性和结果统一性”的共同侵权。本编沿袭民法理论和裁判实践的上述思路，就共同侵权行为，分设为两个条文，本条规定“有意思联络”的共同侵权行为，第1171条规定“行为关联”的共同侵权行为。故与《德国民法典》(第830条)、《日本民法典》(第719条)及中国台湾地区“民法”(第185条)仅以一个条文规定共同侵权行为，稍有不同。

值得注意的是，本条所谓“共同实施”一语，指行为人就侵权行为之实施有“意思联络”。若无“意思联络”，不得称为“共同实施”，而应属于“分别实施”。故本条所谓“共同实施”，亦即最高人民法院解释所谓“有共同故意或者共同过失”，相当于日本及中国台湾地区法院判例解释共同侵权行为之所谓“主观共同”。第1171条所谓“二人以上分别实施侵权行为造成同一损害”，亦即最高人民法院解释所谓“侵害行为直接结合发生同一损害后果”，相当于日本及中国台湾地区法院判例所谓“行为关联共同”或者“客观共同”。“分别实施”一语，指行为人间不存在“意思联络”、各自分别实施侵权行为。若“分别实施”的侵权行为造成“不同”损害，应当属于一般侵权行为，由各人对自己的行为造成的损害结果承担侵权责任，不发生“连带责任”问题。仅在“分别实施”的侵权行为造成“同一损害”情形，才有作为共同侵权行为处理，使行为人承担连带责任的必要。

考虑到符合“二人以上分别实施”侵权行为造成“同一损害后果”的，并不都构成共同侵权行为，还可能构成所谓“原因竞合”。共同侵权行为与“原因竞合”的区别在于：分别实施的各个侵权行为，是否都足以造成全部损害？各个侵权行为都足以造成全部损害的，构成第1171条“行为关联”的共同侵权行为；各个行为不足以造成全部损害，须相互结合才造成全部损害的，则不构成共同侵权行为，而属于“原因竞合”。因此,第1171条在“二人以上分别实施”和“造成同一损害”两项要件之外,特别增加第三项要件:“每个人的侵权行为都足以造成全部损害”。此第三项要件,为区别行为关联的共同侵权行为与“原因竞合”的关键,应特别留意。

前已述及,中国民法立法,将具有惩戒和救济性质的债权债务关系,称为民事责任。民事责任,如果属于按份责任,应当适用总则编第177条关于按份责任之规定;如属于连带责任,应当适用总则编第178条关于连带责任的规定,而不适用合同编关于按份债权债务(第517条)、连带债权债务(第518条至第521条)的规定。

顺便指出,共同侵权案件,应当以全体共同侵权人为共同被告。如果原告仅起诉共同侵权人中的一人、未起诉其他共同侵权人,法庭应当予以释明,告知其追加共同被告,而不得依职权增列共同被告。假设受害人仅起诉某一位共同侵权人,而法庭认为其他共同侵权人不到庭参与诉讼可能难于查清案情这种情形,法庭应告知不增列其他共同侵权人为共同被告有可能难于查清案件事实的后果。经法庭释明,原告通常会同意增列共同被告。假设经法庭释明,原告仍不同意追加,法庭可分别情况处理:其一,虽未增列被告,仍然能够查清案情,应认为原告放弃对其他共同侵权人的请求,即免除其他共同侵权人应负担的责任份额,仅判决被告承担自己应负担的责任份额;其二,如因原告不同意追加共同被告,致难以查清案情(如被告是否为加害人、是否存在因果关系等),则应认定原告诉讼请求不成立,判决驳回其诉讼请求。

本法第178条第2款规定共同侵权人各自承担的责任份额的确定方法。但应注意,即使受害人将全部侵权人起诉至法院,法庭审理后认为构成共同侵权行为，也仅判决全体共同侵权人承担连带责任，而无须在判决书中确定连带责任人各自应负担的份额。通常情形，在其中一人承担全部赔偿责任后，依据第178条第2款的规定向其他共同侵权人行使追偿权，另案向法院提起追偿权行使之诉时，法庭才必须确定共同侵权人（连带责任人）各自的责任份额。例外情形，如前所述，受害人起诉个别共同侵权人，经法庭释明后仍拒绝增列其他共同侵权人为被告时，视为放弃对其他共同侵权人的请求权，（如果能够查清案情）法庭在查清案情之后，须先确定共同侵权人之间的责任份额，据以判决被告仅承担自己的责任份额。本条沿用原法第8条原文。

第一千一百六十九条　教唆侵权、帮助侵权

教唆、帮助他人实施侵权行为的，应当与行为人承担连带责任。

教唆、帮助无民事行为能力人、限制民事行为能力人实施侵权行为的，应当承担侵权责任；该无民事行为能力人、限制民事行为能力人的监护人未尽到监护职责的，应当承担相应的责任。

所谓“教唆”，我国台湾地区“民法”称为“造意”。民法理论和规定，是将“教唆、帮助他人实施侵权行为”案型“视为”共同侵权行为，而与共同侵权行为规定在同一条文。如《德国民法典》第830条第2款、《日本民法典》第719条第2款及中国台湾地区“民法”第185条第2款。值得注意的是，本编未采取“视为”这一立法技术，而是在共同侵权行为概念之外，将“教唆、帮助”规定为一种独立的侵权行为类型，并且以教唆、帮助的对象之属于完全民事行为能力人或者无民事

行为能力人、限制民事行为能力人，而分设两款规定。

本条第1款规定“教唆、帮助他人实施侵权行为的”，教唆人、帮助人“应当与行为人承担连带责任”。请注意条文“他人”一词，是指完全民事行为能力人而言。这从专设第2款规定教唆、帮助“无民事行为能力人、限制民事行为能力人”实施侵权行为，即可明了。第1款规定，实际是将教唆、帮助他人（完全民事行为能力人）实施侵权行为，“视为”共同侵权行为，与民法理论及德国、日本等立法例相同。

本条第2款第一句规定，“教唆、帮助无民事行为能力人、限制民事行为能力人实施侵权行为的”，即教唆人、帮助人“应当承担侵权责任”，而未明示此“侵权责任”是“连带承担”或者“全部责任”“主要责任”。第2款第二句规定，在他人“教唆、帮助”无民事行为能力人、限制民事行为能力人实施侵权行为的情形，如其监护人“未尽到监护职责”，则监护人“应当承担相应的责任”。此所谓“相应的责任”，应当解释为，与其“监护过失”程度相当的责任。法律明文规定，存在监护人过失时，监护人不得免责，对于促使监护人履行监护职责，有其重要意义。

按照本条第1款与第2款之间的逻辑关系，第1款条文所谓“他人”，应当指完全民事行为能力人，已如前述，并且规定教唆人、帮助人应当与行为人“承担连带责任”。这是将此案型“视为”共同侵权行为的必然结果。第2款明文规定教唆、帮助无民事行为能力人、限制民事行为能力人实施侵权行为，是否也“视为”共同侵权行为，使教唆人、帮助人与行为人承担连带责任？侵权责任法第二次审议稿，为体现惩戒教唆人、帮助人的政策目的，曾明确规定为（教唆人、帮助人）承担“主要责任”，[16]后改为现在的第2款条文，笼统规定教唆人、帮助人应当“承担侵权责任”。这样规定的立法理由何在？

从本条第2款条文之修改情形,可以推知立法者所作政策考量是:如本款明确规定教唆人、帮助人与行为人“承担连带责任”,将难于体现对教唆人、帮助人惩戒之目的,且在行为人(其家庭或监护人)经济地位较优时,受害人将选择请求该未成年人承担全部责任,而有使教唆人、帮助人逃脱责任之虞;如果规定为教唆人、帮助人承担“主要责任”乃至承担“全部责任”,则在教唆人、帮助人无赔偿资力情形,受害人有难于获得赔偿之虞。有鉴于此,立法者为摆脱此两难困境,遂将教唆、帮助无民事行为能力人、限制民事行为能力人实施侵权行为案型的责任承担,委托审理案件的法庭根据具体案情自由裁量。故本款笼统规定“应当承担侵权责任”,实质上属于“委托授权”。审理教唆、帮助无民事行为能力人、限制民事行为能力人实施侵权行为案件的法庭,依据此项委托授权,应着重考量教唆人、帮助人与行为人(及其监护人)双方的赔偿资力,如教唆人、帮助人有赔偿资力,当然可以判决其承担“主要责任”乃至“全部责任”,以体现法律对教唆人、帮助人的惩戒;反之,如教唆人、帮助人不具有赔偿资力,则可判决教唆人、帮助人与行为人承担连带责任,以保障受害人能够获得完全的赔偿,自不待言。本条基本沿用原法第9条原文。

第一千一百七十条　共同危险行为

二人以上实施危及他人人身、财产安全的行为,其中一人或者数人的行为造成他人损害,能够确定具体侵权人的,由侵权人承担责任;不能确定具体侵权人的,行为人承担连带责任。

本条规定共同危险行为损害责任。所谓“共同危险行为”，指二人以上实施加害行为，各加害行为均可能造成损害，而不能确定具体加害人的情形。《德国民法典》（第830条）、《日本民法典》（第719条）及中国台湾地区“民法”（第185条）均规定准用关于共同侵权行为的规定，使各行为人对受害人承担连带责任。因此，有人称其为“准共同侵权行为”。《民法通则》并未规定“共同危险行为”，但民法理论和裁判实践在共同侵权行为之外，认可“共同危险行为”之存在。

2003年最高人民法院《关于审理人身损害赔偿案件适用法律若干问题的解释》第4条规定：“二人以上共同实施危及他人人身安全的行为并造成损害后果，不能确定实际侵害行为人的，应当依照民法通则第一百三十条规定承担连带责任。共同危险行为人能够证明损害后果不是由其行为造成的，不承担赔偿责任。”《侵权责任法》起草人在总结民法理论和实践经验的基础上，将“共同危险行为”作为一种单独的侵权行为类型加以规定，而与《德国民法典》、《日本民法典》及中国台湾地区“民法”稍有不同。

按照本条的规定，共同危险行为的构成要件有三：（1）行为人为多数，即条文所谓“二人以上”；（2）行为本身具有危险性，即条文所谓“危及他人人身、财产安全的行为”；（3）不能确定具体加害人。符合这三项要件，即应成立“共同危险行为”，而由各行为人对受害人承担连带责任。至于究竟行为之属于“共同实施”或者“分别实施”及行为人相互间有无“意思联络”，均不予考虑。

补充一点，本条规定“能够确定具体侵权人的，由侵权人承担侵权责任”一句，目的在于方便实践操作及明确“共同危险行为”与其他侵权行为的界限。如“能够确定具体侵权人”，则已不属于“共同危险行为”的范围。这种情形,如确定的具体加害人为一人,应属于一般侵权行为,由该行为人对受害人承担侵权责任;如确定的具体加害人为二人以上,则应构成“共同侵权行为”,应依据本法第 1168 条(主观共同侵权行为)或者第 1171 条(客观共同侵权行为)的规定,由各行为人对受害人承担连带责任。本条沿用原法第 10 条原文。

第一千一百七十一条　分别侵权承担连带责任

二人以上分别实施侵权行为造成同一损害,每个人的侵权行为都足以造成全部损害的,行为人承担连带责任。

本条是关于客观共同侵权行为的规定。前已述及,传统民法共同侵权行为,须以各行为人之间有“意思联络”为构成要件。若各行为人之间无“意思联络”,即不构成共同侵权行为,而应当由各行为人依其行为造成损害后果的原因力,承担按份责任。[17]随着社会的发展,民法理论和实践对于虽无“意思联络”、数人分别实施加害行为造成同一损害案型,亦作为共同侵权行为(“行为关联共同侵权行为”),使各加害人承担连带赔偿责任。[18]所谓“行为关联共同侵权行为”,亦即所谓“客观共同侵权行为”,而以“意思联络”为要件的共同侵权行为,则称为“主观共同侵权行为”。其中,客观共同侵权行为的构成要件包括以下方面:

第一,二人以上“分别实施侵权行为”。起草人以“分别实施”“共同实施”,作为划分客观共同侵权行为与主观共同侵权行为的标准。各行为人之间有意思联络(共同故意与共同过失),称为“共同实施”,

属于主观共同侵权行为；各行为人之间无意思联络（无共同故意或者共同过失），称为“分别实施”，数人“分别实施”侵权行为造成同一损害，即属于客观共同侵权行为。“分别实施”一语，指行为人间不存在意思联络（无共同故意或者共同过失）、各自实施侵权行为。

第二，二人以上分别实施侵权行为“造成同一损害”。请注意，“分别实施”侵权行为，既可能造成“不同损害”，亦可能造成“同一损害”。若“分别实施”的侵权行为造成“不同”损害，则属于一般侵权行为，由各人对自己的行为造成的损害结果承担侵权责任，不发生连带责任问题。仅在“分别实施”的侵权行为造成“同一损害”情形，才有作为共同侵权行为处理，使各行为人承担连带责任的必要。“分别实施”的各个侵权行为，为所生损害的“共同原因”，即所谓“行为关联共同”。[19]本条规定数人“分别实施”侵权行为造成“同一损害”案型，作为（客观）共同侵权行为，使各加害人承担连带责任，其立法目的在于保障受害人获得充分赔偿。

第三，每个人的侵权行为“都足以造成全部损害”。请特别注意，民法理论和立法例另有所谓“原因竞合”侵权行为（第 1172 条）。二人以上“分别实施”侵权行为“造成同一损害”，既可能构成“客观”共同侵权行为，使各加害人承担连带责任，亦可能构成“原因竞合”侵权行为，由各加害人承担按份责任。二者区别何在？本条以各个侵权行为是否足以造成全部损害为判断标准。“每个人的侵权行为都足以造成全部损害的”，构成“客观”共同侵权行为，应当适用本条规定，由各侵权行为人对受害人承担连带责任；每一个侵权行为都不足以造成全部损害的，属于“原因竞合”侵权行为，应适用第 1172 条，由各侵权行为人依原因力比例承担按份责任。本条沿用原法第 11 条原文。

第一千一百七十二条　分别侵权承担按份责任

二人以上分别实施侵权行为造成同一损害，能够确定责任大小的，各自承担相应的责任；难以确定责任大小的，平均承担责任。

本条是关于“原因竞合”侵权行为的规定。所谓“原因竞合”侵权行为，亦称“多因一果”侵权行为，是多数人侵权行为中，除共同侵权行为（包括“教唆、帮助”）及共同危险行为（准共同侵权行为）之外的独立类型。其特征是，行为人之间既不存在“意思联络”，也不构成“行为关联共同”，因此不能适用“连带责任”。

须注意，造成损害的“原因”，既可以是人的行为，也可以是危险物；既可能是行为与行为发生“竞合”，也可能是行为与危险物发生“竞合”；发生“竞合”的原因之一，必定是行为。“原因竞合”侵权责任之承担不适用“连带责任”，而适用“按份责任”，即按照各个原因（“行为”或者“物”）对于损害后果的发生所起“原因力”（“作用力”），以确定各个原因所应分担的责任份额。

《民法通则》未规定“原因竞合”，而我国民法理论和裁判实践在“共同侵权行为”之外认可“原因竞合”的存在。2003 年最高人民法院《关于审理人身损害赔偿案件适用法律若干问题的解释》第 3 条第 2 款规定：“二人以上没有共同故意或者共同过失，但其分别实施的数个行为间接结合发生同一损害后果的，应当根据过失大小或者原因力比例各自承担相应的赔偿责任。”《侵权责任法》起草人在总结民法理论和裁判实践的基础上，专条规定“原因竞合”（本条）。

最高人民法院前述解释，首先以“没有共同故意或者共同过失”

一句,将“有意思联络”的主观共同侵权行为排除在外;然后以数个加害行为的结合“态样”之属于“直接结合”抑或“间接结合”,作为区别“无意思联络”的客观共同侵权行为与“原因竞合”侵权行为的标准:如属于“直接结合”,应构成“无意思联络”的客观共同侵权行为(“行为关联共同”);如属于“间接结合”,则应构成所谓“原因竞合”侵权行为。实践表明,上述解释以结合“态样”之属于“直接结合”或者“间接结合”作为划分标准,在裁判实践中仍然难于掌握,故为立法所不采。

按照本条规定,“原因竞合”侵权行为的构成要件如下:

第一,须二人以上“分别实施”侵权行为。此项要件之着重点在“分别实施”,据此区别于第1168条规定的“共同实施”的共同侵权行为,即“有意思联络”的主观共同侵权行为。另需说明的是,对于“二人以上分别实施”之“二人”不应拘泥,实际情形可能是“二人以上”分别实施的行为发生“竞合”,也可能是“一人”或者“数人”的行为与“一危险物”或者“数危险物”发生“竞合”。

还须注意一点,民法上所谓“行为”有“积极行为”(“作为”)与“消极行为”(“不作为”)之别。本条所谓“行为”,仅指“积极行为”(“作为”),而不包括“消极行为”(“不作为”)。例如,根据本法第1197条的规定,网络服务提供者“未采取必要措施”,应当与该实施侵权行为的网络用户承担连带责任,而不构成“原因竞合”;根据本法第1198条的规定,在第三人的行为造成他人损害情形,负有安全保障义务的人“未尽到安全保障义务”的,仅应“承担相应的补充责任”,而不构成“原因竞合”;根据第1169条第2款的规定,在教唆、帮助被监护人实施侵权行为的情形,如监护人“未尽到监护职责”,仅应“承担相应的责任”,而不构成“原因竞合”。故造成损害的数原因中,有一个原因是“消极行为”（“不作为”），即不构成“原因竞合”侵权行为、不能适用本条规定。

第二，须“造成同一损害”。此项要件之着重点在损害之“同一性”“不可分性”。亦即造成的损害是“一个”，而不是“两个”或者“多个”。[20]实际生活中，常有这样的案件，前一行为造成受害人倒地受“脑震荡”伤害，后一行为造成受害人“大腿骨折”伤害，属于造成“两个”损害；应当由前一行为人对“脑震荡”伤害承担侵权责任，后一行为人对“大腿骨折”伤害承担侵权责任，而不应按照“原因竞合”处理。前一行为造成受害人人身损害，受害人住院治疗中因诊疗过错导致死亡，属于“两个”损害，应当由前一加害人对人身损害承担侵权责任，医疗机构对受害人死亡承担侵权责任，而不应按照“原因竞合”处理。

第三，各个原因“都不足以造成全部损害”。此项要件的着重点是，各个原因（“行为”或者“物”）都不足以造成“损害”或者不足以造成“全部损害”，必须各个原因（“行为”或者“物”）“结合”才造成“全部损害”。反之，如果各个原因“都足以造成全部损害”，则应根据本法第1171条的规定成立“客观”共同侵权行为，而由各行为人承担连带责任。[21]补充说明，此项要件是区别“原因竞合”与“客观”共同侵权行为的标志，已经规定在第1171条，故本条予以省略。

按照本条规定，构成“原因竞合”侵权行为的法律效果是：“能够确定责任大小的，各自承担相应的责任；难以确定责任大小的，平均承担责任。”条文未明示“确定责任大小”的标准，按照2003年最高人民法院《关于审理人身损害赔偿案件适用法律若干问题的解释》第3条第2款，应当以“过失大小”或者“原因力比例”为标准。在由数个“行为”竞合造成同一损害情形，可以比较各个行为人的“过失大小”，据以确定各行为人应当承担的赔偿责任份额；在行为与“物”竞合造成同一损害情形，因“物”无所谓“过失”，因此只能比较各原因对于损害结果发生所起作用即“原因力比例”，据以确定各原因的责任人所应当承担的赔偿份额。如果既难于比较“过失大小”，也难于比较“原因力比例”，则应当根据本条末句，使各责任人平均承担赔偿责任。

在20世纪90年代，中央电视台《今日说法》报道了北京某法院审理的一个10岁男孩被高压电击伤害的案件。案件事实是，被告甲所有的配电房既未设置隔离围墙或者栅栏，亦未设置高压危险的警示标志；从高压输电线路连接该配电房的高压连接头按原设计距配电房顶的垂直距离为2米，被告乙施工队在进行检修时擅自将高压连接头下移至距房顶1.4米；被告丙紧靠该配电房违章建房，该违章建筑房檐与配电房顶处在同一水平面，且相距仅半米。受害人为捡拾落在配电房顶的风筝，先爬到被告丙的违章建筑房顶，再跨过半米距离到达被告甲的配电房顶，被距房顶仅1.4米的高压连接头放电击伤致两臂截肢。本案三个原因（配电房、违章建筑、将高压连接头下移）分别均不足以造成原告损害，三个原因相结合（竞合）方才造成原告损害，属于典型的“原因竞合”。本条基本沿用原法第12条原文。

第一千一百七十三条　与有过错

被侵权人对同一损害的发生或者扩大有过错的，可以减轻侵权人的责任。

本条规定过失相抵规则。过失相抵，亦称共同过失、与有过失，为大陆法系民法和英美法系侵权法的共同规则。[22]依过失相抵规则，于受害人对于损害的发生或者扩大有过失时，可以减轻或者免除侵权行为人的赔偿责任。例如，《德国民法典》第254条规定："（1）被害人对损害的发生负有共同过失的，应根据情况，特别是根据损害在多大程度上是由当事人的一方或者另一方造成的，来确定赔偿义务和赔偿范围……"《日本民法典》第722条规定："……（2）受害人有过错时，法院可以斟酌其情事，确定损害赔偿额。"中国台湾地区"民法"第217条规定："损害之发生或扩大，被害人与有过失者，法院得减轻赔偿金额，或免除之。"《民法通则》第131条已规定过失相抵规则。[23]《侵权责任法》第26条规定过失相抵规则，是沿用《民法通则》的规定。本编起草人在《侵权责任法》第26条规定基础上适当修改，作本条。

过失相抵规则的法理依据是公平原则。在具体的侵权案件中，如果受害人自身的过失助长了损害结果的发生或者扩大，则按照公平原则的要求，应当比较加害人与受害人各自过失的大小以确定各自应当承担的责任。按照民法自己责任原则，侵权行为人应对自己的过错造成他人的损害承担责任；受害人亦应对自己的过错致使损害的发生或者扩大承担责任。《民法通则》实施以来的民法理论和裁判实践，不仅认可过失相抵规则对于过错侵权责任案件的适用，也认可对于无过错侵权责任案件的适用。并且，在受害人属于未成年人的场合，可因受害人的监护人有监护过失而适用过失相抵规则。但须注意的是，在侵权人因故意或者重大过失致人损害的案件中，如果受害人或者其监护人仅属于一般过失，则不得适用过失相抵规则。[24]

法庭审理侵权纠纷案件，借以协调当事人双方利益关系的法律手段主要是过失相抵规则。过失相抵规则，实质是立法者给予法庭的授权,授权法庭干预当事人之间的利益关系,根据社会生活经验进行公平裁量,最终判决一个对当事人双方都比较公平合理的赔偿金额,以实现当事人之间利益关系的平衡。因为按照市场价或者评估价计算出来的赔偿金额过高,如果判决被告全部赔偿有失公平,因此才有必要适用过失相抵规则,也才有必要审查和认定受害人对损害的发生有过错。如果计算出来的赔偿金额,按照社会生活经验认为是比较公平合理的,就不再审查受害人有无过错、不再适用过失相抵规则。

例如,原告的一个贵重花瓶被加害人打碎了,加害人可能想不到这个花瓶有多珍贵,原告说这个花瓶是祖传宝贝,请专家评估价值几十万元。显而易见,法庭要判加害人赔偿几十万元肯定不公平,更不要说加害人根本赔不起。法庭应当怎么公正判决?完全按照原告的要求判决肯定不行,完全按照加害人认为的只值两三千元也不行。衡量判决公正不公正的标准,首先不在判决的金额上,而是在法官的立场上,看法官有没有偏向哪一方。只要法官没有偏向,根据社会生活经验,结合具体案情,确定一个比较公正、比较合理的赔偿金额,是完全可能的。

既然按照原告的主张是如此贵重的宝贝花瓶,那为什么不小心谨慎地妥善收藏保管?为什么不采取特别保护措施?即使摆放在客厅里,至少也要放在玻璃柜子里,不能让人随便拿、随便摸。不采取任何安全措施随便摆放,以致被人损坏,这就足以表明被侵权人对损害的发生也有过错。再说,既然是祖传的物品,当然没有市场价格,所谓专家鉴定、评估的价值也不等于市场价格,市场价格是要在市场上的购买人可以接受的价格。因此涉案损坏的花瓶属于没有市场价格的财产,应当采用其他合理方法来确定损失金额(第 1184 条)。如果原、被告双方协商不成,则由法庭确定一个损失金额,再考虑被侵权人对损害的发生也有过错,打个折扣,如“三七开”、“四六开”或者“对半开”,判决被告赔偿损失金额的七成、六成或者五成行不行?

第一千一百七十四条　受害人故意

损害是因受害人故意造成的,行为人不承担责任。

本条规定“受害人故意”为法定免责事由。一个人故意自杀、自伤,其损害结果与他人无关,不得要求他人对其负责。但本条讲的不是一般的自杀、自伤,而是指借助于他人行为或者他人负责的危险物以达自杀、自伤之目的。这种情形,从形式上看,损害结果与他人行为或者他人负责的危险物之间存在因果关系,故须依据本条使行为人或者危险物管理人免于承担侵权责任。本条法理自明,毋庸赘言。

第一千一百七十五条　第三人过错

损害是因第三人造成的,第三人应当承担侵权责任。

损害是因第三人造成的,作为加害人的该第三人理当对受害人承担侵权责任。此是自己责任原则的要求,似无特别加以规定的必要。但本条之设,并非作为一项裁判规则(请求权基础),而是作为一项法定免责事由。在具体案件的受理中,如被告主张并证明本案受害人所受损害是“第三人造成的”,即表明被告并非加害人,属于当事人不适格,法庭即应依据本条判决被告不承担责任。

裁判实践中，一个未实施加害行为的人被作为被告起诉到庭，他可以通过主张构成要件抗辩，如主张自己未实施加害行为、自己的行为与原告所受损害之间不存在因果关系，而获得免责。本条之设，将“第三人造成”原告所受损害，作为法定免责事由，使未实施加害行为的“被告”可以通过主张法定免责抗辩而获得免责。

但须特别注意，以“第三人造成”损害作为法定免责事由、“第三人造成的”损害由第三人承担侵权责任，也仅属于原则性规定。任何原则均有其例外，本条规定的例外，就是本编关于为他人行为负责的侵权行为案型。诸如，关于监护人责任的规定（第 1188 条、第 1189 条）、关于使用人责任的规定（第 1191 条、第 1192 条）、关于定作人相应责任的规定（第 1193 条）、关于网络服务提供者连带责任的规定（第 1197 条）、关于安全保障义务人补充责任的规定（第 1198 条）、关于幼儿园等教育机构补充责任的规定（第 1201 条）等，均不得适用本条。

补充一点，受害人将不是加害人的被告起诉到庭，如法庭审理查明被告与受害人所遭受损害之间不存在因果关系、“损害是因第三人造成的”，并且查明本案不属于法律规定应当对他人行为负责（第 1188 条、第 1189 条、第 1191 条、第 1192 条、第 1193 条、第 1197 条、第 1198 条、第 1201 条）的案型，即构成民事诉讼法所谓当事人不适格，法庭应当进行释明，告知原告变更当事人，以造成损害的该第三人为本案被告。经法庭释明后原告变更当事人另以该第三人为被告的，原“被告”无须主张本条法定免责抗辩而当然退出本案诉讼；经法庭释明后原告拒绝变更被告的，法庭可基于“被告”主张本条免责抗辩，判决“被告”不承担侵权责任。假如，“被告”未依据本条主张免责抗辩，鉴于谁是加害人、谁的行为与损害之间存在因果关系属于本案事实（责任构成要件），查明案件事实属于法庭职责，法庭应当以“被告”非加害人、本案事实不清为由判决驳回原告起诉。法庭不得径以“被告”未主张本条抗辩为由判决（不是加害人的）“被告”承担侵权责任。法庭以“被告”未主张本条抗辩为由判决（不是加害人的）“被告”承担侵权责任的判决，构成事实认定错误，将成为二审予以撤销的理由，自不待言。[25]

第一千一百七十六条　自甘风险

自愿参加具有一定风险的文体活动，因其他参加者的行为受到损害的，受害人不得请求其他参加者承担侵权责任；但是，其他参加者对损害的发生有故意或者重大过失的除外。

活动组织者的责任适用本法第一千一百九十八条至第一千二百零一条的规定。

本条是关于自甘冒险的规定。所谓自甘冒险，亦称自愿承担危险，是指受害人自愿置身于危险环境、自愿承受人身损害的危险，因此不得就自己遭受的人身损害请求损害赔偿的制度。自甘冒险属于英美侵权法上的制度。[26]《美国第二次侵权法重述》第 496 条 A 规定：“原告就被告的过失或不计后果行为导致损害的危险自愿承担的，不得就该损害请求赔偿。”第 523 条规定：“原告自愿承担不寻常的危险活动而导致损害的，不得就该损害请求赔偿。”英美法适用自甘冒险的案型，大陆法系民法往往依过失相抵规则处理。但也有规定自甘冒险免

责的民法典。例如,《埃塞俄比亚民法典》第 2068 条规定:“在进行体育活动的过程中,对参加同一活动的人或在场观众造成伤害的人,如果不存在任何欺骗行为或者对运动规则的重大违反,不承担任何责任。”《欧洲私法原则、定义与示范规则:共同参考框架草案》(欧洲民法典草案)也规定了自甘冒险,其第 VI. –5:501 条规定:“……(2)受害人明知所发生的损害类型的风险,仍自愿暴露于该风险并被视为已接受该风险的,前款(关于受害人同意的)规定亦得适用。”

我国《民法通则》和《侵权责任法》均未规定自甘冒险。《侵权责任法》在医疗损害责任中规定的“患者知情同意”制度(第 1219 条),相当于英美侵权法“受害人同意”制度。虽然如此,裁判实务中已经出现对于体育比赛中发生的人身损害,适用自甘冒险(法理)规则判决被告免于承担赔偿责任的案例。[27]本编起草人采纳学者建议增设本条,规定自甘冒险为一项独立的法定免责事由,并采纳裁判实务的经验,严格限定其适用范围。

本条规定自甘冒险作为法定免责事由,其根据有三:(1)意思自治原则(第 5 条)。具有完全民事行为能力的自然人,明知某种文体活动存在遭遇人身损害的危险仍然自愿参加,表明他自愿承担其危险,于遭受人身损害情形,理当免除不存在故意和重大过失的加害人(其他参加者)的侵权责任。(2)国家公共政策。某些文体活动不可避免会发生人身损害,但这些文体活动具有强健个人体魄、增进民族素质的重要功能。因此对于参加者之间发生的人身损害,就不能按照一般侵权责任处理。(3)自己责任原则。按照自己责任原则,一个人只应对自己的故意或者过失行为造成他人的损害承担侵权责任。某些文体活动具有发生人身损害的危险,参加者未违反活动规则(亦即无故意、过失)的行为造成其他参加者的人身损害的,理当不承担侵权责任。

一、自甘冒险规则的适用范围

本条第1款第一句前段“自愿参加具有一定风险的文体活动”,其中“具有一定风险的文体活动”是自甘冒险规则的适用范围。所谓“文体活动”,即“文娱体育活动”,包括文娱活动如唱歌、跳舞等,与体育活动如足球、篮球、田径等。鉴于此项规则的立法目的在于免除活动参加者人身损害的侵权责任,而按照社会生活经验,“文娱活动”如唱歌、跳舞,因参加者之间不发生肢体冲突,故不存在发生人身损害的风险;唯有体育活动存在因参加者之间的肢体冲突导致发生人身损害的风险。前引《美国第二次侵权法重述》关于自甘冒险的规定,虽未出现“体育活动”字样,但体育活动中发生的人身损害,无疑是适用自甘冒险规则最主要的案型;此项规则引入大陆法系民法,也主要适用于体育活动中的人身损害案型。《埃塞俄比亚民法典》第2068条明文规定其适用范围,是“在进行体育活动的过程中”造成的人身损害,即是明证。我国裁判实务亦是如此。可知,条文“文体活动”一语文义过宽,误将(不存在人身损害风险的)“文娱活动”包含在内,与立法目的不符。应当采目的性限缩方法,将“文体活动”一语,解释为“体育活动”,而将“文娱活动”排除在本条适用范围之外。

条文“具有一定风险”之所谓“风险”究何所指?从自甘冒险规则之立法目的,在于免除体育活动参加者未违反活动规则(无过错)行为造成其他参加者人身损害的侵权责任,可知条文所谓“风险”,应当解释为“发生人身损害的风险”,而不包括财产损失风险及人身损害之外的“人格损害风险”（如名誉毁损、侵害隐私）。

按照体育活动的性质和社会生活经验，并非所有的“体育活动”均具有发生人身损害的风险。具有发生人身损害风险的体育活动，只是某些以参加者之间的肢体冲突决定胜负的体育活动，如拳击、散打、摔跤、空手道等，以及虽然不是以参加者之间的肢体冲突决定胜负（如以进球数决定胜负）但其活动规则不禁止参加者之间的肢体冲突或者不能避免参加者之间的肢体冲突的体育活动，如足球、篮球、橄榄球等。而许多体育活动并不存在或者可以避免参加者之间的肢体冲突，如乒乓球、羽毛球、网球、高尔夫球、台球、跳高、跳远、赛跑、单双杠等。故条文“具有一定风险的文体活动”，应当采目的解释及社会学解释方法，解释为具有因参加者之间的肢体冲突发生人身损害风险的体育活动，主要是拳击、散打、摔跤、空手道、足球、篮球、橄榄球等以参加者之间的肢体冲突决定胜负或者其活动规则不禁止、不能避免参加者之间的肢体冲突的体育活动。

还须注意，将“具有一定风险的文体活动”一语，解释为“具有因参加者之间的肢体冲突发生人身损害风险的体育活动”，其文义仍嫌过宽。因为体育活动可以分为竞赛、比赛性质的体育活动，与非竞赛、比赛性质的体育活动。前者如各种锦标赛、挑战赛、对抗赛、选拔赛、友谊赛；后者如属于教学、培训、训练、陪练、教练的体育活动。自甘冒险规则的适用范围，只是前者，即“具有因参加者之间的肢体冲突发生人身损害风险的属于竞赛、比赛性质的体育活动”。非竞赛、比赛性质的体育活动，如教学、培训、训练、陪练、教练的体育活动，因参加者之间的肢体冲突发生人身损害案型，不适用自甘冒险规则，应予特别留意。

二、自甘冒险规则的适用案型

条文第一句中段规定自甘冒险规则的适用案型。按照社会生活经验,体育活动的参加者遭受人身损害,其原因有多种。包括(1)因其他参加者的行为造成人身损害;(2)参加者自己的原因(如不慎跌倒)造成人身损害;(3)因活动场馆、场地的原因(如地面不平、屋顶塌陷)造成人身损害;(4)因自然力(如地震致场馆倒塌)造成人身损害。自甘冒险规则的适用案型,是前述第1项原因造成的人身损害,即"因其他参加者的行为受到"的人身损害。鉴于法律上所谓"行为",指人有意识的活动,无意识的活动不得称为行为。在以参加者之间的肢体冲突决定胜负的体育活动,如拳击、散打、摔跤、空手道,参加者以拳、腿击打相对方或者将相对方摔倒的动作当然是"有意识的活动",其属于法律上所谓"行为"应无疑义;但在以进球决定胜负的体育活动,如足球、篮球、橄榄球等体育活动中,因抢球撞倒相对方甚至自己队友,并非"有意识的活动",未必符合法律上所谓"行为"概念。故对于"因其他参加者的行为"一语不可拘泥,可解释为:自甘冒险规则的适用对象是,在属于竞赛、比赛性质的体育活动中"因其他参加者"的"肢体动作"受到人身损害的案型。

三、自甘冒险规则的法律效果

条文第一句后段规定自甘冒险规则的法律效果。前已述及,自甘冒险规则属于法定免责事由。符合自甘冒险规则的适用范围、适用案型,其法律效果是"受害人不得请求其他参加者承担侵权责任"。所谓"其他参加者"当然是指造成受害人人身损害的人(可能是对方参加者,也可能是自己一方参加者)。自甘冒险规则属于法定免责事由,须由加害人(被告)主张自甘冒险免责抗辩,法庭才能适用。被告未予主张的,法庭不得依职权予以适用,自不待言。

请特别注意,条文明定自甘冒险规则的法律效果,是"不得请求其他参加者承担侵权责任",即否定受害人的侵权责任请求权,而非免除加害人的侵权责任。此与本法别的法定免责事由的规定不同。如第181条第1款规定:"因正当防卫造成损害的,不承担民事责任。"第1174条规定:"损害是因受害人故意造成的,行为人不承担责任。"因自甘冒险规则的法律效果是否定受害人的请求权,故被告主张自甘冒险规则抗辩获得法庭支持的,法庭应当判决驳回原告(受害人)诉讼请求,而不是判决被告免于承担侵权责任。

四、自甘冒险规则的实质要件

条文第二句"但书"规定自甘冒险规则的"除外"(例外),即"其他参加者对损害的发生有故意或者重大过失的除外"。"其他参加者",指造成受害人人身损害的加害人,亦即主张自甘冒险规则抗辩的被告。请特别注意,此"但书"规定,与通常"但书"规定不同。实际是规定适用自甘冒险规则的实质要件。[28]不可拘泥于第一句规定与第二句"但书"规定形式上的逻辑关系,误认为须待被告(加害人)依据第一句规定主张自甘冒险规则抗辩时,原告(受害人)才可以依据第二句"但书"规定主张被告(加害人)对损害的发生"有故意或者重大过失"(并举证)予以反驳。原告(受害人)于请求加害人承担侵权责任的起诉状中即主张加害人对于损害的发生"有故意或者重大过失",预先排除对本案适用自甘冒险规则的可能性,当然是可以的。

下面补充两点。

第一，被告主张自甘冒险规则抗辩，而原告并未依据第二句“但书”规定主张被告对于损害的发生“有故意或者重大过失”予以反驳，法庭可否因此对被告是否具“有故意或者重大过失”不予审查，径直认可被告的自甘冒险规则抗辩，并判决驳回原告的诉讼请求？肯定不行。因为加害人对于损害的发生是否“有故意或者重大过失”属于本案基本事实，法庭对于案件事实有予以查明的职责；并且，依据自甘冒险规则的立法目的和制度设计可知，加害人对于损害的发生不具有“故意或者重大过失”，属于自甘冒险规则适用的实质要件。法庭须在依职权逐一审查案件事实符合自甘冒险规则全部构成要件（适用范围、适用案型、无故意或者重大过失）的前提下，才能依据条文第一句适用自甘冒险规则、驳回原告（受害人）的诉讼请求；法庭对于加害人是否具有故意或者重大过失此项实质要件未予审查，即应构成法律适用错误。

第二，法庭如何判断加害人是否具有故意或者重大过失？鉴于加害人与受害人为同一体育活动的参加者，加害人之是否具有“有故意或者重大过失”，应当以该体育活动（竞赛、比赛）规则作为判断标准，而不适用所谓善良管理人之注意标准。请予特别注意。经审查判断，加害人的行为不违反该体育活动的规则，即应认定加害人无过失；加害人的行为违反该体育活动的规则，即应认定加害人具有过失。于加害人的行为违反该体育活动规则，认定加害人具有过失的前提下，进一步依据社会生活经验判断违反规则行为的严重程度，据以区分其过失之属于轻微过失、一般过失或者重大过失。其程度轻微者（轻微程度）为轻微过失；其程度一般者（中等程度）为一般过失；其程度重大者（严重程度）为重大过失。按照民法原理，属于轻微过失（亦称轻过失），通常无须承担侵权责任；属于一般过失、重大过失，应当承担侵权责任。鉴于体育活动的特殊性和自甘冒险规则政策目的，于体育活动参加者相互之间造成人身损害情形，依据自甘冒险规则，仅免除具有一般过失的加害人的侵权责任；不免除具有重大过失的加害人的侵权责任。加害人具有重大过失尚且不能免责，其具有故意当然更不能免责。此即方法论所谓“举轻以明重”“当然解释”。法庭于认定加害人具有重大过失情形，即应依据本条“但书”规定，驳回加害人（被告）的自甘冒险规则抗辩，并作出责令加害人（被告）承担侵权责任的判决，而无须再审查加害人（被告）是否“有故意”，自不待言。

条文第 2 款规定，“活动组织者的责任适用本法第一千一百九十八条至第一千二百零一条的规定”。所谓“活动组织者”，当然是指第 1 款“具有一定风险的文体活动”的组织者。某项文体活动的参加者之间发生人身损害，而加害人主张自甘冒险规则抗辩获得法庭认可，受害人对于加害人的损害赔偿请求权被判决驳回后，受害人有权另案起诉请求该“活动组织者”承担赔偿责任。反之，如果受害人对于加害人的侵权责任诉讼中，加害人主张自甘冒险规则抗辩（因加害人“有故意或者重大过失”）被驳回，受害人获得胜诉判决，则受害人不得再起诉“活动组织者”，自不待言。

补充一点，受害人对于加害人的侵权责任请求权，与受害人对于“活动组织者”的赔偿责任请求权，既不构成特别法与一般法的逻辑关系，也不构成请求权竞合关系，而属于请求权“重合”关系。因此，受害人知道法律有自甘冒险规则，当然可以不起诉加害人而直接起诉“活动组织者”。

请特别注意,本款规定不具有裁判规范(请求权基础)的性质,属于指引性条文,其意义在于告诉基于自甘冒险规则而未从加害人获得损害赔偿的受害人,还可以通过行使对"活动组织者"的损害赔偿请求权而获得救济,并指明所依据的法律条文。还应注意,因遭受人身损害的"参加者"(受害人)之民事行为能力不同,所依据的法律条文(请求权基础)亦不相同。按照本款规定,受害人属于完全民事行为能力人,其请求"活动组织者"承担赔偿责任的法律根据是本法第1198条关于安全保障义务人的补充责任的规定;受害人属于无民事行为能力人(加害人亦属于同一单位),其法律根据是本法第1199条关于幼儿园等教育机构侵权责任的规定;受害人属于限制民事行为能力人(加害人亦属于同一单位),其法律根据是本法第1200条关于学校等教育机构侵权责任的规定;受害人属于无民事行为能力人或者限制民事行为能力人(加害人不属于同一单位),其法律根据是本法第1201条关于幼儿园、学校或者其他教育机构承担补充责任的规定。

第一千一百七十七条　自助行为

合法权益受到侵害,情况紧迫且不能及时获得国家机关保护,不立即采取措施将使其合法权益受到难以弥补的损害的,受害人可以在保护自己合法权益的必要范围内采取扣留侵权人的财物等合理措施;但是,应当立即请求有关国家机关处理。

受害人采取的措施不当造成他人损害的,应当承担侵权责任。

本条规定自助行为。近现代法律关于民事权利之保护,以公力救济为原则、禁止权利人实行私力救济。所谓公力救济，即现代国家设立军队、警察、宪兵、法院等公权力机关，行使保护人民和企业民事权利的职能，对民事权利遭受侵害的受害人予以救济、对侵害民事权利的行为人予以惩戒。民事权利遭受非法侵害情形，无论物权受侵害（不动产或者动产被他人无权占有或者物权之行使受到妨碍），或者债权受侵害（债务人欠债不还或者买受人拒绝付款或者出卖人拒绝交货），或者知识产权受侵害（专利权或者商标权被他人仿冒或者著作权被抄袭），或者人格权受侵害（侵害姓名权、肖像权、名誉权、隐私权），遭受侵害的权利人，唯有向法院起诉请求公力救济，通过公权力之行使，强制侵害人返还原物、排除妨碍、停止侵害、恢复原状、支付损害赔偿金。但绝对禁止私力救济，有时难免对权利人保护不周。因法院和其他公权力机关并非随处都有，警察也非总能及时到达现场，因而遇情况紧急、来不及请求公力救济时，作为公力救济原则之例外，应许可受侵害权利人实行私力救济。

所谓私力救济，即于民事权利受非法侵害而难于获得公力救济情形，作为公力救济原则之例外，许可权利人凭自己的力量（臂力、腕力）以维护自己权利，虽损及他人（加害人或者第三人）的人身或者财产，可免于承担侵权责任之法律事实。私力救济，包括正当防卫行为、紧急避险行为和自助行为。其中，正当防卫和紧急避险在多数民法典中规定为法定免责事由，但明文规定自助行为的较少。例如，《德国民法典》第 229 条规定："出于自助的目的而扣押、毁损或损坏他人财物者，或出于自助的目的扣留有逃亡嫌疑的债务人，或制止债务人对有义务容忍的行为进行抵抗者，如来不及请求官署援助，而且若非即时处理则请求权无法行使或其行使显有困难时，其行为不认为违法。”中国台湾地区“民法”第151条规定：“为保护自己权利，对于他人之自由或财产施以拘束、押收或毁损者，不负损害赔偿之责。但以不及受法院或其他有关机关援助，并非于其时为之，则请求权不得实行或其实行显有困难者为限。”

须注意，正当防卫行为、紧急避险行为、自助行为，三者同属于权利人以自己的力量维护民事权利的私力救济行为。但三者的行为对象（标的）和所维护的权利各不相同。正当防卫行为，针对的是正在实施的、侵害生命、身体和有形财产的加害行为，防卫行为人既可以为维护自己的生命、身体或者有形财产权实施防卫行为，也可以为维护他人的生命、身体或者有形财产权实施防卫行为；紧急避险行为，针对的是生命、身体以及有形财产面临的急迫危险，其危险原因可能是人的行为或者自然力，避险行为人既可以为维护自己生命、身体或者有形财产权实施紧急避险行为，也可以为维护他人生命、身体或者有形财产权实施紧急避险行为；自助行为，针对的是将使请求权难于实现的侵权行为，自助行为人仅可以为维护自己的债权实施自助行为，不可以为维护他人的债权实施自助行为。补充一点，实施自助行为所保护的请求权，可以是债权请求权、物权请求权，但不包括身份关系上的请求权。

《民法通则》和《侵权责任法》均对正当防卫和紧急避险设有明文规定，而对自助行为未有明文规定。但在实际生活中，债权人实施自助行为被法庭依民法关于自助行为的法理免除侵权责任的实例，时亦有之。编纂《民法典》侵权责任编时，起草人采纳民法学者的建议，增设本条规定。

容许自助行为既属于法律之例外，则对于其成立要件不能不严加限制。本条第1款规定自助行为必须符合的要件包括：

第一，“合法权益受到侵害”。此系关于自助行为的对象（标的）的规定。但“合法权益”一语文义过宽，涵盖物权、债权、知识产权和人身权及尚不构成民事权利的合法利益，超出自助行为的对象（标的）范围。如前所述，对于正在实施的侵害自己和他人生命、身体和有形财产权（物权）的侵权行为或者急迫危险，可以实施正当防卫行为、紧急避险行为。自助行为的对象（标的）唯限于将使债权（请求权）难于实现的侵权行为。并且，自助行为仅以保护自己的权利为限，为保护他人的权利，不能成立自助行为。故应采用目的解释方法，将条文“合法权益受到侵害”，解释为请求权受到侵害。换言之，实施自助行为的目的，只能是为了保护自己的请求权。

第二，“情况紧迫且不能及时获得国家机关保护”。此为实施自助行为的必要前提。所谓“情况紧迫”，指非于其时为之将致请求权无法实现。例如，债务人在国内没有财产而欲逃往国外，于其行将登船之时被债权人发现，此时若不加以拘束而债务人一旦登船出境，则其请求权将无法实现或其实现将有显著困难。所谓“不能及时获得国家机关保护”，指因时间紧迫一时不能得到国家机关的援助。例如，自选商场发现某人夹带未付款商品即将离去，此时附近又无警察可资求助，即可认为“不能及时获得国家机关保护”。这种情形，商场工作人员可实施自助行为、限制该人离去并从其身上搜出、取回未付款商品。

第三，“不立即采取措施将使其合法权益受到难以弥补的损害”。此项要件，实际是对前面的“情况紧迫”一语作立法解释，意即：若不于此时实施自助行为，限制债务人或者扣押其财产，则“将使其合法权益受到难以弥补的损害”,亦即权利人的请求权终将难于实现。如果债务人在国内有不动产或者银行账户有充裕资金,即使具备第一项、第二项要件,也不能对债务人实施自助行为。

第四,“在保护自己合法权益的必要范围内”。此即民法理论所谓实施自助行为的“必要限度”。法律规定此项要件的目的在于限制自助行为的内容和强度,避免自助行为的恣意滥用,损害他人合法权益,危害社会法律秩序。条文明示“在保护自己合法权益的必要范围内”,“采取扣留侵权人的财物等合理措施”。所谓“合理措施”,包括“扣留其财物”和“拘束其人身”。如“扣留其财物”即可达到目的,则不得“拘束其人身”。无论如何,均不得伤害其身体。自助行为超过必要范围(必要限度)者,应构成侵权行为,行为人应当承担侵权责任。

第五,“应当立即请求有关国家机关处理”。因为自助行为,只是一种应急手段,一种于情况急迫来不及获得国家机关公力救济时的暂时的替代手段,而争执的问题并未最终解决。其最终解决仍需通过公力救济。因此,权利人于实施自助行为后,应当立即请求有关国家机关予以处理。如实施自助行为后不立即请求国家机关予以处置,将不发生自助行为的效力,并使行为人承担侵权责任。此所谓“请求有关国家机关处理”,指将扣留的财物或拘束之人送交警察或者法院,请求适当处理,如对扣留之财物为诉前保全或责令清偿债务。扣留他人财物或者拘束他人人身,未请求有关国家机关处理、请求迟延或者请求被驳回的,行为人应当承担侵权责任。

权利人的行为如具备前述五项要件,即可发生自助行为的法律效果:因实施自助行为所加于义务人的损害,自助行为人不承担赔偿责任。

第2款规定,“受害人采取的措施不当造成他人损害的,应当承担侵权责任”。“受害人”即实施自助行为之人、自助行为人。“采取的措施不当”,文义稍窄。应当采目的解释方法,解释为:不具备上述自助行为的要件而实施自助行为、实施自助行为超过保护合法权益必要范围(必要限度)、实施自助行为采取的措施“不合理”、未立即请求有关国家机关处理。“造成他人损害”之所谓“他人”,指被“扣留其财物”或者“拘束其人身”之人。

按照本款规定,不具备上述自助行为的要件而实施自助行为、实施自助行为超过保护合法权益必要范围(必要限度)、实施自助行为采取的措施“不合理”、未立即请求有关国家机关处理及请求有关国家机关处理被驳回,因而“造成他人损害”(包括人身损害和财产损害)的,应当对他人所受损害承担损害赔偿责任。此与防卫过当的责任(第181条第2款)、避险过当的责任(第182条第3款)性质和意义相同。

第一千一百七十八条　优先适用特别规定

本法和其他法律对不承担责任或者减轻责任的情形另有规定的,依照其规定。

本条是关于法定免责事由、法定减责事由法律规定适用的规定。除本章以上(第1173条至第1177条)规定免除或者减轻侵权责任的法定事由外,本编(第3章至第10章)另有关于特别侵权责任类型免

除或者减轻侵权责任的规定,本法总则编另有关于民事责任的免除或者减轻责任的规定,本法之外的民事特别法亦有关于免除或者减轻侵权责任的规定,这些法律规定之适用,应当遵循特别法优先适用原则(第11条)。概而言之,凡本法之外的民事特别法另有关于免除或者减轻侵权责任的规定的,应当适用该民事特别法关于免除或者减轻侵权责任的规定;本编(第3章至第10章)关于特别侵权责任类型另有关于免除或者减轻侵权责任的规定的,应当适用该特别侵权责任类型免除或者减轻责任的规定;民事特别法、本编(第3章至第10章)关于特别侵权责任类型没有关于免除或者减轻侵权责任的规定的,应当适用本章关于免除或者减轻侵权责任的规定(第1173条至第1177条);民事特别法、本编没有关于免除或者减轻侵权责任的规定的,应当适用本法总则编关于免除或者减轻民事责任的规定(第180条至第184条)。

注　释

1　顺便指出,本法第118条所谓(作为债权债务发生原因的)“法律的其他规定”究何所指?应指规定“侵权行为、无因管理、不当得利”之外的“法定之债”的发生原因的法律规定。例如,物权编关于对任意弃置垃圾、排放污染物等的行为人追究排除妨害、消除危险、赔偿损失责任的规定(第286条)、相邻不动产之间不可量物侵害的赔偿责任的规定(第294条);合同编关于缔约过失责任的规定(第500条、第501条)、关于违反后合同义务责任的规定(第558条);婚姻家庭编关于赡养费请求权的规定(第1067条)、关于抚养费请求权的规定(第1067条)及关于离婚损害赔偿请求权的规定(第1091条)。

2　请注意，中国民法学界有认为“侵权责任不是债（权债务关系）”的观点，从《民法典》第118条明文规定侵权行为系债权债务发生原因之一，可见，此种观点未被立法采纳。

3　《民法通则》第106条第2款规定：“公民、法人由于过错侵害国家的、集体的财产，侵害他人财产、人身的，应当承担民事责任。”

4　《侵权责任法》第2条第1款规定：“侵害民事权益，应当依照本法承担侵权责任。”其中，“民事权益”为保护客体；“依照本法”四字，涵括关于责任原则、责任构成要件、免责减责事由、责任形式、赔偿项目及计算标准等各项具体规定，是采用所谓“一般条款+类型化”的结构模式。

5　所谓“法人的侵权行为”（第62条），是法定代表人因执行职务侵害他人民事权益、应当由法人承担民事责任的行为。是故所谓“法人的侵权行为”，实质是担任法人法定代表人的自然人的加害行为。

6　但医疗损害、污染环境致害，属于“法律事实”中的“（加害）行为”。

7　本条过错侵权责任仅指自然人自己实施加害行为的侵权责任，不包括自然人对他人（被监护人、被使用人）实施的加害行为或者物的危险实现致人损害的侵权责任。按照本编规定，自然人对他人（被监护人、被使用人）实施的加害行为或者物的危险实现致人损害所承担的侵权责任，属于无过错侵权责任。

8　大陆法系民法关于因果关系的通说为“相当因果关系说”，英美法系侵权法关于因果关系之主流学说为“近因说”，二者在判断因果关系的实际操作上并无不同，均采“有此即有彼、无此即无彼”检验法。

9　中国民法立法、理论和实务否认“违法性”要件，其理由是，在监护人为被监护人的“加害事实”负责案型，被监护人因无民事行为能力、认识能力，其加损害于他人的“动作”并非行为（而属于“事件”），谈不到“违法性”之有无；动物、无生物（缺陷产品、高度危险物）的管理人责任案型，动物致人损害、无生物致人损害,亦属于“事件”而无“违法性”可言。

10 请注意,其中的销售者、运输者、仓储者承担的责任属于过错责任(第1203条、第1204条)。

11 请注意,第1248条规定的动物园饲养动物损害责任,“能够证明尽到管理职责的,不承担侵权责任”,属于过错推定责任。

12 即英美法系侵权法所谓“事实本身说明问题(存在过错)”、大陆法系所谓“经验法则”。

13 如侵权行为已经造成实际损害后果,则已经不属于停止侵害请求权的目的范围。这种情形,受害人有权行使侵权责任的损害赔偿请求权,自不待言。

14 最高人民法院《关于贯彻执行〈中华人民共和国民法通则〉若干问题的意见(试行)》(已失效)第162条第1款规定:“在诉讼中遇有需要停止侵害、排除妨碍、消除危险的情况时,人民法院可以根据当事人的申请或者依职权先行作出裁定。”

15 《德国民法典》第830条规定:“1.(1)数人因共同侵权行为造成损害者,各人对被害人由此所产生的损害负其责任。(2)不能查明数关系人中谁的行为造成损害时,亦同。”《日本民法典》第719条规定:“(1)因数人共同实施侵权行为加害于他人时,各加害人负连带赔偿责任。不知共同行为人中何人为加害人时,亦同。”中国台湾地区“民法”第185条规定:“数人共同不法侵害他人之权利者,连带负损害赔偿责任;不能知其中孰为加害人者,亦同。造意人及帮助人,视为共同行为人。”

16 原侵权责任编非草案(二审稿)第28条第2款规定:“教唆、帮助无民事行为能力人、限制民事行为能力人实施侵权行为的人,应当承担主要责任;无民事行为能力人、限制民事行为能力人的监护人未尽到监护职责的,应当承担相应的责任。”

17　我国台湾地区 1966 年台上字第 1798 号判例宣示两个基本原则:“民法”第 185 条所谓共同侵权行为,“须有意思上的联络。数人无意思联络者,应就同一损害,依过失程度定其赔偿范围”。参见王泽鉴:《侵权行为》(第 3 版),北京大学出版社 2016 年版,第 428 页。

18　我国台湾地区 1977 年“例变字第 1 号”提出:“民事上之共同侵权行为,与刑事上之共同正犯,其构成要件并不完全相同,共同侵权行为人间不以有意思联络为必要,数人因过失不法侵害他人之权利,苟各行为人之过失行为均为其所生损害之共同原因,即所谓行为关联共同,亦足成立共同侵权行为。1966 年台上字第 1798 号判例应予变更。”参见王泽鉴:《侵权行为》(第 3 版),北京大学出版社 2016 年版,第 429 页。

19　参见王泽鉴:《侵权行为》(第 3 版),北京大学出版社 2016 年版,第 435 页。

20　“造成同一损害”,同为共同侵权行为与“原因竞合”侵权行为的构成要件。此“造成同一损害”,包括损害不可分(如致人死亡、物灭失)。王泽鉴:《侵权行为》(第 3 版),北京大学出版社 2016 年版,第 435 页。

21　实务中,两机动车碰撞致他人遭受损害案件,法庭依客观共同侵权行为的规定(第 1171 条),判决肇事双方承担连带责任,因为各机动车之违章行驶“都足以造成全部损害”;吊车起吊臂接触高压线造成他人遭受损害案件,法庭依原因竞合规定(第 1172 条)判决承担按份责任,因为吊车(即使不当操作)和高压线之架设,任何一方“都不足以造成全部损害”。

22　大陆法系民法的过失相抵规则,规定在债编总则,既适用于侵权责任案件,也适用于违约责任案件;英美法系国家的过失相抵规则仅适用于侵权责任案件。中国民法之过失相抵规则(本条)亦仅适用于侵权责任案件,而违约责任案件不适用过失相抵规则,与英美法系相同。

23　《民法通则》第 131 条规定:“受害人对于损害的发生也有过错的,可以减轻侵害人的民事责任。”

24 最高人民法院《关于贯彻执行〈中华人民共和国民法通则〉若干问题的意见(试行)》第162条第1款规定:“在诉讼中遇有需要停止侵害、排除妨碍、消除危险的情况时,人民法院可以根据当事人的申请或者依职权先行作出裁定。”

最高人民法院《关于审理人身损害赔偿案件适用法律若干问题的解释》(2003年)(已修改)第2条第1款规定:“受害人对同一损害的发生或者扩大有故意、过失的,依照民法通则第一百三十一条的规定,可以减轻或者免除赔偿义务人的赔偿责任。但侵权人因故意或者重大过失致人损害,受害人只有一般过失的,不减轻赔偿义务人的赔偿责任。”

25 本条虽然属于法定免责事由,但与其他免责事由不同。其他免责事由,如诉讼时效经过、不可抗力免责、过失相抵规则等,属于单纯的免除责任、减轻责任事由,其是否主张免责、减责抗辩取决于当事人意思,属于处分原则范围,当事人未主张抗辩法庭应视为其放弃权利,既不予以释明亦不得依职权进行审查。本条涉及侵权责任构成要件(加害人、因果关系),属于案件事实关系,查明加害人是谁及与受害人遭受损害之间是否存在因果关系,属于法庭职责。无论当事人是否主张本条抗辩,法庭均应当予以查明。

26 在美国侵权法上,与“自甘冒险”类似的另一项制度是“受害人同意”。《美国第二次侵权法重述》第10条A规定:“‘同意’在本重述中是指愿意让某一行为发生或者愿意让某种对利益的侵害发生。”第49条规定:“第892条A关于就某种利益受侵犯同意的效力的有关规定,适用于故意侵犯人身利益的同意。”

本条仅规定“自甘冒险”,另在医疗损害责任一章规定“受害人同意”(第1219条),请予留意。

27　李红诉杨东升健康权纠纷案,天津市第二中级人民法院(2010)二中民四字第1097号。裁判要旨:“在加害人无故意或重大过失的情况下,体育活动中发生的人身伤害,应当适用自甘冒险规则,可适用民法通则的公平责任条款,减轻或者免除加害人的责任。”

28　通常所谓“但书”规定,是对原则规定之否定,即原则规定须承担侵权责任,“但书”规定可以不承担或者减轻侵权责任。其原则规定(须承担责任)已经包含侵权责任全部构成要件,如第1238条、第1245条、第1246条、第1248条等。本条规定不同,原则规定(不承担侵权责任),并未包含不承担侵权责任须具备的全部要件;“但书”规定(应当承担侵权责任)的“事由”,则该“事由”之不存在,即是原则规定(不承担责任)的实质要件。本条“但书”规定“有故意或者过失的”不适用自甘冒险规则,则“不具有故意或者重大过失”应为适用自甘冒险规则的实质要件。

第二章　损害赔偿

侵权损害赔偿责任的目的在于填补受害人所受损害；故意侵害知识产权的，被侵权人享有惩罚性损害赔偿请求权。

第一千一百七十九条　人身损害赔偿范围

侵害他人造成人身损害的，应当赔偿医疗费、护理费、交通费、营养费、住院伙食补助费等为治疗和康复支出的合理费用，以及因误工减少的收入。造成残疾的，还应当赔偿辅助器具费和残疾赔偿金；造成死亡的，还应当赔偿丧葬费和死亡赔偿金。

本条规定侵权行为造成人身损害的赔偿项目。按照民法原理及发达国家和地区的侵权法，人身损害赔偿案件，受害人（包括死者遗属）依法可以得到两项赔偿金：其一，精神损害赔偿金（抚慰金、慰谢金）。因为人的生命、身体、健康是无价的，判决加害人支付一笔抚慰金、慰谢金的目的是抚慰受害人,所以法律未规定计算标准,而是由法庭斟酌案件事实自由裁量,通常金额较小。其二,逸失利益赔偿,即受害人受伤致残或者死亡所失去的利益,类似于合同法上的可得利益损失,法律规定或者裁判实务中有明确的计算标准。概而言之,是以受害人受伤致残或者死亡前的收入为基础,计算受伤害时的年龄至可能生存年限可能获得的收入(包括退休金),减去必要的生活费用和税金,得出一笔总的金额,叫逸失利益赔偿。通常逸失利益赔偿金额很大,相当于假如受害人未残疾、未死亡所可能获得的收入总额。

《民法通则》第 120 条规定了精神损害赔偿,但限于姓名、肖像、名誉和荣誉等人格损害,而对于人身损害致死致残情形却未规定精神损害赔偿。后来的《产品质量法》第 44 条对于缺陷产品造成残疾、死亡的,规定了残疾赔偿金和死亡赔偿金。但残疾赔偿金和死亡赔偿金,究竟属于精神损害赔偿,或者属于逸失利益赔偿,并不明确。

值得注意的是,2001 年最高人民法院《关于确定民事侵权精神损害赔偿责任若干问题的解释》(已修改)第 9 条,将残疾赔偿金和死亡赔偿金定性为精神损害赔偿。2003 年,最高人民法院《关于审理人身损害赔偿案件适用法律若干问题的解释》(已修改),进一步为死亡赔偿金、残疾赔偿金规定了计算方法,即按照受害人死亡或受伤时的年龄、当时收入标准、剩余生存年限加以计算。这个计算方法,恰好是发达国家和地区法院计算逸失利益赔偿的计算方法。

因此,我国侵权责任法上的死亡赔偿金、残疾赔偿金,并不等同于发达国家和地区的精神损害赔偿(抚慰金、慰谢金),而具有自己的特色,即可以同时起到两种作用:一是安慰死者的亲属、安慰残疾者本人;二是补偿受害人因受害致残、死亡所减少的收入。换言之,我国侵权责任法上的残疾赔偿金、死亡赔偿金一个赔偿项目,相当于发达国家和地区的精神损害赔偿(抚慰金、慰谢金)和逸失利益赔偿两个赔偿项目。残疾赔偿金、死亡赔偿金不是一笔很小的金额,往往是几十万元甚至更多,当然可以用这笔钱来赡养受害人的父母,抚养受害人未成年的子女。这也正是《侵权责任法》第 16 条最终删去“被抚养人生活费”的理由。

还应当注意,在发达国家和地区的刑事附带民事案件审理中,不判精神损害赔偿(抚慰金、慰谢金),理由是对加害人的刑事制裁,已经足以起到对受害人(包括死者遗属)的抚慰作用。这样的裁判实践经验和理论被介绍进来,影响我国刑事附带民事的审判实践,最高人民法院有刑事附带民事审判不判死亡赔偿金和残疾赔偿金的司法解释。显而易见,此项解释意见,未能准确体现我国死亡赔偿金和残疾赔偿金兼具逸失利益赔偿和精神抚慰双重功能的本质特征。

发达国家和地区的刑事附带民事诉讼,不判精神损害赔偿(抚慰金、慰谢金),是因为受害人已经获得一笔金额巨大的逸失利益赔偿金。我国的刑事附带民事诉讼,不判死亡赔偿金或者残疾赔偿金,受害人就几乎什么也得不到。按照侵权责任法的立法目的以及有关残疾赔偿金和死亡赔偿金的具体规定,无论适用刑事附带民事诉讼程序或者民事诉讼程序,法庭都应当支持原告有关死亡赔偿金或者残疾赔偿金的请求。前述刑事附带民事诉讼中不判死亡赔偿金和残疾赔偿金的司法解释,应当废止。

第一千一百八十条　以相同数额确定死亡赔偿金

因同一侵权行为造成多人死亡的，可以以相同数额确定死亡赔偿金。

前条规定侵权行为造成人身损害、死亡的赔偿项目，但在同一事故造成多人死亡的案件，特别是重大交通事故、空难、海难，要按照前条规定对各个受害人分别计算死亡赔偿金，就会遭遇困难。为便于解决纠纷，避免所谓“同命不同价”的不合理结果，裁判实践往往对死者年龄、性别、职业、收入等不加考虑，采用同一死亡赔偿金数额。侵权责任法将此项实践经验，上升为法律条文。本条沿用原法第 17 条原文。

第一千一百八十一条　被侵权人死亡后请求权主体的确定

被侵权人死亡的，其近亲属有权请求侵权人承担侵权责任。被侵权人为组织，该组织分立、合并的，承继权利的组织有权请求侵权人承担侵权责任。

被侵权人死亡的，支付被侵权人医疗费、丧葬费等合理费用的人有权请求侵权人赔偿费用，但是侵权人已经支付该费用的除外。

侵权行为造成受害人死亡情形，会现出的问题是，谁行使追究侵权责任的请求权？这又涉及另一个理论问题，即此项侵权责任请求权，究竟是对死者的救济，亦即死者的请求权，还是对死者遗属的救济，亦即其遗属自己的请求权？如果是对死者的救济，亦即属于死者的请求权，当然应当属于遗产而由其继承人行使；如果是对死者遗属的救济，亦即死者遗属自己的请求权，当与遗产继承无关。

如果认为是对死者的救济，亦即死者的请求权，应当属于遗产由死者的继承人行使，则须待依据继承法的规定确定继承人之后，才能够解决谁行使侵权责任请求权（谁行使诉权）的问题，必然使问题复杂化、迁延时日，使侵权责任纠纷案件不能尽快了结。如果认为是对死者遗属的救济，亦即遗属自己的请求权，问题就简单得多。

本条第 1 款第一句规定，“被侵权人死亡的，其近亲属有权请求侵权人承担侵权责任”。推考此项规定的立法者意思，此侵权责任请求权，应属于死者近亲属（遗属）自己的权利。按照最高人民法院相关司法解释，近亲属指死者配偶、五代内直系血亲。只需属于死者近亲属，即有权行使请求权、向法院提起追究侵权人侵权责任之诉。至于近亲属为数人情形，其中一人行使请求权所获得的赔偿金（包括死亡赔偿金），如何在近亲属之间分配，则与本案（侵权责任纠纷案件）无关。

第 1 款第二句规定被侵权人为组织，该组织分立、合并情形，谁行使侵权责任请求权？按照民法原理及《民法典》，自然人之外，能够成为民事主体（享受权利、履行义务）的组织，指法人（组织）与非法人组织。故条文“被侵权人为组织”之所谓“组织”，应包括法人（组织）与非法人组织。关于法人分立、合并情形的权利享有和义务承担，规定在总则编第 67 条。该条规定，“法人合并的，其权利和义务由合并后的法人享有和承担”。“法人分立的，其权利和义务由分立后的法人享有连带债权，承担连带债务，但是债权人和债务人另有约定的除外。”

按照第 67 条第 1 款的规定，“法人合并”情形，合并各方的债权，

“由合并后的法人享有”。按照第67条第2款的规定,“法人分立”情形,分立前法人的债权,“由分立后的法人享有连带债权”。按照总则编第108条的规定,非法人组织合并、分立情形的权利享有,应当参照适用关于法人合并、分立的规定(第67条)。亦即,非法人组织合并情形,合并各方的债权,由合并后的非法人组织享有;非法人组织分立情形,分立前非法人组织的债权,由分立后的非法人组织“享有连带债权”。

现在回过头来看本条第1款第二句“被侵权人为组织,该组织分立、合并的,承继权利的组织有权请求侵权人承担侵权责任”。“请求侵权人承担侵权责任”的权利,属于法定债权,被侵权人为组织(法人、非法人组织),该组织(法人、非法人组织)“分立、合并”情形,其侵权责任请求权由分立后的组织(法人、非法人组织)“享有连带债权”;“由合并后的组织(法人、非法人组织)享有”。可见,“被侵权人为组织,该组织分立、合并”情形,由谁享有和行使“请求侵权人承担侵权责任”的权利,已经由总则编第67条明确规定(且属于强行性规定)。这样看来,本条第1款第二句规定难免画蛇添足之讥。

本条第2款规定,“被侵权人死亡的,支付被侵权人医疗费、丧葬费等合理费用的人有权请求侵权人赔偿费用”。按照社会生活经验,支付被侵权人死亡前的医疗费、死亡后的丧葬费等费用的人,可能不是死者的近亲属,因此本款特别规定,支付医疗费、丧葬费等合理费用的人,有权请求被侵权人赔偿该费用。又考虑到,即使不属于近亲属的人支付医疗费、丧葬费等费用,如果侵权人已经按照第1179条的规定对死者近亲属承担了侵权责任,医疗费、丧葬费等费用赔偿金已经由死者近亲属取得,当然应由其近亲属支付该等费用于实际垫付费用之人。故设“但书”规定,“侵权人已经支付该费用的除外”。本条基本沿用原法第18条原文。

第一千一百八十二条　侵害他人人身权益造成财产损失的赔偿数额的确定

侵害他人人身权益造成财产损失的,按照被侵权人因此受到的损失或者侵权人因此获得的利益赔偿;被侵权人因此受到的损失以及侵权人因此获得的利益难以确定,被侵权人和侵权人就赔偿数额协商不一致,向人民法院提起诉讼的,由人民法院根据实际情况确定赔偿数额。

侵害人格权中的某些权利,可不可以判决财产损失赔偿？特别是盗用他人姓名、肖像做商业广告的案件,只是判停止侵害、赔礼道歉行不行？被告因此获得的不当利益,如何处理？如果拘泥于传统民法理论,人格权是非财产权,就只能判赔礼道歉,至多再判一笔金额很小的精神损害赔偿。为了解决这个难题,德国民法理论突破传统观念,承认某些人格权具有财产价值。瑞士民法虽未承认人格权具有财产价值,但是对于侵害人格权中的姓名权、肖像权的侵权行为,除了赔礼道歉、停止侵害以外,认可受害人可以请求被告返还所获得的不当利益。美国法则创设所谓商品化权(亦称公开权),以解决同一难题。

裁判实践中采取以侵权人所获财产利益作为被侵权人所受财产损失的办法。若干年前,某地方人民法院审理的商业广告擅自采用某著名田径运动员肖像的案件,即已采用这一办法。《侵权责任法》将此项实践做法规定为法律条文,具有重要意义。

须特别注意，并非所有的人格权均具有财产价值，并非所有的人格权受侵害均可造成财产损失。按照生活经验，具有财产价值、受侵害可能给被侵权人造成财产损失的，只是可以“商品化”的人格权。可见条文“人身权益”概念外延过宽，超出本条立法目的范围。应依据本条立法目的，对条文所谓“人身权益”概念作限缩解释，解释为具有财产价值、可能“商品化”的“人身权益”，诸如姓名权、肖像权、荣誉权、隐私权等人格权及死者姓名、肖像等利益；而将不具有财产价值、不可能“商品化”的生命权、身体权、健康权、名誉权、婚姻自主权等“人身权益”排除在本条适用范围之外。

本条实质是规定赔偿金计算方法。第一句规定，“按照被侵权人因此受到的损失或者侵权人因此获得的利益赔偿”。按照民法原理和诉讼法，侵权责任诉讼本应由被侵权人（原告）举证证明所受到的损害（损失），但按照社会生活经验，被侵权人往往难于证明因“人身权益”被侵害所造成的“财产损失”。故第一句规定的着重点，是用“侵权人因此获得的利益”，作为被侵权人（原告）所“受到的损失”。计算“侵权人因此获得的利益”，是比较容易的。[1] 以“侵权人因此获得的利益”作为被侵权人所受损失，就回避了被侵权人证明所受财产损失的困难，实现了保护被侵权人合法权益的政策目的。

考虑到社会生活的复杂性，不排除可能出现“侵权人因此获得的利益”也难以确定的情形。这种情形，条文第二句规定，可以由双方协商确定赔偿金额（实际是原被告双方就赔偿金额达成和解），这是理所当然的。着重点在第二句后段，“被侵权人和侵权人就赔偿数额协商不一致，向人民法院提起诉讼的，由人民法院根据实际情况确定赔偿数额”。其实质是对（审理案件）法庭的委托授权。法庭根据此项委托授权，根据案件实际情况（当然可参考同类案件的裁判经验），确定一个自认为对原被告双方都比较公平合理的赔偿金额，以实现保护被侵权人合法权益的立法目的。

补充一点，侵害知识产权案型，如侵害著作权、商标专用权案件，遇"被侵权人的损失难以确定"的情形，应有参照适用本条之余地。本条基本沿用原法第 20 条，稍有改动。

第一千一百八十三条　精神损害赔偿

侵害自然人人身权益造成严重精神损害的，被侵权人有权请求精神损害赔偿。

因故意或者重大过失侵害自然人具有人身意义的特定物造成严重精神损害的，被侵权人有权请求精神损害赔偿。

本条是关于精神损害赔偿的规定。《民法通则》第 120 条规定姓名权、肖像权、名誉权、荣誉权等人格权受侵害，可以判决精神损害赔偿，却未规定生命、身体、健康权受侵害，可否请求精神损害赔偿。为弥补此项漏洞，最高人民法院解释说，生命权、身体权、健康权、人格尊严权、人身自由权及其他人格利益受侵害，受害人均可请求精神损害赔偿。[2]《侵权责任法》制定时，起草人肯定最高人民法院的解释，曾设立本条规定，侵害他人人身权益，造成他人严重精神损害的，受害人可请求精神损害赔偿。[3] 此与我国台湾地区"民法"第 194 条规定"侵害生命权"之非财产上损害赔偿、第 195 条规定"侵害其他人格或身份法益之非财产上损害赔偿"，精神是一致的。

但须注意,本条所谓“人身权益”概念,包含“生命、身体、健康”在内。侵害他人“生命、身体、健康”致人残疾或者死亡,按照第 1179 条规定,受害人或者其近亲属有权请求残疾赔偿金或者死亡赔偿金,如前所述,此残疾赔偿金和死亡赔偿金兼有精神损害赔偿金的性质。因此,本条第 1 款规定与第 1179 条关于残疾赔偿金和死亡赔偿金的规定,构成一般法与特别法的逻辑关系,根据特别法优先适用原则(第 11 条),于侵害他人人身权益致受害人残疾、死亡的案型,应当优先适用第 1179 条关于残疾赔偿金、死亡赔偿金的规定,而不适用本条第 1 款关于精神损害赔偿的规定。侵害他人人身权益未造成受害人残疾或者死亡、造成严重精神损害的案型,才有可能适用本条第 1 款关于精神损害赔偿的规定。

第 2 款规定:“因故意或者重大过失侵害自然人具有人身意义的特定物造成严重精神损害的,被侵权人有权请求精神损害赔偿。”理解本款规定的关键概念是“具有人身意义的特定物”。特定物是与种类物对应的概念。特定物指依当事人意思具体指定之物;种类物(不特定物)指当事人仅依种类、品质、数量予以约定之物。唯特定物可以成为物权标的;种类物仅可成为债权标的。条文所谓“特定物”,可以理解为主体享有所有权之物(动产、不动产)。正确理解本款规定的另一个关键用语是“具有人身意义”。何谓“人身意义”,不可拘泥于“人身”一词字面含义,推测立法者设立本款规定的政策目的,此“人身意义”应当理解为“精神意义”“精神寄托”。“具有人身意义的特定物”,应指对于特定人具有重要精神意义、精神寄托之特定物。按照社会生活经验,如先人坟墓,先人遗骸、骨灰,(自己的)结婚录像,爱人遗照等。总之,对“具有人身意义的特定物”概念,以作严格解释为宜。

适用本款规定、判决侵权人对受害人支付精神损害赔偿金，须具备的要件：(1)侵害客体(对象)为"具有人身意义的特定物"。已如前述。对是否"具有人身意义"，应当按照社会生活经验作严格解释。(2)被侵权主体(原告)限于自然人。按照民法原理，法人、非法人组织为社会组织体，其对特定物享有所有权出于对财产价值的追求，不发生所谓"人身意义"(精神意义、精神寄托)问题。(3)"造成严重精神损害"。按照社会生活经验，个人喜爱之玩物、宠物被毁损、侵害，也会造成某种精神损害。但此精神损害须达到"严重"程度，才有判决侵权人承担精神损害赔偿之必要。须注意，通常具有财产价值之特定物，虽然"具有人身意义"(精神意义、精神寄托)，如判决金钱损害赔偿已足以达到抚慰其所受精神损害的目的，不在本款适用范围之内。须"具有人身意义"(精神意义、精神寄托)之特定物，不具有财产价值(如亲人坟墓，亲人遗骸、骨灰)或者其财产价值甚微(爱人遗照、结婚照、结婚录像)，才属于本款的适用范围。至于所造成精神损害是否达到"严重"程度，须由法庭依据一般人的社会生活经验判断，自不待言。(4)侵权人须具有"故意或者重大过失"。条文虽言"故意或者重大过失"，但依"举轻明重"之当然解释，法庭仅判断侵权人是否具有重大过失即可。如前所述，现代民法关于过失之判断，采客观过失说，以"善良管理人应有之注意"为标准。不符合(未达到)善良管理人之注意标准，即具有过失。然后再依据社会生活经验，判断其过失的严重程度：程度轻微者为轻微过失；程度中等者为一般过失；程度严重者为重大过失。经判断认定侵权人具有重大过失，即应当适用本条规定，判决其承担精神损害赔偿责任。

如前所述,我国民法所谓精神损害赔偿,按照最高人民法院的司法解释,分为:(1)致受害人残疾情形,为残疾赔偿金;(2)致受害人死亡情形,为死亡赔偿金;(3)致残、致死之外的情形,为精神抚慰金。残疾赔偿金、死亡赔偿金,因兼有逸失利益赔偿的性质,按照受害人残疾、死亡所丧失的财产利益计算,其数额较大;精神抚慰金,目的在于抚慰受害人,并无计算标准,由法庭自由裁量,按照日本的实务经验,其数额一般较小。本条第 1 款基本沿用原法第 22 条原文,第 2 款为新增。

第一千一百八十四条　财产损失计算方式

侵害他人财产的,财产损失按照损失发生时的市场价格或者其他合理方式计算。

侵权损害赔偿责任的目的在于填补受害人所受损害,故应根据受害人实际受到的财产损失,确定侵权人所应支付的损害赔偿金数额。财产权受侵害的案型,本条规定,可以按照受侵害财产当时的市场价格计算、确定赔偿金额。条文明示"损失发生时的市场价格",此与我国台湾地区法院解释"应以请求时之市价为准"不同,值得注意。

条文所谓"其他合理方式",应当指依法不能自由买卖的"财产",因无"市场价格",只能采用别的计算方式。至于究竟采用什么方式,难于一一明示。依解释,此所谓"其他方式"包括:(1)法律、法规、规章规定有计算标准的情形,指采用该法律、法规、规章所规定的计算标准;(2)无法律、法规、规章规定计算标准情形,可以由当事人协商约定计算标准或者协商确定财产损失金额；(3)在既没有法律、法规、规章规定的计算标准，也不能通过协商约定计算标准或者确定损失金额的情形，由法庭根据公平原则确定赔偿金额。

请特别注意，本条规定“财产损失按照损失发生时的市场价格或者其他合理方式计算”，立法者的意思是，如果财产有市场价格，就应当按照损失发生时的市场价格计算，没有市场价格才采用其他合理方式计算。但在市场经济条件下，财产的市场价格总是波动的，有的财产如汽车买到手就会贬值；有的财产如不动产则可能不断升值，如果房屋毁损，损失发生时的市场价格是 2000 ~ 3000 元/平方米，但到法庭审理案件的时候同样的房屋价格已经涨到了 8000 ~ 10,000 元/平方米，按照损害发生时的市场价格 2000 元/平方米来计算行不行？又如，汽车毁损，假设损失发生时的市场价格是 20 万元，到法庭判决时，同型号新车的价格已经降到 15 万元，难道非要判 20 万元不可？

实则，侵权法没有必要明文规定财产损失的计算方法，正如本法并未规定残疾赔偿金、死亡赔偿金的计算方法。法律已经规定了怎么办？应当通过解释方法来弥补。本书建议将按照市场价格计算和采用其他合理方式计算，解释为供法庭选择的两种计算方法。法庭既可以按照损失发生时市场价格计算财产损失，也完全可以采用其他合理方式计算财产损失。法庭认为何种计算方法可以达成填补受害人损失的目的，就可以采用何种计算方法。如果按照损失发生时的市场价格计算，不足以填补受害人所受损失，法庭就应当采用其他合理方式计算。例如，房屋毁损，损害发生时的市场价格是 3000 元/平方米，法庭判决时的市场价格已经涨到 8000 元/平方米，法庭就应当按照判决时的市场价格计算赔偿金额；汽车毁损时的市场价格是 20 万元，法庭判决时该品牌型号新车的市场价格已经降到15万元,法庭就可以按照判决时的市场价格计算赔偿金额。本条基本沿用原法第19条原文。

第一千一百八十五条　侵害知识产权的惩罚性赔偿

故意侵害他人知识产权,情节严重的,被侵权人有权请求相应的惩罚性赔偿。

本条规定故意侵害知识产权的惩罚性赔偿。中国民法理论和民事立法,继受大陆法系民法的德国民法。大陆法系民法理论和立法例,坚持民事责任与公法责任(刑事责任、行政责任)的严格区分。民事责任以填补受害人所受损害为目的;公法责任以惩戒违法行为人为目的。故《民法通则》未规定惩罚性损害赔偿。因20世纪80年代中后期发生“假冒伪劣、缺斤短两”的损害消费者利益的严重社会问题,民法学者和消费者协会建议借鉴美国法上的惩罚性损害赔偿制度,于1993年制定《消费者权益保护法》,设第49条规定惩罚性赔偿[4]。2008年,发生“三鹿奶粉致婴幼儿受害事件”,2009年颁布的《食品安全法》第96条规定“价款十倍”的惩罚性赔偿制度。但《消费者权益保护法》和《食品安全法》所规定的惩罚性损害赔偿,性质上属于违约责任补偿性赔偿之例外规定。

2009年制定《侵权责任法》,第47条规定明知产品存在缺陷仍然生产、销售造成严重损害的惩罚性损害赔偿制度,应当属于侵权责任性质。《侵权责任法》编纂为本法侵权责任编时,除保留原法第47条的惩罚性损害赔偿制度（本编第1207条）之外，增设故意侵害知识产权的惩罚性损害赔偿（本条）及故意污染环境、保护生态的惩罚性损害赔偿（第1232条）。本条及第1207条、第1232条，属于侵权责任补偿性损害赔偿之例外规定。

本条规定故意侵害知识产权惩罚性损害赔偿制度之立法目的，在于进一步强化法律威慑力，打击恶意、严重侵害知识产权的侵权行为，威慑、吓阻潜在的侵权行为人，有效保护知识产权、鼓励科技创新活动。本条之适用，除需具备一般侵权责任构成要件外，还需具备本条规定的（惩罚性损害赔偿）特别要件。

本条适用的法律效果，是在被侵权人原有补偿性损害赔偿请求权基础上，使被侵权人享有惩罚性损害赔偿请求权。换言之，适用本条规定的法律效果是，法庭判决侵权人（被告）对被侵权人（原告）支付两笔损害赔偿金：一笔是补偿性损害赔偿金，另一笔是惩罚性损害赔偿金。补偿性赔偿金的目的是填补被侵权人所受损害；惩罚性赔偿金的目的在于对侵权人予以惩戒。

一、适用范围

本条惩罚性损害赔偿制度的适用范围，限于侵害知识产权及侵害合法无体财产利益案型。条文“故意侵害他人知识产权”之所谓“知识产权”概念，不限于法律明确规定的“知识产权”，如专利权、商标权、著作权，还应包括尚未被法律规定为权利的无体财产利益，如商业秘密。[5] 条文“故意侵害他人知识产权”一语，应当解释为，“故意侵害他人知识产权及合法无体财产利益”。因此，本条的适用范围，限于侵害知识产权及合法无体财产利益案型，包括侵害专利权案型、侵害商标专用权案型、侵害著作权及与著作权相关权利案型、侵害商业秘密等合法无体财产利益案型。侵害知识产权及合法无体财产利益之外的民事权益(物权、人身权、继承权、股权等投资性权利等),均无适用本条的余地。

二、构成要件

如前所述,本条之适用,须以具备侵权责任一般构成要件为基础。故适用本条的构成要件,分为一般构成要件与特别构成要件。一般侵权责任构成要件,包括:加害行为、损害事实、因果关系、行为人具有过错。本书在解读第1165条时有详细讲解,此不赘述。这里着重讲解适用本条之特别构成要件:其一,侵权人属于故意;其二,情节严重。

(一)侵权人属于故意

民法所谓"故意",指以损害他人为目的实施加害行为或者明知其行为将损害他人而仍然实施该行为之应受谴责的心理状态。鉴于侵害知识产权案件的侵权人多为组织体(法人、非法人组织),裁判实务对于侵权人之是否具有故意采取客观判断方法,即根据侵权人与被侵权人、利害关系人之间的关系及所实施的加害行为等因素加以认定。

最高人民法院《关于审理侵害知识产权民事案件适用惩罚性赔偿的解释》第3条规定:"对于侵害知识产权的故意的认定,人民法院应当综合考虑被侵害知识产权客体类型、权利状态和相关产品知名度、被告与原告或者利害关系人之间的关系等因素。对于下列情形,人民法院可以初步认定被告具有侵害知识产权的故意:(一)被告经原告或者利害关系人通知、警告后，仍继续实施侵权行为的；（二）被告或其法定代表人、管理人是原告或者利害关系人的法定代表人、管理人、实际控制人的；（三）被告与原告或者利害关系人之间存在劳动、劳务、合作、许可、经销、代理、代表等关系，且接触过被侵害的知识产权的；（四）被告与原告或者利害关系人之间有业务往来或者为达成合同等进行过磋商，且接触过被侵害的知识产权的；（五）被告实施盗版、假冒注册商标行为的；（六）其他可以认定为故意的情形。"

（二）情节严重

如前所述，从近现代民法和立法例严格区分民事责任与公法责任。民事责任以填补受害人所受损害（损失）为目的，赔偿金额应当与实际损害（损失）相符，损害（损失）多少即赔偿多少。故凡侵权责任之构成，仅要求具备加害行为、损害事实、因果关系和行为人具有过错，而不考虑加害行为之情节是否严重。而公法责任，以惩戒违法行为人为目的，有所谓相当性原则，要求惩罚与违法行为严重程度相当，故刑事责任、行政责任均须考虑违法行为之情节是否严重。前已述及，本条惩罚性损害赔偿制度，系从美国法借鉴而来，作为侵权责任补偿性损害赔偿之例外规定，通过判处侵权人支付一笔超出实际损害后果（损失）的惩罚性赔偿金，以达成对侵权人加以惩戒的政策目的。故本条明确规定，须以侵权行为"情节严重"为构成要件。侵权行为之情节是否严重之判断，应当综合考虑实施侵权行为的手段、数量、时间、地域、规模、损害后果等因素。

最高人民法院《关于审理侵害知识产权民事案件适用惩罚性赔偿的解释》（法释〔2021〕4 号）第 4 条规定："对于侵害知识产权情节

严重的认定，人民法院应当综合考虑侵权手段、次数，侵权行为的持续时间、地域范围、规模、后果，侵权人在诉讼中的行为等因素。被告有下列情形的，人民法院可以认定为情节严重：（一）因侵权被行政处罚或者法院裁判承担责任后，再次实施相同或者类似侵权行为；（二）以侵害知识产权为业；（三）伪造、毁坏或者隐匿侵权证据；（四）拒不履行保全裁定；（五）侵权获利或者权利人受损巨大；（六）侵权行为可能危害国家安全、公共利益或者人身健康；（七）其他可以认定为情节严重的情形。”

三、惩罚性赔偿金数额

惩罚性损害赔偿以实际损害赔偿金数额作为计算的基准。但侵权行为之客体——知识产权，属于无体财产权，并不像有形财产往往有市场价格可以参考。故实际损害赔偿金之计算，不能适用本编第1184条关于侵害（有形）财产的赔偿金计算方法的规定，而应当参照适用第1182条关于侵害人身权益造成财产损失的赔偿金计算方法的规定。该条规定，实际损害赔偿金数额，“按照被侵权人因此受到的损失或者侵权人因此获得的利益”确定。实际损害赔偿金额确定后，法庭即以该数额作为基数，考虑侵权行为情节严重程度，乘以相应的倍数，得出待审案件被告（侵权人）应当支付的惩罚性损害赔偿金数额。

（一）惩罚性损赔偿金基数之确定

最高人民法院《关于审理侵害知识产权民事案件适用惩罚性赔偿的解释》第5条第1款规定：“人民法院确定惩罚性赔偿数额时，应当分别依照相关法律[6]，以原告实际损失数额、被告违法所得数额或者因侵权所获得的利益作为计算基数。该基数不包括原告为制止侵权所支付的合理开支；法律另有规定的，依照其规定。"该条第2款规定："前款所称实际损失数额、违法所得数额、因侵权所获得的利益均难以计算的，人民法院依法参照该权利许可使用费的倍数合理确定，[7]并以此作为惩罚性赔偿数额的计算基数。"

（二）惩罚性损害赔偿金的"倍数"

美国法上的惩罚性损害赔偿金，概由法庭结合个案自由裁量，并无预设的倍数限制。我国1993年制定《消费者权益保护法》，引入惩罚性损害赔偿制度，对惩罚性赔偿设有"倍数"限制。其第49条规定的"双倍赔偿"，其中一倍是退还价款，另一倍是惩罚性赔偿。2013年修正《消费者权益保护法》，第55条第1款规定"四倍赔偿"，其中一倍是退还价款，三倍是惩罚性赔偿。

本条规定故意侵害知识产权的惩罚性损害赔偿制度，未明示惩罚性赔偿的"倍数"限制，但不可因此认为惩罚性赔偿金没有"倍数"限制。实则，对惩罚性赔偿金的"倍数"限制，已经规定在相关民事特别法中了。例如，《反不正当竞争法》第17条第3款规定，"经营者恶意实施侵犯商业秘密行为，情节严重的"，可按侵权所得"一倍以上五倍以下确定赔偿数额"。《著作权法》第54条第1款规定："……对故意侵犯著作权或者与著作权有关的权利，情节严重的，可以在按照上述方法确定数额的一倍以上五倍以下给予赔偿。"《商标法》和《专利法》均规定相同的"倍数"限制。

（三）对惩罚性赔偿的限制或者对赔偿金总额的限制

实务中的一个问题是，民事特别法所谓"一倍以上五倍以下"，是指包含实际损害赔偿和惩罚性损害赔偿的全部赔偿金数额，还是专指惩罚性赔偿金数额？如果理解为前者，“一倍以上五倍以下”指全部赔偿金数额，则其中一倍是实际损害赔偿，四倍是惩罚性损害赔偿。如果理解为后者，“一倍以上五倍以下”专指惩罚性损害赔偿数额，则法庭最高可判处基数五倍的惩罚性损害赔偿金。

请特别注意，现行知识产权民事特别法，迄今并未出现“惩罚性赔偿”概念，所设“倍数”限制，是对“损害赔偿数额”的限制，并非仅对“惩罚性损害赔偿数额”的限制。如《反不正当竞争法》第 17 条第 3 款规定，可按侵权所得“一倍以上五倍以下”“确定赔偿数额”；《著作权法》第 54 条第 1 款规定，“可以在按照上述方法确定数额的一倍以上五倍以下”“给予赔偿”。其均指法庭最高可以判决（侵权人承担）的赔偿金总额。此与《消费者权益保护法》第 55 条第 1 款规定的“四倍赔偿”，其中“一倍”是退还价款、“三倍”是惩罚性赔偿，在立法技巧上完全一致。

按照本法第 1259 条规定，民法所称的“以上”“以下”，均“包括本数”。则“一倍以上五倍以下”的意思是，法庭最低可以判决（基数）“一倍”的“赔偿数额”，这种情形，（侵权人承担的）只是实际损害赔偿，并无所谓惩罚性损害赔偿可言；法庭最高可以判决（基数）“五倍”的“赔偿数额”，这种情形，其中“一倍”是实际损害赔偿，其余“四倍”是惩罚性损害赔偿。[8]

（四）法庭确定倍数时应当考虑的因素

最高人民法院《关于审理侵害知识产权民事案件适用惩罚性赔偿的解释》第 6 条第 1 款规定：“人民法院依法确定惩罚性赔偿的倍数时，

应当综合考虑被告主观过错程度、侵权行为的情节严重程度等因素。”鉴于本条惩罚性损害赔偿之适用以侵权人具有故意为要件，仅具有过失（包括重大过失）不能适用本条。故解释文所谓“考虑被告主观过错程度”不妥。因“故意”并无严重程度可言，唯“过失”有严重程度（轻微过失、一般过失、重大过失）之别。法庭确定计算惩罚性赔偿金的“倍数”，“应当综合考虑”的，是“侵权行为的情节严重程度等因素”。其所谓“情节严重程度”因素，可按最高人民法院《关于审理侵害知识产权民事案件适用惩罚性赔偿的解释》第 4 条所列举各项，按照社会生活经验，判断个案侵权行为之“情节严重程度”。所谓“等因素”之所指，如“因同一侵权行为已经被处以行政罚款或者刑事罚金且执行完毕”，“在确定前款所称倍数时可以综合考虑”。

第一千一百八十六条　公平分担损失原则

受害人和行为人对损害的发生都没有过错的，依照法律的规定由双方分担损失。

《民法通则》第 132 条规定：“当事人对造成损害都没有过错的，可以根据实际情况，由当事人分担民事责任。”此条被不少学者、法官解释为“公平责任原则”。一段时间，裁判实践甚至出现滥用“公平责任原则”的倾向。如前所述，本法明确否定所谓“公平责任原则”，对于本属于过错责任原则适用范围的某些特别案型，因行为人与受害人均无过错，法庭根据实际情况判决双方分担损失，属于“损失”之公平分担，而非侵权“责任”之分担。故本条将“由当事人分担民事责任”，改为“由双方分担损失”，以避免歧义。

一、本条的适用范围

依据立法目的,本条的适用范围,限于依据本法适用过错责任原则的案型。须特别注意,按照本法内部的逻辑关系,凡属于法律规定为“无过错责任”的案型,及法律规定为“推定过错”的案型,均不得适用本条。

二、适用本条的要件

适用本条,须具备四项要件:(1)须有加害行为或者危险物;(2)须有损害事实;(3)加害行为或者危险物与损害事实之间存在因果关系;(4)须双方当事人(即行为人或者高度危险物的管理人为一方,受害人为另一方)对于损害的发生均不存在过错。受害人为无民事行为能力人或者限制民事行为能力人的情形,须受害人的监护人,受监护人委托照管、保护受害人的人,均不存在过错。

三、适用本条的法律效果

适用本条的法律效果,为“由双方分担损失”。此所谓“损失”,包括“造成受害人人身损害”情形,依法计算的各项费用及残疾赔偿金、死亡赔偿金(第 1179 条),或者侵害财产情形依法计算的财产损失(第 1184 条)。请特别注意,按照本条立法目的,条文所谓“由双方分担损失”之所谓“损失”,不包括侵害他人人身权益造成的财产损失(第 1182 条)、“精神损害”(第 1183 条),以及侵害知识产权、侵害股权等投资性权益、侵害继承权及侵害其他身份权造成的财产损失[9]。

四、如何决定“负担损失”的份额

《侵权责任法》第 24 条规定的是“可以根据实际情况,由双方分担损失”。明示法庭判决“由双方分担损失”“可以根据实际情况”。所谓“实际情况”,主要是双方对于所发生损害的原因力大小。对于导致损害发生“原因力”较大的一方,所分担损失的份额相应较大;“原因力”较小的一方,所负担损失的份额相应较小。此外,还可以根据双方分担损失的资力状况。在“原因力”大抵相当的情形,如果双方分担损失的资力悬殊,则资力较优一方分担损失的份额可相应较大;资力较差的一方分担损失的份额可相应较小。

现在的条文(本条)修改为“依照法律的规定由双方分担损失”。但是,本法及民事特别法,并无“分担损失”的具体法律规定。按照民法原理和裁判实践,在没有具体法律规定情形,可以适用相关基本原则。与“分担损失”相关的民法基本原则,当然是公平原则(第 6 条)。依照公平原则决定双方分担损失的份额,当然要求“根据实际情况”。这样解释的结果,仍然要求法庭考虑双方对于损害发生的原因力大小及负担损失的资力状况。请予特别注意。本条在原法第 24 条基础上有所改动。

第一千一百八十七条　赔偿费用支付方式

损害发生后,当事人可以协商赔偿费用的支付方式。协商不一致的,赔偿费用应当一次性支付;一次性支付确有困难的,可以分期支付,但是被侵权人有权请求提供相应的担保。

本条规定赔偿费用(赔偿金)的支付方式。赔偿费用支付方式，分为一次性支付与分期支付两种。本条第一句规定支付方式由被侵权人与侵权人双方协商决定,符合意思自治原则的要求。双方协商决定,属于原则规定,本条第二句规定“协商不一致的,赔偿费用应当一次性支付”,属于强制性规定。第三句规定,“一次性支付确有困难的,可以分期支付,但是被侵权人有权请求提供相应的担保”。无论协商决定一次性支付,或者协商不成法定一次性支付,如果侵权人“一次性支付确有困难的”,可以改为“分期支付”。这种情形,“被侵权人有权请求提供相应的担保”。至于担保方式,可以是物的担保(担保物权)和人的担保(保证合同)。所谓“相应的”担保,指与约定支付的赔偿费用的数额相当。请求侵权人“提供相应的担保”属于被侵权人的权利,其可以请求提供担保,也可以不请求提供担保,自不待言。本条基本沿用原法第25条,并将“应当提供相应的担保”改为“被侵权人有权请求提供相应的担保”。

注　释

1　如盗用原告肖像做广告案件,使用该侵权广告后增加的营利,即是“侵权人因此获得的利益”。

2　原载《人民法院报》2007年9月13日。

3　2001年最高人民法院《关于确定民事侵权精神损害赔偿责任若干问题的解释》(已修改)第1条规定:“自然人因下列人格权利遭受非法侵害,向人民法院起诉请求赔偿精神损害的,人民法院应当依法予以受理:(一)生命权、健康权、身体权;(二)姓名权、肖像权、名誉权、荣誉权;(三)人格尊严权、人身自由权。违反社会公共利益、社会公德侵害他人隐私或者其他人格利益,受害人以侵权为由向人民法院起诉请求赔偿精神损害的,人民法院应当依法予以受理。”

4 2013 年修改后的《消费者权益保护法》第 55 条第 1 款将原第 49 条规定的“双倍赔偿”即“一倍退款、一倍惩罚”,修改为“一倍退款、三倍惩罚”,并增设惩罚性赔偿金低限 500 元规定,值得注意。

5 所谓“商业秘密”,包括管理方法、营销策略、客户名单、货源情报等经营信息,以及生产配方、工艺流程、技术诀窍、设计图纸等技术信息。商业秘密的本质特征,是商业秘密的非公开性、非排他性。商业秘密不符合知识产权客体的要求。商业秘密对于持有人而言,属于合法无体财产利益,而非严格意义的“知识产权”权利。按照迄今的立法和实务,商业秘密是作为一种合法无体财产利益受侵权责任法和合同法保护。亦即某项商业秘密受到侵害时,该商业秘密持有人可以依据侵权责任规定提起侵权责任之诉或者依据合同规定提起违约责任之诉。

6 此所谓“相关法律”,指第 1182 条关于侵害有形财产计算损害赔偿金的规定。因侵害知识产权案件不在其适用范围之内,故属于参照适用、类推适用该条规定。该司法解释未予明示。

7 亦即第 1182 条末句所谓“由人民法院根据实际情况确定赔偿数额”,即对人民法院的委托授权。

8 最高人民法院民事判决书,(2019)最高法知民终 562 号(侵害商业秘密案):“本院依据所认定的安徽纽曼公司侵权获利的五倍确定本案损害赔偿数额。”可见,将“一倍以上五倍以下”理解为对赔偿金总额的限制,非仅对惩罚性赔偿数额的限制,为最高人民法院既定裁判立场。

9 按照社会生活经验,侵害知识产权案型、侵害股权等投资性权益案型、侵害继承权案型及侵害其他身份权案型,不可能发生“受害人和行为人对损害的方式都没有过错”的情形。

第三章　责任主体的特殊规定

民事行为能力是侵权责任能力的前提，但二者是两种不同的法律资格。鉴于社会生活的复杂性，需要设立特别规则以规定特殊情形下的民事侵权责任的承担。

第一千一百八十八条　监护人责任

无民事行为能力人、限制民事行为能力人造成他人损害的，由监护人承担侵权责任。监护人尽到监护职责的，可以减轻其侵权责任。

有财产的无民事行为能力人、限制民事行为能力人造成他人损害的，从本人财产中支付赔偿费用；不足部分，由监护人赔偿。

本条规定监护人责任。在解读条文之前，先简单介绍法律条文内部的逻辑关系。一个法律条文，如果由两款（或者多款）组成，则第1款是原则规定；第2款是特别规则；（如果有第3款，则）第3款是第2款特别规则的特别规则。一个法律条文仅一款（或者条文之第1

款),如果由两句(或者多句)组成,则第一句是原则规定;第二句是特别规则;(如果有第三句,则)第三句是第二句特别规则的特别规则。

请看本条关于监护人责任的规定,由两款组成一个法律条文。其第1款是关于监护人责任的原则规定;第2款是(第1款)监护人责任原则规定的特别规则。第1款条文由两句构成,则第一句("无民事行为能力人、限制民事行为能力人造成他人损害的,由监护人承担侵权责任"),是原则规定;第二句("监护人尽到监护职责的,可以减轻其侵权责任"),是第一句原则规定的特别规则。

按照条文内部逻辑关系理解第1款,则第一句规定本法关于监护人责任的原则规定:"无民事行为能力人、限制民事行为能力人造成他人损害的,由监护人承担侵权责任。"此项原则规定,明确了两个问题:其一,责任主体(诉讼中的被告)是监护人;其二,监护人责任,属于无过错责任。[1] 第1款第二句"监护人尽到监护职责的,可以减轻其侵权责任",属于(第一句)监护人责任原则规定之特别规则,即减轻监护人责任的法定事由。

按照本条第1款规定的原则,无民事行为能力人、限制民事行为能力人造成他人损害的侵权行为案型,应由其监护人作为(诉讼中的)被告,对受害人承担无过错侵权责任。本条第2款规定("有财产的无民事行为能力人、限制民事行为能力人造成他人损害的,从本人财产中支付赔偿费用;不足部分,由监护人赔偿"),则是(第1款规定的)此项监护人责任之原则规定的特别规则:如果造成他人损害的无民事行为能力人、限制民事行为能力人"有财产",则应"从本人财产中支付赔偿费用;不足部分,由监护人赔偿"。

请注意,第2款仅解决赔偿费用从谁的财产中支付的问题,而不改变第1款确定的原则(谁是责任主体)。换言之,按照第1款确定的原则,既然由监护人承担侵权责任,当然应由监护人自己的财产支付赔偿费用。又鉴于监护关系的特殊性,既然被监护人(造成他人损害的无民事行为能力人、限制民事行为能力人)"有财产",则应当"从本人财产中支付赔偿费用;不足部分,由监护人赔偿"。第2款规定从被监护人财产中支付赔偿费用,是作为(监护人从自己财产支付赔偿费用)原则规定的特别规则。仍然是监护人充当被告,仍然是监护人承担赔偿责任,第2款规定的"特别之处"在于监护人从被监护人的财产支付赔偿费用。请特别注意第1款与第2款的逻辑关系,第2款并没有说"由本人承担责任"。

现在做一个小结:本条规定属于传统民法监护人责任(制度)。无民事行为能力人、限制民事行为能力人致人损害的侵权行为由监护人承担侵权责任,一般情形(被监护人没有财产),监护人应从自己的财产中支付赔偿费用(第1款未设明文规定,属于不言自明);特别情形(被监护人有财产),监护人从被监护人财产中支付赔偿费用,不足部分再从监护人自己的财产中支付(第2款明文规定)。

应当肯定:无论被监护人有无财产,均只有一个责任主体、一个被告,即监护人。可否将有财产的被监护人列为"共同被告"或者"第三人"? 不可。实体法的根据是,被监护人(无行为能力人、限制行为能力人)不具有侵权责任能力,故不能作为责任主体承担侵权责任;程序法的根据是,被监护人(无行为能力人、限制行为能力人)不具有诉讼行为能力,不能作为诉讼主体(原告、被告、诉讼第三人)参加诉讼。

实务中,如受害人起诉以无民事行为能力人、限制民事行为能力人为被告,法庭应当予以释明,提示其变更诉讼当事人(被告);如原告或者被告(监护人)要求将无民事行为能力人、限制民事行为能力人列为共同被告,法庭应当予以释明,提示其正确理解法律规定。

顺便提到,被告(监护人)根据本条第1款第二句规定主张减轻责任的,须采取抗辩方式("减责抗辩"),并举证证明自己"尽到监护职责"(减轻责任之法定事由)。被告未主张减责抗辩的,法庭不得依职权审查是否有减轻责任事由。

按照第2款规定,对于有财产的未成年人致人损害的侵权行为,从被监护人财产中支付赔偿费用,应当由当事人举证证明被监护人"有财产"的事实。被告(监护人)主张并证明被监护人有财产,法庭应在判决书中载明:被告(监护人)"从被监护人财产中支付赔偿费用"(因总则编第35条第1款规定监护人"不得处分被监护人的财产")。于监护人不具有赔偿能力情形,原告(受害人)向法庭主张依据本条第2款规定,从被监护人财产中支付赔偿费用,法庭应要求原告(受害人)举证证明被监护人"有财产"的事实。如果被告(监护人)和原告(受害人)均未主张从被监护人财产中支付赔偿费用,法庭无须审查被监护人是否有财产的事实,而直接判决被告(监护人)承担赔偿责任。

第一千一百八十九条　委托监护责任

无民事行为能力人、限制民事行为能力人造成他人损害,监护人将监护职责委托给他人的,监护人应当承担侵权责任;受托人有过错的,承担相应的责任。

按照总则编第34条第1款的规定,“监护人的职责是代理被监护人实施民事法律行为,保护被监护人的人身权利、财产权利以及其他合法权益等”。第35条第1款规定,“监护人应当按照最有利于被监护人的原则履行监护职责”。[2] 值得注意的是,法律并不要求监护人必须亲自履行各项监护职责。实际上,按照社会生活经验,监护人可以委托他人于一定期间代替自己履行部分监护职责,例如,保护被监护人的身体健康、照顾被监护人的生活、对被监护人进行管理和教育等。这就发生一个问题,“监护人将监护职责委托给他人”履行的期间,如果被监护人“造成他人损害”,应当由谁承担侵权责任的问题。此在侵权责任法未有规定,构成明显漏洞。侵权责任编增设本条弥补了此项漏洞。

本条第一句规定,“无民事行为能力人、限制民事行为能力人造成他人损害”,如果发生在“监护人将监护职责委托给他人”履行期间,“监护人应当承担侵权责任”。此是原则规定。请注意,条文同时出现两个“他人”,前一个“他人”指被侵权人、受害人;后一个“他人”指被委托履行监护职责之受托人。按照社会生活经验,被委托履行监护职责的“他人”(受托人),可以是单位,如幼儿园、小学校、初级中学、培训班,也可以是个人,如家庭教师、家庭保姆或者暂时照管被监护人的亲属、朋友、邻居等。按照本条第一句规定,委托他人履行监护职责期间,被监护人造成他人损害的案型,仍然适用前条第一句规定的原则,“由监护人承担侵权责任”。

本条第二句规定,“受托人有过错的,承担相应的责任”。受托人“过错”之判断,应当以“善良管理人之注意”为标准,自不待言。所谓“相应的责任”,是指与受托人所具有的过错程度相应。即在受托人履行监护职责之行为，未达到“善良管理人之注意”标准，法庭据此认定受托人具有过失；再按照社会生活经验、依其严重程度将受托人过失区分为轻微过失、一般过失、重大过失，并据以确定受托人所应承担的责任份额。如受托人属于轻微过失，可承担轻微责任份额（如10%的份额）或者免予承担责任；属于一般过失，可承担中等程度的责任（如50%的份额）；属于重大过失，则应当承担大比例的责任份额（如百分之七八十的份额）。

按照本条规定，法庭审理被监护人于受托人履行监护职责期间致人损害案型，仍以监护人为被告。如果监护人以受托人具有过错请求增列受托人为共同被告的，法庭应当准许。原告（受害人）起诉状将监护人和受托人列为共同被告，或者起诉后请求增列受托人为共同被告的，法庭应当准许。原告（受害人）未将受托人列为共同被告，被告（监护人）亦未请求增列受托人为共同被告的，法庭不得依职权增列受托人为共同被告，亦无须审查受托人履行监护职责是否具有过错。这种情形，法庭应当依据本条第1款规定判决被告（监护人）承担全额赔偿责任。

补充一点，委托他人履行监护职责期间，被监护人致人损害案型，被告（监护人）被判决承担全额赔偿责任的，监护人有权依据合同法关于委托合同的规定，另案起诉具有过错的受托人，追究其违约责任（第929条），自不待言。

第一千一百九十条　丧失意识侵权责任

完全民事行为能力人对自己的行为暂时没有意识或者失去控制造

成他人损害有过错的，应当承担侵权责任；没有过错的，根据行为人的经济状况对受害人适当补偿。

完全民事行为能力人因醉酒、滥用麻醉药品或者精神药品对自己的行为暂时没有意识或者失去控制造成他人损害的，应当承担侵权责任。

解读本条之前，此处简单地介绍所谓侵权责任能力。民法所谓“能力”，是指某种法律资格。现代民法有三种“能力”：民事权利能力，是成为民事主体，独立享受民事权利、承担民事义务的法律资格；民事行为能力，是民事主体独立实施民事法律行为的法律资格；侵权责任能力，是民事主体独立承担侵权责任的法律资格，亦称侵权行为能力、民事责任能力。凡具有侵权责任能力的民事主体，将对自己的行为所造成他人的损害承担侵权责任；无侵权责任能力的民事主体，在其造成他人损害时，其本人不对受害人承担侵权责任，而由其监护人对受害人承担侵权责任。

本法对于民事权利能力、民事行为能力均有明文规定，唯对于侵权责任能力未有明文规定。虽然如此，但从本编规定无民事行为能力人、限制民事行为能力人造成他人损害应由其监护人承担侵权责任（第1188条），可知本法不仅有侵权责任能力之存在，且本法系将侵权责任能力与民事行为能力相联系：凡具有民事行为能力的主体，均具有侵权责任能力。

本法虽然将侵权责任能力与民事行为能力相互联系，以民事行为能力作为具有侵权责任能力的前提，但侵权责任能力与民事行为能力，毕竟是两种不同的法律资格，不可混为一谈。侵权责任能力与民事行为能力的区别如下:(1)立法目的不同。法律设民事行为能力,目的在于使民事主体可以按照自己的意思实施民事法律行为,为自己设定民事权利、民事义务,通过民事权利的行使、民事义务的履行,以追求自身利益;法律设侵权责任能力,目的在于对民事主体致人损害的行为追究侵权责任,以保护他人的合法权益和社会公共利益。(2)法律效力不同。民事行为能力,为决定民事主体实施的民事法律行为是否有效的根据;侵权责任能力,为决定民事主体是否自己对受害人承担侵权责任的根据。(3)性质不同。民事行为能力总是具体的,有范围的限制,民事主体的行为超出其民事行为能力范围将不生效;侵权责任能力是抽象的,并无范围限制,民事主体致人损害的行为无论是否超出民事行为能力范围,均应受法律追究。

民法关于侵权责任能力之判断,有两种学说。第一,按照通说,应概以行为时有无意思能力为断,即须就具体的加害行为,审查行为人有无识别能力,以决定其是否自己承担侵权责任。法律上并未如民事行为能力制度,以是否成年等设定划一之标准。因侵权行为系决定主体应否受制裁之问题,依理应就具体情形决定,不适于依抽象的标准决定。[3] 显而易见,通说着重于行为人自身的保护,似不利于对受害人的保护,且在实践中实行困难、徒增纷扰。第二,按照新说,因承担侵权责任仅及于责任人之财产、不及于责任人之人身,与刑事责任(将限制责任人人身自由乃至剥夺其生命)有别,故将侵权责任能力与民事行为能力挂钩,以民事行为能力之有无,作为判断侵权责任能力的标准,实有利于对受害人利益之保护,并方便裁判实务。比较而言,新说较通说为优。

现代民法大多采新说,以民事行为能力之有无,作为侵权责任能力之判断标准，具有民事行为能力，即具有侵权责任能力。如前所述，既方便法庭判断，也有利于对受害人的保护。但考虑到社会生活的复杂性，完全民事行为能力之人，难免有暂时丧失意识或者对自己行为失去控制的情形，若于此种情形造成他人损害，其侵权责任如何承担，不能不设特别规则。

例如，《日本民法典》第 713 条规定："于心神丧失期间加害于他人者，不负赔偿责任。但是，因故意或过失致一时心神丧失者，不在此限。"《德国民法典》第 827 条规定："1. 处于无意识的状态中或者处于精神错乱而不能以自由意志决定的状态中，对他人施加损害的人，对其损害不负责任。2. 如出于饮酒或其他类似方式而使自己暂时处于上述状态者，对其处于此种状态中违法地造成的损害，与有过失者造成的损害负同样的责任；但非因过失而陷入此种状态的人，不负其责任。"《意大利民法典》第 2046 条规定："在实施致损行为时，无判断能力和意思能力的人不承担致损行为的后果，除非无行为能力的状况由其过失所致。"《阿尔及利亚民法典》第 125 条规定："但对其致害行为丧失辨别能力者，如其无担保人或受害人不能从担保人处获得赔偿，法官得考虑双方当事人的实际情况，责令加害人予以相应的赔偿。"中国《澳门民法典》第 481 条规定："1、在损害事实发生时基于任何原因而无理解能力或无意欲能力之人，无须对该损害事实之后果负责；但行为人因过错而使自己暂时处于该状态者除外。"中国台湾地区"民法"第 187 条规定："行为时无识别能力者，由法定代理人负损害赔偿责任。前项规定，于其他之人，在无意识或精神错乱中所为之行为致第三人受损害时，准用之。"

上述规定的共同点是，区别导致暂时丧失意识或者识别能力的原因，而决定侵权责任之承担。原因在行为人自身，即因自己的过失使自己暂时丧失识别能力而造成他人损害的，应当承担侵权责任；原因不在行为人自身，即非因自己的过失使自己暂时丧失识别能力而造成他人损害的，不承担侵权责任。其立法目的，是要促使人们谨慎行事：不仅应当诚信地对待他人的民事权利和利益，也不能为了一时的任性或者放纵而使自己丧失识别能力，进而对他人造成损害。从归责原则的角度看，因过失使自己暂时丧失识别能力而造成他人损害，行为人应当对自己的过错行为造成的损害承担责任，也是过错责任原则的要求。

一、本条适用范围

第1款第一句规定本条的适用范围，限于“完全民事行为能力人对自己的行为暂时没有意识或者失去控制造成他人损害”的案型。如前所述，本法将侵权责任能力与民事行为能力挂钩，以民事行为能力之有无，作为是否具有侵权责任能力之判断标准。完全民事行为能力人，即具有侵权责任能力，应当对自己的行为造成的他人损害承担侵权责任。本编第1165条过错侵权责任原则所称“行为人”及以下条文所称“行为人”，均指完全民事行为能力人。可知，完全民事行为能力人对自己的行为造成的他人损害承担侵权责任，为侵权责任法之基本原则。本条规定“完全民事行为能力人对自己的行为暂时没有意识或者失去控制造成他人损害”案型，行为人“有过错的，应当承担侵权责任；没有过错的，根据行为人的经济状况对受害人适当补偿”，属于侵权责任法基本原则之特别规则。

条文“对自己的行为暂时没有意识或者失去控制”，所谓“没有意识”,应与日本民法所谓“心神丧失”、德国民法所谓“处于无意识的状态”、阿尔及利亚民法所谓“丧失辨别能力”、中国台湾地区“民法”所谓“无识别能力”作同一理解,即不能认识行为的违法性及其后果;所谓“失去控制”,指行为人即使能够认识自己行为的违法性及其后果,但处于不能控制自己行为之状态,即所谓“身不由己”。故条文“暂时没有意识或者失去控制”,应当解释为:不能认识行为的违法性及其后果或者虽能够认识行为的违法性及其后果但处于不能控制自己行为之状态。

补充两点。其一,条文所谓“完全民事行为能力人”,仅指年满 18 周岁的自然人(总则编第 17 条),不包括法人、非法人组织。因法人、非法人组织,在其目的范围内具有民事行为能力,无所谓“完全”民事行为能力、“限制”民事行为能力。并且,法人、非法人组织依据其意思机关的决定实施法律行为、事实行为,不发生“暂时没有意识或者失去控制”的问题。其二,条文“造成他人损害”一语之所谓“损害”,基于本条立法目的,应指“人身损害”和“有形财产(动产、不动产)损害”,不包括“人身损害”之外的人格权损害、无形财产损害。再者,“造成他人损害”一语之所谓“他人”,于造成人身损害情形,仅指“自然人”;造成“有形财产(动产、不动产)损害”情形,则可以是自然人,也可以是法人、非法人组织。

二、构成要件

本条适用之构成要件,是行为人“对自己的行为暂时没有意识或者失去控制”“有过错”。如前所述,民法所谓“过错”,分为“故意”和“过失”,指行为人应受法律谴责的主观心理状态。意图损害他人之心理状态,称为故意;明知自己的行为将造成他人损害而不采取措施回避损害结果发生的心理状态,称为过失。按照现今关于民法过错的客观说,任何人均负有不得损害他人的注意义务,违反此注意义务即为过错。可知民法所谓过错,是对他人而言的;对自己而言,不发生过错问题。换言之,一个人如何对待自己和自己的权益,属于意思自治的范围而与过错无关。由此可见,条文"对自己的行为暂时没有意识或者失去控制""有过错",并非本来意义上的"过错"。故裁判实务中,法庭判断被告(加害人)"对自己的行为暂时没有意识或者失去控制"是否具"有过错",不得拘泥于所谓"主观心理状态",亦不采用所谓"善良管理人之注意"标准,而应当着重于导致行为人"对自己的行为暂时没有意识或者失去控制"的原因是否存在于行为人自身。存在于行为人自身,如因醉酒、使用麻醉品导致"对自己的行为暂时没有意识或者失去控制",无疑应当认定行为人"有过错"。因过度疲劳导致"对自己的行为暂时没有意识或者失去控制",亦可认定行为人"有过错",因"过度疲劳"往往出于行为人的意思。但"突发疾病"导致"对自己的行为暂时没有意识或者失去控制",不应认定行为人"有过错",因为"突发疾病"非出于行为人的意思。因自然力或者第三人行为致使行为人"对自己的行为暂时没有意识或者失去控制",应当认定行为人"没有过错",自不待言。

三、法律效果

条文第 1 款第一句规定,以行为人"对自己的行为暂时没有意识或者失去控制"有无过错为标准,将适用本条的法律效果区分为两种:其一,行为人"对自己的行为暂时没有意识或者失去控制""有过错的”,应当承担侵权责任。法律规定明确,毋庸赘述。其二,行为人“对自己的行为暂时没有意识或者失去控制”“没有过错的”,根据行为人的经济状况对受害人适当补偿。起草人未拘泥于(没有过错)不承担赔偿责任的立法例,而规定为“根据行为人的经济状况对受害人适当补偿”,兼顾行为人与受害人双方利益保护,符合民法公平原则(总则编第6条)的要求,值得肯定。

本条第2款规定:“完全民事行为能力人因醉酒、滥用麻醉药品或者精神药品对自己的行为暂时没有意识或者失去控制造成他人损害的,应当承担侵权责任。”其实,“因醉酒、滥用麻醉药品或精神药品对自己的行为暂时没有意识或者失去控制”,已经为第1款行为人“有过错”所涵盖,并且属于行为人“有过错”最为典型、严重的情形。鉴于“因醉酒、滥用麻醉药品或者精神药品对自己的行为暂时没有意识或者失去控制”,具有极大社会危害性,故起草人专设第2款明确规定,因此“造成他人损害的”,行为人“应当承担侵权责任”。

从逻辑关系看,第1款规定“有过错”承担侵权责任、“没有过错的”“根据行为人的经济状况对受害人适当补偿”,为原则规定;第2款规定“因醉酒、滥用麻醉药品或者精神药品对自己的行为暂时没有意识或者失去控制造成他人损害的”,行为人“应当承担侵权责任”,为特别规则。

在法律适用关系上,凡属于“因醉酒、滥用麻醉药品或者精神药品对自己的行为暂时没有意识或者失去控制造成他人损害的”案型,即应当适用第2款规定;不属于“因醉酒、滥用麻醉药品或者精神药品对自己的行为暂时没有意识或者失去控制造成他人损害的”案型,则应当适用第1款规定。本条第2款规定,除方便裁判实务外,还有发挥法律警示作用的立法目的，自不待言。本条沿用原法第 33 条原文。

第一千一百九十一条　用人单位责任和劳务派遣单位、劳务用工单位责任

用人单位的工作人员因执行工作任务造成他人损害的，由用人单位承担侵权责任。用人单位承担侵权责任后，可以向有故意或者重大过失的工作人员追偿。

劳务派遣期间，被派遣的工作人员因执行工作任务造成他人损害的，由接受劳务派遣的用工单位承担侵权责任；劳务派遣单位有过错的，承担相应的责任。

本条规定用人单位使用人责任。使用人责任（旧称雇用人责任），为传统民法特殊侵权行为类型。《民法通则》未规定“使用人责任”。为弥补这一漏洞，2003 年最高人民法院《关于审理人身损害赔偿案件适用法律若干问题的解释》（已修改），创设了雇用人责任解释规则。[4] 制定《侵权责任法》时，起草人在总结裁判实践经验基础上，依据民法原理并参考域外判例学说，将雇用人责任改称使用人责任，再将“使用人责任”依使用关系的不同，区分为“用人单位”的使用人责任与“个人劳务关系”的使用人责任。本条规定“用人单位”的使用人责任（原法第 34 条），第 1192 条规定“个人劳务关系”的使用人责任（原法第 35 条）；又考虑到“劳务派遣”的特殊性，本条设第 2 款规定派遣单位的使用人责任（原法第 34 条第 2 款）。

关于使用人责任，有两种立法模式：（1）德国民法模式。以德国民法为代表。按照《德国民法典》第 831 条的规定，被使用人因执行

事务造成他人损害时,原则上应由使用人承担赔偿责任;但使用人如能证明自己对于被使用人之选任、监督"已尽相当的注意义务",即可不承担赔偿责任。[5] 日本民法、瑞士债务法采德国模式。[6] 德国民法模式,使用人承担责任的根据是有"选任、监督过失",为使用人对自己的行为承担责任,属于过失责任。使用人不承担责任时,受害人仅可请求被使用人承担赔偿责任。按照社会生活经验,被使用人大多缺乏赔偿能力,于使用人不承担赔偿责任情形,受害人将难于获得赔偿。故德国模式对于受害人不利。(2)法国民法及英美法模式。《法国民法典》第1384条规定:"主人与雇主,对其仆人及受雇人因执行受雇的职务所造成的损害,应负赔偿的责任。"《阿尔及利亚民法典》第136条规定:"委托人对其雇员因执行职务或基于其职务的原因实施的违法行为的致害结果,承担赔偿责任。"法国民法模式中,使用人承担责任不以具有选任、监督过失为条件,属于无过失责任。按照英美侵权法,被使用人因执行事务造成他人损害时,应当由使用人对受害人承担赔偿责任。使用人系就他人行为负责,不以使用人具有过失为条件,属于严格责任。法国民法模式和英美侵权法模式,均属于"替代责任"。[7] 其法理根据,一是"享受利益者负担风险"的法律原则,即所谓"报偿理论";二是保障受害人能够获得赔偿,即所谓"大钱袋"规则。显而易见,"替代责任"模式,能够确保受害人获得赔偿。

在现代市场经济条件下,使用人多数是现代化企业,其对于雇员之招聘、选任、监督、管理,往往有严格的制度。于雇员执行事务中造成他人损害的情形,使用人易于举证证明自己对于雇员之选任、监督不存在过失而逃脱责任,最终使遭受损害之他人不能获得赔偿,致使用人责任制度救济受害人的法律目的落空。有鉴于此,本法关于使用人责任制度之设计，采取法国民法、英美侵权法模式，而不采德国民法模式，无论本条规定“用人单位”的使用人责任，或者第1192条规定“个人劳务关系”的使用人责任，均明确规定由使用人承担侵权责任，而不考虑使用人自己是否有“选任、监督过失”，而属于无过错责任，值得注意。

一、用人单位使用人责任

本条第1款第一句规定，“用人单位的工作人员因执行工作任务造成他人损害的，由用人单位承担侵权责任”。依此规定，用人单位使用人责任的适用范围，限于“用人单位的工作人员因执行工作任务造成他人损害”的案型。

何谓“用人单位”？“用人单位”，是《工伤保险条例》采用的法律概念。[8]《工伤保险条例》第2条第1款规定：“中华人民共和国境内的企业、事业单位、社会团体、民办非企业单位、基金会、律师事务所、会计师事务所等组织和有雇工的个体工商户（以下称用人单位）应当依照本条例规定参加工伤保险，为本单位全部职工或者雇工（以下称职工）缴纳工伤保险费。”可见，“用人单位”概念，涵括我国境内的法人、非法人组织和有雇工的个体工商户。何谓“工作人员”？本条所谓“工作人员”，指用人单位的“全部职工（包括雇工）”[9]。

请特别注意，本条所谓“用人单位”，民法理论称为“使用人”；本条所谓“工作人员”，民法理论称为“被使用人”。“用人单位”与“工作人员”之间的聘任合同关系、劳动合同关系、劳务合同关系，民法理论称为“使用关系”。此“使用关系”，是发生“用人单位”使用人责任的社会基础关系。于此社会基础关系上，被使用人（工作人员）按照使用人(用人单位)的指令执行“工作任务”时造成他人损害的案型,即属于本条规定的适用范围。

补充一点,本条所谓“工作人员”,不包括法人的“法定代表人”、非法人组织的负责人在内。按照民法原理和本法规定,法定代表人为法人的执行机关,法定代表人以法人名义从事民事活动,其法律效果归属于法人(第61条第2款)。法定代表人因执行职务造成他人损害的,由法人对受害人承担侵权责任(第62条第1款)。非法人组织的负责人执行职务造成他人损害的,应当参照适用关于法定代表人侵权行为的规定,由非法人组织对受害人承担侵权责任(第108条)。

用人单位,如属于法人、非法人组织,其法定代表人、负责人不属于本条“工作人员”,法定代表人、负责人因执行工作任务(职务)造成他人损害的案型,应当适用、参照适用总则编第62条第1款规定,由法人、非法人组织对受害人承担侵权责任;法定代表人、负责人之外的工作人员执行工作任务造成他人损害案型,应当适用本条第1款规定,由“用人单位”(法人、非法人组织)对受害人承担侵权责任。两者法律效果相同、法律根据不同,如发生混淆,仍构成法律适用错误,请予留意。

推测侵权责任法起草人将民法使用人责任制度,分设为用人单位的使用人责任与个人劳务关系的使用人责任两个制度的理由,是注意到我国社会生活中存在两类使用关系:用人单位的使用关系,使用人与被使用人之间有长期的、正规的合同关系;个人劳务关系往往是短期、临时的使用关系,当事人之间大多是口头的合同关系。前者属于《工伤保险条例》的适用范围,而后者不属于《工伤保险条例》的适用范围。有鉴于此,即使属于用人单位与被使用人之间的使用关系,如果只是短期、临时的使用关系，当事人之间并未订立正规的聘任合同、劳动合同、劳务合同，特别是使用人一方并未按照《工伤保险条例》的规定为被使用人投保工伤保险，即不应当适用本条，而应当适用第1192条的规定。

二、责任构成要件

用人单位使用人责任的构成要件，分为一般构成要件与特别构成要件。一般构成要件，指被使用人造成他人损害，须具备侵权责任的构成要件。如属于一般侵权行为（过错侵权责任），须有加害行为、损害结果、因果关系、行为人具有过错四项构成要件；如属于特殊侵权行为（无过错责任），仅须具备加害行为、损害结果、因果关系三项要件。不具备侵权责任构成要件，被使用人不承担侵权责任，也就谈不到使用人承担替代责任的问题。故使用人承担侵权责任，须被使用人的行为具备侵权责任构成要件。但在被使用人的行为具备侵权行为构成要件之后，还须被使用人的行为具备特别构成要件，才由使用人替代被使用人承担侵权责任；否则，只能由被使用人自己对受害人承担侵权责任，使用人并不承担任何责任。

使用人承担侵权责任之特别构成要件，《德国民法典》的规定是，被使用人“执行事务”造成他人损害（第831条）；《法国民法典》的规定是，“因执行受雇的职务”造成他人损害（第1384条）；《日本民法典》的规定是，被使用人“执行职务”造成他人损害（第715条）；《瑞士债务法》的规定是，“在劳务或者执行事业中”造成他人损害（第55条）；中国台湾地区“民法”的规定是，“执行职务”造成他人损害（第188条）。本条的规定是，因“执行工作任务”造成他人损害；第1192

条的规定是,“因劳务”造成他人损害。虽然用语不同,但意义相同。民法理论将此项特别构成要件,称为“因执行职务”致人损害。简言之,被使用人“因执行职务”造成他人损害,由使用人对受害人承担侵权责任;被使用人“非因执行职务”造成他人损害,应当由被使用人自己对受害人承担侵权责任,而使用人不承担责任。

适用本条裁判用人单位的工作人员因执行工作任务造成他人损害的侵权责任案件,法庭应当如何把握“因执行工作任务”与“非因执行工作任务”的界线?因本法所谓“因执行工作任务”,与《日本民法典》(第715条)和中国台湾地区“民法”(第188条)所谓“执行职务”,意义完全相同,因此,法庭于判断被使用人是否属于“因执行工作任务”时,可以参考日本和我国台湾地区法院判断是否属于“执行职务”之“行为外观”理论。

按照“行为外观”理论,使用人通过使用被使用人而扩展其活动范围,并享受其利益,且被使用人执行职务之范围,非与其交易之第三人所能分辨,为保护交易之安全,被使用人之行为在客观上具备“执行职务”之外观,而造成第三人损害时,使用人即应承担赔偿责任。所谓被使用人“因执行职务”,不仅指被使用人执行使用人之命令、委托职务本身或者执行职务所必要的行为,即使滥用职务或利用职务上的机会及与执行职务之时间或处所有密切关系之行为,在客观上足以使他人相信被使用人执行职务者,即使是为自己的利益所为之的违法行为,均应认定为“执行职务”行为。[10]

例如,甲证券公司雇员乙,利用职务上的机会,在甲公司之营业时间和营业场所,将丙委托甲公司买卖证券之价款予以侵占,法院认定乙因执行职务造成他人损害,判决甲证券公司对受害人丙承担侵权责任。再如,A 公司雇员 B 违反公司内部禁止私用汽车的规定,驾驶公司汽车回家途中发生事故致行人 C 受损害,法院认定 B 因执行职务造成他人损害,判决 A 公司对受害人 C 承担侵权责任。

三、与特别法的适用关系

最后补充一点,本条所谓"用人单位",如前所述,系采用《工伤保险条例》上的概念,涵括"中华人民共和国境内的企业、事业单位、社会团体、民办非企业单位、基金会、律师事务所、会计师事务所等组织和有雇工的个体工商户",因此,本法未专条规定所谓"公务员之侵权行为"[11]。故本条第 1 款关于"用人单位"使用人责任的规定,即成为国家机关工作人员侵权行为之普通法,而《行政诉讼法》关于行政机关工作人员侵权责任的规定及《国家赔偿法》,均应属于本条第 1 款规定的特别法。应当按照特别法优先适用原则(第 11 条)处理法律适用关系,自不待言。

四、使用人的追偿权

本条第 1 款第二句规定,"用人单位承担侵权责任后,可以向有故意或者重大过失的工作人员追偿"。此是关于使用人追偿权的规定。所谓使用人的追偿权,是指使用人在依据本款第一句的规定向受害人承担了赔偿责任之后,对具有故意或者重大过失的被使用人请求赔偿的权利。

民法使用人责任制度,规定使用人对被使用人执行职务造成他人损害承担侵权责任,立法目的在于确保受害人能够获得赔偿,并不意味着被使用人无论何种情况均不承担责任。如果被使用人因故意或者重大过失加损害于他人，亦可不承担侵权责任，不仅有悖于民法自己责任原则，且有诱发侵权行为之虞。但如允许对仅有轻微过失、一般过失的被使用人行使追偿权，也有悖于民法创设使用人责任制度的立法目的。故本条第1款第二句明确规定，被使用人具有故意或者重大过失，是使用人行使追偿权的要件。

如前所述，按照民法所谓报偿理论，使用人通过被使用人谋取自身的利益，理当承担被使用人执行职务所带来的风险，且被使用人与使用人之间经济地位悬殊、所追求的利益性质不同，使用人（以各种企业为典型）是追求经济利益，被使用人是追求生存利益。因此，在被使用人有故意或者重大过失情形，规定使用人享有追偿权，也绝不允许对被使用人全额追偿。[12]但鉴于社会生活的复杂性、使用关系的多样性，法律却难于明确规定追偿权行使的标准（追偿的比例和数额），而是授权审理案件的法庭结合个案自由裁量。

法庭行使此项裁量权，应当考虑各种因素：（1）被使用人之属于故意或者重大过失。对于故意致人损害的被使用人的追偿比例（数额），可以适当高于因重大过失致人损害的被使用人。（2）使用人与被使用人之间的使用关系的性质及被使用人所获得薪酬收入状况。例如对于金融机构、证券公司、大企业享受高额薪酬的高级管理人员，追偿比例（数额）理当高于普通工作人员。（3）特别应当注意，被使用人之大多数，属于依靠微薄工薪收入维持全家生计的普通雇员、体力劳动者，在非因故意致人损害情形，应当尽量限制使用人对他们行使追偿权。

五、劳务派遣使用关系的使用人责任

鉴于劳务派遣使用关系的特殊性，被使用人并非使用人“用人单位”的职工、与用人单位并无劳动合同关系，而是劳务派遣单位的职工、与劳务派遣单位有劳动合同关系。被派遣到用人单位工作的被使用人因执行工作任务造成他人损害情形，究竟应当由派遣单位承担使用人责任，还是应当由用人单位承担使用人责任，法律不能不作出明确规定。

本条第2款规定，“劳务派遣期间，被派遣的工作人员因执行工作任务造成他人损害的，由接受劳务派遣的用工单位承担侵权责任；劳务派遣单位有过错的，承担相应的责任”。请注意条文第一句明确规定，被派遣的工作人员因执行工作任务造成他人损害的，由“接受劳务派遣的用工单位”（“用人单位”）承担侵权责任。显而易见，这是适用本条第1款关于用人单位使用人责任的原则规定。换言之，基于劳务派遣使用关系的被使用人执行职务致人损害案型，亦属于用人单位使用人责任的适用范围。

劳务派遣使用关系的被使用人，毕竟与一般使用关系不同，被使用人既与用人单位存在使用关系，同时与劳务派遣单位也存在使用关系。故第2款第二句规定，“劳务派遣单位有过错的，承担相应的责任”。对此项规定，有两点需要注意：其一，所谓“劳务派遣单位有过错”之所谓“过错”，应当如何理解？按照社会生活经验，此所谓“过错”，应当理解为派遣单位对该造成他人损害的“派遣工作人员”的“选任、派遣过失”。如将非熟练技工当作熟练技工派遣到用人单位，该被派遣技工于执行职务中造成他人损害，应当认为派遣单位有“选任、派遣过失”。其二,承担“相应的责任”之所谓“相应”,应当理解为与“选任、派遣过失”之严重程度相应。“选任、派遣过失”的严重程度,应当依据社会生活经验判断。例如,将普通电工当作水电工派遣,可认定为一般过失;而将电焊工当作水电工派遣,可认定为重大过失。将非熟练技工当作熟练技工派遣,可以认定为一般过失;而将普工(非技工)当作熟练技工派遣,可以认定为重大过失。

按照本款规定,在“劳务派遣单位有过错的”的情形,用人单位承担使用人责任,与劳务派遣单位承担相应的责任,两者构成按份责任。各自责任份额的确定,应当先确定劳务派遣单位按照其过失程度所应当承担的、“相应”的责任份额,然后从相当于受害人损害的赔偿金总额,减去劳务派遣单位承担的责任份额,即是用人单位应当承担的责任份额。

劳务派遣使用关系被使用人致人损害案型,受害人起诉用人单位,用人单位主张将劳务派遣单位列为共同被告的,法庭应当准许;用人单位未主张将劳务派遣单位列为共同被告的,法庭不得依职权将劳务派遣单位增列为共同被告。未将劳务派遣单位列为共同被告、用人单位被判决承担使用人责任后,鉴于用人单位与劳务派遣单位之间的劳务派遣合同关系,用人单位当然可依据本法合同编的规定另案起诉、追究劳务派遣单位的违约责任,自不待言。

再补充一点,本条未就被使用人于执行职务期间,因第三人行为受到损害问题设立规定,而关于个人劳务关系使用人责任条款(第1192条第2款)却设有明确规定。也许可以认为,本条适用范围的使用关系,属于《工伤保险条例》适用对象,用人单位依法为被使用人投保了工伤保险,被使用人执行职务期间,因第三人行为遭受损害,构成工伤事故,受害被使用人可以享受工伤保险待遇,故不必专门规定。但是,仍然留下一个问题,即受害被使用人享受工伤保险待遇,是否影响其对于造成损害的第三人的侵权责任请求权,换言之,该第三人(侵权人)可否以原告(受害被使用人)已经享受工伤保险待遇为由主张免除或者减轻赔偿责任?本条对此未设规定,构成漏洞。

鉴于工伤保险为社会保障法制度,其目的在于"分散用人单位的工伤风险"(《工伤保险条例》第1条),被保险人享受工伤保险待遇的根据,是用人单位为被使用人缴纳了工伤保险费。工伤保险与侵权责任,属于目的、性质、程序完全不同的制度。按照民法原理,构成竞合的请求权,须为实现同一目的而存在,如违约责任请求权与侵权责任请求权的竞合(第186条)。故受害被使用人享受工伤保险待遇,与其对于侵权人主张侵权责任赔偿,不构成竞合关系。因此受害被使用人享受工伤保险待遇,不影响其追究该第三人(侵权人)侵权损害赔偿的实体权和诉权。而该第三人(侵权人),亦无权以受害被使用人已经享受工伤保险待遇为由主张免除或者减轻侵权赔偿责任。本条以原法第34条为基础、增加用人单位追偿权的规定。

第一千一百九十二条　个人劳务关系中的侵权责任

个人之间形成劳务关系,提供劳务一方因劳务造成他人损害的,由接受劳务一方承担侵权责任。接受劳务一方承担侵权责任后,可以向有故意或者重大过失的提供劳务一方追偿。提供劳务一方因劳务受到损害的,根据双方各自的过错承担相应的责任。

提供劳务期间,因第三人的行为造成提供劳务一方损害的,提供劳务一方有权请求第三人承担侵权责任,也有权请求接受劳务一方给予补偿。接受劳务一方补偿后,可以向第三人追偿。

一、个人劳务关系的使用人责任

本条第 1 款第一句规定:“个人之间形成劳务关系,提供劳务一方因劳务造成他人损害的,由接受劳务一方承担侵权责任。”这是关于个人劳务关系使用人责任的规定。如前所述,本法将传统民法使用人责任区分为两个制度,前条规定用人单位的使用人责任,本条规定个人劳务关系的使用人责任。

中国学术界曾因经济体制的原因,有“劳动关系”与“劳务关系”的区分。前者指公有制单位与职工之间的使用关系,后者指公有制单位之外的私有经济单位与劳动者之间的使用关系。在社会主义市场经济体制确立之后,劳动关系与劳务关系的区别已经丧失其意义。本法前条采用《工伤保险条例》所谓“用人单位”概念,用人单位的使用关系涵括(公务员、机关干部)人事组织关系、劳动合同关系、聘用合同关系等。凡不属于前条调整范围的使用关系,均属于本条的适用范围。

请特别注意,本法区分两类使用关系的实质标准,是使用人是否为被使用人投保工伤保险。凡使用人为被使用人投保工伤保险的使用关系,均属于前条用人单位使用人责任的适用范围;反之,即使是“用人单位”,其临时的、短期的使用关系,并未按照《工伤保险条例》的规定为被使用人投保工伤保险,则被使用人执行职务造成他人损害案型,亦应属于本条个人劳务关系使用人责任的适用范围。故对于本条所谓“个人之间形成劳务关系”的表述，不可拘泥于“个人之间”与“劳务关系”的字面含义，应当采用目的解释方法和逻辑解释方法，理解为前条用人单位使用人责任适用范围之外的“使用关系”，而不论接受劳务一方是“单位”抑或“个人”、其与提供劳务一方是否订有合同（书）及合同书名称、是有偿使用抑或无偿使用[13]、是长期使用抑或临时使用[14]。

条文所谓“接受劳务一方”，即使用人；“提供劳务一方”，即被使用人。“提供劳务一方因劳务造成他人损害的，由接受劳务一方承担侵权责任”，与前条关于用人单位使用人责任的规定，完全一致。其中，“因劳务造成他人损害”为使用人责任之特别构成要件，应当与前条“因执行工作任务造成他人损害”作同一理解。法庭判断是否“因劳务”致人损害，亦应当参考日本、我国台湾地区裁判实务所谓“行为外观理论”，此不赘述。

二、接受劳务一方的追偿权

条文第1款第二句规定：“接受劳务一方承担侵权责任后，可以向有故意或者重大过失的提供劳务一方追偿。”这是关于使用人承担侵权责任后行使追偿权的规定。追偿权行使以被使用人具有故意或者重大过失为要件，亦与前条规定相同。关于追偿权行使的限制，亦应参考前条的解释。

唯须特别说明，本条适用范围内的被使用人（提供劳务一方）绝大多数属于普通劳动者（所谓“蓝领”），靠出卖劳动、劳务换取微薄的报酬以维持自己和家人的生计。现代民法所谓“生存利益”概念，正是针对他们而言的。现代民法思想，当生存利益与经济利益发生冲突时,应当确保生存利益。如果允许“接受劳务一方”行使追偿权,且不说全额追偿,即使追偿半额、四分之一,亦将使提供劳务一方及其家人陷于生活困境!正是考虑到大多数被使用人的经济状况,2009 年制定《侵权责任法》时,第十一届全国人大常委会及其法律委员会决定暂不规定使用人的追偿权,而委托审理案件的法庭结合个案自由裁量。现在本条虽然规定了追偿权,却并不意味着每一个案件都许可行使追偿权,是否许可使用人行使追偿权以及许可行使追偿权追偿的比例、数额,仍然委托审理案件的法庭自由裁量。在法庭应当考虑的各种因素中,使用关系类型及被使用人薪酬状况尤为重要,对于靠低工资、低报酬维持劳动者及其家人生计的案型,只要不是故意致人损害,法庭以不支持追偿权行使为宜。

三、提供劳务一方因劳务受损害

第 1 款第三句规定:“提供劳务一方因劳务受到损害的,根据双方各自的过错承担相应的责任。”被使用人自身“因劳务”受到损害,在民法属于合同法问题,在劳动法、社会保障法属于工伤保险问题,在宪法属于劳动保护问题。本条将个人劳务关系被使用人责任附带一并规定,体现中国民法立法所具有的实用主义倾向。

请特别注意,同样规定使用人责任,为什么本条规定被使用人自身伤害问题,而前条却未规定被使用人自身伤害问题?因为前条适用范围内的使用关系,按照《工伤保险条例》的规定,“用人单位”(使用人)为被使用人投保了工伤保险,被使用人“因执行工作任务”自身受到伤害,可以享受工伤保险待遇;而属于本条适用范围内的使用关系,不在《工伤保险条例》适用范围之内,“接受劳务一方”(使用人)并未为“提供劳务一方”（被使用人）投保工伤保险，被使用人“因劳务”自身受到伤害，不能享受工伤保险待遇。

现在看第三句规定，“提供劳务一方因劳务受到损害的，根据双方各自的过错承担相应的责任”。本书认为，此项规定是完全错误的。前已述及，被使用人在执行职务中自身受到损害，本不属于侵权责任法的规范对象、不属于侵权责任问题，而是合同法、劳动法、社会保险法乃至宪法问题。

例如，个体餐馆的厨师切菜的时候不当心切掉半截手指，属于“提供劳务一方因劳务受到损害”，当然不是餐馆老板的行为造成该厨师的损害，餐馆老板完全没有什么过错，难道真的按照条文规定由厨师“自己承担责任”？“因劳务受到损害”，是典型的工伤问题、劳动保护问题，与侵权责任无关。而按照本款第三句的规定，餐馆老板因为没有过错将对劳动者（厨师）的“工伤概不负责”，此项规定直接违反现行《劳动法》的规定。现行《劳动法》（2018 年第 2 次修正）第 73 条规定，劳动者在劳动中“负伤”“因工伤残”，应“依法享受社会保险待遇”。

此项规定不仅违反现行《劳动法》的规定，还违反现行《宪法》关于劳动保护的规定。1988 年天津市高级人民法院就涉案劳务合同“工伤概不负责”约款是否有效请示最高人民法院，最高人民法院〔1988〕民他字第 1 号批复：“经研究认为，对劳动者实行劳动保护，在我国宪法中已有明文规定，这是劳动者所享有的权利。张学珍、许广秋身为雇主，对雇员理应依法给予劳动保护，但他们却在招工登记表中注明‘工伤概不负责’。这种行为既不符合宪法和有关法律的规定，也严重违反了社会主义公德，应属于无效的民事行为……”

最高人民法院批复中说我国宪法关于劳动保护有明文规定，是指《宪法》第42条第2款。该款规定："国家通过各种途径，创造劳动就业条件，加强劳动保护，改善劳动条件……"最高人民法院对此解释说，"对劳动者实行劳动保护"，"这是劳动者所享有的权利"，受国家法律保护，任何个人和组织不得侵犯。宪法关于劳动者权利的规定，当然是强行性的规定。一切法律、法规都不得与宪法规定相抵触。

按照民法解释学，国家法律体系构成一个多层级的金字塔结构，每一个层级称为"位阶"，宪法居于"最高位阶"。其规则是，下位阶法律不得抵触上位阶的法律，任何法律、法规均不得抵触宪法；宪法不仅是制定法律、法规的立法权源，并且是制定法律、法规的立法根据。故《民法典》第1条明文规定"根据宪法，制定本法"。因此，凡与宪法抵触的法律、法规、规章应一律无效；采用任何解释方法得出的解释意见，均不得与宪法相抵触；所谓合宪性解释方法，即以宪法规定作为解释法律、法规、规章基准的解释方法。

此外，前条规定的用人单位使用人责任，本条规定的个人劳务关系使用人责任，本属于同一个民法制度。同样是被使用人执行职务中受工伤，按照前条，其享受工伤保险待遇，并不考虑是否具有过错，即使因自己重大过失受工伤，所享受的工伤保险待遇并不减少；本条却规定"根据双方各自的过错承担相应的责任"，按照生活经验，绝大多数工伤事故之发生，"接受劳务一方"（使用人）均不存在过错，于是将由"提供劳务一方"（被使用人）自己承担责任。撇开是否符合公平原则不论，至少违背了同样问题同一处理的逻辑规则。

按照民法解释学，解释法律条文不应拘泥于所使用的不适当文句，按照条文所使用文句得出的意思与宪法规定抵触、不能与其他条文相协调者,应当采用合宪性解释方法和体系解释方法,达成符合宪法规定并与其他条文相协调的解释意见。因此,对第 1 款第三句规定"提供劳务一方因劳务受到损害的,根据双方各自的过错承担相应的责任",应当解释为:提供劳务一方"因劳务受到损害的",应当由接受劳务一方予以补偿。[15]

四、第三人行为造成提供劳务一方损害

本条第 2 款规定:"提供劳务期间,因第三人的行为造成提供劳务一方损害的,提供劳务一方有权请求第三人承担侵权责任,也有权请求接受劳务一方给予补偿。接受劳务一方补偿后,可以向第三人追偿。"被使用人因第三人行为造成损害,本属于一般侵权行为问题,按照本编规定应当由第三人(侵权行为人)对遭受损害的被使用人承担侵权责任(第 1165 条)。考虑到大多数被使用人居于弱势经济地位,靠提供劳务换取工资报酬维持自己和家人生计,于提供劳务期间遭受第三人侵害情形,要单靠一己之力向法院起诉追究加害人的侵权责任,往往有莫大困难。有鉴于此,本条增设第 2 款规定,这种情形,接受劳务一方(使用人)负有"给予补偿"的义务,提供劳务一方(被使用人)因此享有"选择权",他既可以选择请求接受劳务一方给予补偿,也可以选择自己向法院起诉、请求加害人(第三人)承担侵权责任。[16]此项"选择权"之立法目的,在于保护受损害的被使用人,值得肯定。

本条第 2 款第一句规定使用人的补偿义务及受害被使用人的选择权。须注意,条文虽然用"给予补偿",而非"赔偿""承担责任",实则是,由接受劳务一方预先"垫付"加害人(第三人)依法所应向提供劳务一方支付的(侵权责任)损害赔偿金。故接受劳务一方"给予补

偿"的补偿金额,应与第三人依法应当承担的侵权责任损害赔偿金数额大体相当。接受劳务一方,不主动"给予补偿"或者"给予补偿的金额"与第三人依法应当承担的侵权责任损害赔偿金不相当,提供劳务一方有权向法院起诉、请求法院判决接受劳务一方给予补偿相当的金额,自不待言。

本条第2款第二句规定接受劳务一方对受害的被使用人给予补偿后,有权向第三人(加害人)行使追偿权。其行使追偿权、向法院起诉追究该第三人侵权责任,所行使的诉权、实体权本属于受害的提供劳务一方。因接受劳务一方给予补偿,从而使提供劳务一方获得此诉权和实体权。为方便案件事实之查清,法庭可依职权通知受害的提供劳务一方作为无独立请求权的第三人加入诉讼。于获得胜诉判决情形,判决被告(加害人)支付侵权责任损害赔偿金数额超过接受劳务一方"给予补偿"金额的部分,应当归提供劳务一方所有。按照本款规定"给予补偿"为接受劳务一方的法定义务,则判决被告支付侵权责任赔偿金数额,不足接受劳务一方"给予补偿"金额的部分,不得向提供劳务一方要求偿还,请予留意。本条在原法第35条基础上,增加关于追偿权的规定及关于因第三人行为造成损害的规定。

第一千一百九十三条　承揽关系中的侵权责任

承揽人在完成工作过程中造成第三人损害或者自己损害的,定作人不承担侵权责任。但是,定作人对定作、指示或者选任有过错的,应当承担相应的责任。

本条是关于定作人责任的规定。《民法通则》《侵权责任法》未规定定作人责任。本条为《侵权责任法》编纂为侵权责任编时新增，系2003年最高人民法院《关于审理人身损害赔偿案件适用法律若干问题的解释》第10条解释规则的法律条文化。而该条司法解释规则[17]，所参考的是我国台湾地区“民法”第189条[18]。该第189条系参考借鉴《日本民法典》第716条。而《日本民法典》第716条定作人责任，又系参考英美法关于独立契约者的责任规则，相当于《美国第二次侵权法重述》第409条、第410条。[19]

一、承揽关系

本法关于承揽合同的定义，规定在合同编第770条第1款：“承揽合同是承揽人按照定作人的要求完成工作，交付工作成果，定作人支付报酬的合同。”须特别注意，本法将合同标的物为“建设工程”的承揽合同，称为建设工程合同单独设为一章，称为“建设工程合同”，其第808条规定，“本章没有规定的，适用承揽合同的有关规定”，以明示建设工程合同属于承揽合同之特别类型。建设工程合同双方当事人，称为发包人、承包人。还须注意，社会生活中，建设工程之外的承揽合同，亦往往称为承包合同。[20]故本条所谓定作人概念，应当包括建设工程合同及其他名为承包合同、实为承揽合同的“发包人”在内；所谓承揽人概念，应当包括建设工程合同及其他名为承包合同、实为承揽合同的“承包人”在内。

二、承揽关系与使用关系

严格言之，定作人与承揽人之间的承揽关系，与前两条规定的使用人与被使用人之间的使用关系具有某种类似性，均属于当事人一方利用相对方以实现自己目的之利用关系。二者的区别在于：

第一，在使用关系上，使用人与被使用人之间的关系具有隶属性，被使用人必须服从使用人的管理、遵守使用人制定的规章制度，按照使用人的指令执行工作任务或者劳务，并不具有独立性。而在承揽关系上，定作人与承揽人之间的关系是平等的、不具有隶属性，承揽人按照自己的意思完成工作，只需所完成的工作成果符合要求（合同约定标准）即可，承揽人具有独立性。英美法将承揽人称为“独立契约者”，理由在此。

第二，在使用关系上，当事人双方经济地位、经济实力悬殊，被使用人的大多数居于弱者地位，被使用人执行工作任务（劳务）造成他人损害时，被使用人往往不具有对受害人承担损害赔偿责任的资力。基于此，民法为保障受害人获得救济，创设使用人无过错责任制度、规定由使用人代替被使用人承担对于受害人的赔偿责任。在承揽关系上，当事人双方经济地位、经济实力大体相当，承揽人作为“独立契约者”，通常具有承担侵权责任的资力，一般不发生受害人难于获得赔偿的问题，且承揽人具有控制风险、预防损害的能力，并可以通过保险和价格机制分散损害。

三、本条立法理由

基于上述区别，民法规定由承揽人对自己及受雇人造成他人损害承担侵权责任，定作人不对承揽人及其受雇人造成他人损害承担侵权责任。这是本条第一句规定的立法理由。

虽说大多数承揽人属于各类企业（法人、非法人组织），具有较强经济实力、控制和预防损害的能力,可通过保险或者价格机制分散损害;但鉴于社会生活的复杂性,也存在承揽人属于个体经营者、个人的情形。这样的承揽人经济地位、经济实力较弱,在这样的承揽人自己或者其受雇人造成他人损害时,难免有受害人难于获得损害赔偿之虞。这种情形,即有规定由定作人对受害人承担侵权责任的必要。并且,在第一句规定定作人不承担侵权责任的前提下,要使定作人承担侵权责任,必须另有根据,这就是本条第二句规定"定作人对定作、指示或者选任有过错的,应当承担相应的责任"的立法理由。

条文第一句规定:"承揽人在完成工作过程中造成第三人损害或者自己损害的,定作人不承担侵权责任。"须说明一点,鉴于前条规定个人劳务关系使用人责任,在规定执行职务造成他人损害时,附带规定被使用人自身受损害问题,本条规定承揽人完成工作过程中造成他人损害时,同样附带规定承揽人自身受损害问题。按照第一句条文,无论承揽人"在完成工作过程中"造成第三人损害或者自己遭受损害,"定作人"均"不承担侵权责任"。值得注意的是,条文只是规定"定作人不承担侵权责任",却并没有规定究竟应当由谁承担侵权责任。这样的规定用意何在?

四、何谓"注意规定"

如前所述,本条系参考借鉴我国台湾地区"民法"第 189 条,而我国台湾地区"民法"第 189 条系参考借鉴《日本民法典》第 716 条。按照日本学者通说,本条"系注意规定,旨在避免在承揽事项上发生适用日本民法第 715 条关于使用者责任之疑义。"[21] 我国台湾地区学者亦赞同"注意规定说",并指出其规范意旨,在于区别"雇用人责任"

(使用人责任)与定作人责任。[22]

这样看来,本条第一句即属于"注意规定",其立法者意思,仅在提醒法律人(法官、律师)注意承揽关系并非使用关系,避免混淆承揽关系与使用关系、混淆使用人责任与定作人责任。换言之,本条第一句条文,并不具有裁判规范(请求权基础)的性质和功能。既然如此,则法庭审理承揽人于完成承揽工作中造成他人损害或者自身受到损害的案件,不能从本条第一句规定获得裁判根据。

五、法律适用

法庭审理承揽人于完成工作过程中造成第三人损害或者承揽人自身受害的案件,应视案件具体情况而适用本编相关法律条文:其一,承揽人为法人、非法人组织及有雇工的个体工商户,其雇员(工作人员)执行承揽工作中造成第三人损害,应当适用本法第 1191 条第 1 款关于用人单位使用人责任的规定,由承揽人对受害人承担侵权责任;其雇员(工作人员)执行承揽工作中自身遭受损害,应当依照《工伤保险条例》的规定,享受工伤保险待遇。其二,承揽人为个人(自然人、无雇工的个体工商户),其雇员在完成承揽工作中造成第三人损害,应当适用第 1192 条第 1 款关于个人劳务关系使用人责任的规定,由承揽人对受害人承担侵权责任;其雇员在完成承揽工作中自身遭受损害,应当适用第 1192 条第 1 款关于个人劳务关系使用人责任的(第三句)规定,由承揽人给予补偿;因第三人行为造成其雇员损害的,应当适用第 1192 条第 2 款的规定,受害被使用人可以选择由承揽人予以补偿,或者选择请求侵权人承担损害赔偿责任。承揽人予以补偿的,有权向侵权人追偿。其三,承揽人为个人,其自己完成承揽工作中造成他人损害，应当适用第1165条关于一般侵权行为的规定，由承揽人自己对受害人承担侵权责任；承揽人自身遭受损害的，应由承揽人自负其责。

六、定作人责任的裁判规范

本条的重心在第二句"但书"规定。第一句规定"定作人不承担责任"，为原则规定；第二句"但书"规定"定作人对定作、指示或者选任有过错的，应当承担相应的责任"，为第一句原则规定之"例外规定"。请特别注意，第二句"但书"规定本身并非"完整法律条文"，理论上称为"不完全法条"，须与本编第1165条一般侵权责任的规定相结合，构成裁判定作人责任案型的"完整"裁判规范。换言之，法庭裁判定作人责任案件，所应适用的法律条文是第1165条关于一般侵权责任的规定，本条第二句"但书"规定，只是为法庭认定被告（定作人）是否具有过错，提供具体"判断标准"。

补充一点，民法理论和比较法上的定作人责任，仅指承揽人或者其雇员执行承揽事务造成第三人损害，且定作人具有过失的情形，由定作人对受害人承担侵权责任。承揽人及其雇员自身所受损害，与定作人责任无关。本条的规定是，"承揽人在完成工作过程中造成第三人损害或者自己损害"，"定作人对定作、指示或者选任有过错的，应当承担相应的责任"。显而易见，起草人将承揽人及其雇员自身所受损害的赔偿纳入定作人责任的适用范围。请予留意。

七、定作人责任构成要件

如前所述，法庭裁判定作人责任案件，应当适用第1165条关于一般侵权责任的规定，本条第二句“但书”规定，只是对“过错”要件的具体规定。定作人责任须具备的构成要件是：

第一，须基于承揽关系所发生的损害。此系本条适用范围和立法目的所决定的。如前所述，此承揽关系不仅指本法第 17 章规定的承揽合同关系，还包括第 18 章规定的建设工程合同关系，以及社会生活中名为承包合同、实为承揽合同的合同关系。须注意一点，此所谓承揽关系指承揽人按照定作人要求完成特定工作并交付工作成果的事实关系，是否订立书面合同及合同被确认无效，不影响此承揽关系之存在。

第二，须是承揽人或者其雇员（工作人员）于完成承揽工作中造成第三人损害或者自身遭受损害。按照社会生活经验，此所谓“损害”，大多属于人身损害（生命、身体、健康损害）和财产（包括有形财产和无形财产）损害。人身损害和财产损害之外的损害，亦有可能，如承揽编写剧本侵害第三人名誉权、隐私权。

第三，须定作人对“定作、指示或者选任”具有过错。所谓“定作过失（过错）”，应当是作为承揽合同的标的的行为（工作）或其结果（工作物）本身具有损害第三人合法权益的可能性。所谓“指示过失（过错）”，指承揽合同标的（工作及工作物）并不具有损害第三人合法权益的危险性，而是定作人对承揽人所作的具体指示造成对第三人的损害，如建设工程为赶工期指令强力抽排地下水造成相邻建筑物地基动摇，装修房屋指令拆除承重墙致使房屋垮塌造成路人或者邻人损害。所谓“选任过失（过错）”，指对承揽合同对方当事人（承揽人）之选定不当，所选定的承揽人不具有预防、控制损害发生的能力和承担赔偿责任的资力。民法创设定作人责任的立法目的，在于对承揽人侵权责任能力不足（不足以完全赔偿受害人）的补充，故定作人“选任过失”之认定，不以所谓“善良管理人之注意”为标准，而是以承揽人是否具有承担赔偿责任的资力为判断标准。如承揽人具有承担赔偿责任的资力，定作人即无“选任过失”；承揽人不具有承担赔偿责任的资力或者不足以赔偿受害人全部损害，定作人即有“选任过失”。

须注意，定作人具有三项过失（定作过失、指示过失、选任过失）之一，即应构成定作人责任。其中，定作过失、指示过失之认定，鉴于承揽人具有专业知识、受害人不具有相关专业知识，应当由承揽人负担举证责任、受害人不负担举证责任；选任过失之认定，无须当事人举证，法庭应当采用“事实自证”（*resipsa loquitur*）规则，于判明承揽人不具有承担全部赔偿责任的资力时，即认定定作人具有“选任过失”。

八、如何理解“相应的责任”

中国法语境，关于承担侵权责任，在所谓“承担连带责任”（第1170条、第1171条、第1197条）、承担按份责任（第1172条）之外，还有“承担相应的责任”（第1191条）、“承担相应的补充责任”（第1198条）。按照本条规定，定作人“应当承担相应的责任”。此“相应的责任”，应当如何理解？

本法所谓“承担相应的责任”，多属于过错责任或者与过错有关，通常理解为所承担的“责任”与其所具有的“过失（过错）”的严重程度“相应”。“相应”的意思是，相当、成正比例的意思。换言之，过失（过错）程度轻微（所谓轻过失），相应承担较轻的责任甚至免责；过失程度中等（所谓一般过失），相应承担中等程度（50%）的责任；过失程度严重（所谓重大过失），相应承担较重（百分之六七十）的责任。

须特别注意，于定作人具有定作过失或者指示过失情形，承揽人明知存在定作过失或者指示过失，仍然按照定作人要求工作，以至于造成第三人损害或者自己遭受损害，承揽人当然亦具有过失。于造成第三人损害及承揽人（组织体）的雇员自己损害情形，构成主观共同侵权行为（第 1168 条），依法应当由定作人与承揽人对受害人承担连带责任。这种情形，所谓“相应的责任”，指连带责任人之间的责任份额；于造成承揽人（自然人）自己损害情形，应有过失相抵规则（第 1173 条）之适用，这种情形，所谓“相应的责任”，指定作人（责任人）与承揽人（受害人）之间“相抵”的责任份额。于定作人具有“选任过失”情形，鉴于“选任过失”的实质是所选定的承揽人不具有对第三人或者其雇员所受损害完全赔偿的能力（资力），故所谓“相应的责任”应当理解为，定作人承担补充责任。所谓“相应”，指与承揽人实际赔偿能力（资力）的不足程度相当。换言之，承揽人不能承担的责任部分，均由定作人承担。本条为新增。

第一千一百九十四条　网络侵权责任

网络用户、网络服务提供者利用网络侵害他人民事权益的，应当承担侵权责任。法律另有规定的，依照其规定。

鉴于利用网络侵害他人名誉、隐私等人格权的问题日益引起社会广泛关注，2009 年制定《侵权责任法》，专设第 36 条规范网络侵权行为。该条分三款：第 1 款规定网络用户和网络服务提供者的侵权责任；第 2 款规定受害人要求网络服务提供者采取必要措施的权利，及

网络服务提供者未采取必要措施情形应当承担的侵权责任；第 3 款规定网络服务提供者与网络用户的连带责任。编纂侵权责任编时，总结原法实施以来的裁判经验，起草人将原法第 36 条一分为三：其第 1 款设为本条；以第 2 款为基础加以完善设为第 1195 条；第 3 款设为第 1197 条；并新增第 1196 条，就此形成相对完善的、规范网络侵权行为的规范类型。

本条第一句规定："网络用户、网络服务提供者利用网络侵害他人民事权益的，应当承担侵权责任。"此是原法第 36 条第 1 款原文。依据第一句规定，网络用户、网络服务提供者利用网络侵害他人民事权益，该网络用户或者网络服务提供者应当对受害人承担侵权责任。常见的案型是，利用网络侵害他人名誉权、隐私权、肖像权。此与利用其他媒体侵害他人名誉权、隐私权、肖像权，在归责原则（事由）、责任构成要件、责任形式及免责事由上并无区别。

请特别注意，本条第一句不具有裁判规范（请求权基础）的性质和功能。鉴于网络侵权属于一般侵权行为、实行过错责任原则，法庭裁判网络侵权行为案件，应当以第 1165 条作为裁判根据（请求权基础）。并有适用"停止侵害""赔礼道歉""消除影响、恢复名誉"责任形式（第 179 条），及适用精神损害赔偿（第 1183 条第 1 款）的可能。

本条第二句规定："法律另有规定的，依照其规定。"所谓"法律另有规定"，指关于法定免责事由的规定。本法规定的法定免责事由，如关于不可抗力的规定（第 180 条）、关于正当防卫的规定（第 181 条）、关于紧急避险的规定（第 182 条）、关于自愿实施紧急救助的规定（第 184 条），及关于自助行为的规定（第 1177 条）。这些法定免责事由的适用，限于侵害人身（生命权、身体权）和财产（主要是有形财产)的侵权行为案型;网络侵权行为案型,并无适用这些法定免责事由的余地。

如前所述,网络侵权行为,其侵害客体为生命、身体、健康权之外的人格权,如名誉权、隐私权、姓名权、肖像权,与其他媒体侵权行为相同。故网络侵权行为案件的被告(网络侵权人),可以主张与其他媒体侵权行为案件相同的免责事由。需说明的是,其他媒体侵权行为案型同样不能适用前述法定免责事由。媒体侵权行为案型的免责事由不是由现行法律规定的,而是由人民法院审理侵害名誉权等侵权行为案型的实践中所确立的。最高人民法院关于名誉权案件司法解释及指导性案例所确认(媒体侵权行为案型)的免责事由如下:

其一,"基本事实真实"。被告人主张并且证明被指侵权的文章、报道的"基本事实真实",即可免于承担侵权责任。其二,"有理由相信基本事实真实"。亦即被告人主张并且证明,被指侵权的信息系依据公权力机关的公文书或者其他文字资料,即可免于承担侵权责任。其三,"未造成原告社会评价降低"。虽然报道、传播了虚假事实,但被告人主张并且证明并未因此造成原告社会评价降低,实则是主张并证明无"损害事实"要件(因此侵权责任不成立)。其四,"言论自由之正当行使""正当的舆论监督"。主张言论自由之正当行使,多适用于因学术批评、批评人和事引发的案型;主张"正当的舆论监督",多适用于消费者批评企业产品或者服务的案型。法庭查明属于言论自由或者舆论监督而未超越正当界限,即可判决被告人免于承担侵权责任。其五,所谓"公众人物"规则。因公众人物,其言论行动往往关系社会公共利益,应当接受人民群众的监督,对于公众人物的批评属于人民群众行使监督权,不构成违法。凡批评对象属于公众人物,即使批评的事实不真实，亦应免于承担侵权责任。这些免责事由，虽未有法律明文规定，但为民法理论和人民法院裁判实践所认可，理当继续有其效力。

补充一点，关于“公众人物规则”，新近裁判实践有对公众人物规则的适用稍作限制的趋势，即将公众人物的活动区分为涉及公共利益的活动与纯粹私人生活；即使属于公众人物，与公共利益无关的纯粹私人生活亦受法律保护、不允许非法滋扰。故主张“公众人物”规则，不仅应当主张所报道、批评对象属于公众人物，还应当主张并证明所报道、批评的事项涉及社会公共利益。被告人不能证明所报道、批评事项涉及社会公共利益的，法庭应判决其承担侵权责任。

第一千一百九十五条　网络服务提供者侵权补救措施与责任承担

网络用户利用网络服务实施侵权行为的，权利人有权通知网络服务提供者采取删除、屏蔽、断开链接等必要措施。通知应当包括构成侵权的初步证据及权利人的真实身份信息。

网络服务提供者接到通知后，应当及时将该通知转送相关网络用户，并根据构成侵权的初步证据和服务类型采取必要措施；未及时采取必要措施的，对损害的扩大部分与该网络用户承担连带责任。

权利人因错误通知造成网络用户或者网络服务提供者损害的，应当承担侵权责任。法律另有规定的，依照其规定。

本条第1款规定：“网络用户利用网络服务实施侵权行为的，权利人有权通知网络服务提供者采取删除、屏蔽、断开链接等必要措施。

通知应当包括构成侵权的初步证据及权利人的真实身份信息。”第一句赋予受害人要求网络服务提供者采取必要措施的权利。条文“权利人”，指网络侵权行为的受害人；此项权利必须采取通知的方式行使，此通知属于意思通知；所谓“必要措施”，指要求网络服务提供者对于被指侵权的文章、视频采取“删除、屏蔽、断开链接”等“措施”。第二句进一步规定此项通知，除包含权利人要求采取必要措施的意思外，还应当包含证明该文章、视频“构成侵权的初步证据及权利人的真实身份信息”。第二句为起草人新增规定，有方便网络服务提供者考虑是否采取必要措施的考量。

第 2 款规定：“网络服务提供者接到通知后，应当及时将该通知转送相关网络用户，并根据构成侵权的初步证据和服务类型采取必要措施；未及时采取必要措施的，对损害的扩大部分与该网络用户承担连带责任。”第一句规定收到通知的网络服务提供者负有两项义务：一是将通知转送给被指侵权的网络用户；二是“根据构成侵权的初步证据和服务类型采取必要措施”的义务。这里有一个问题，如果网络服务提供者收到的通知未“包括构成侵权的初步证据”，或者所该初步证据不足以证明构成侵权，网络服务提供者应当如何处理？从网络服务提供者利益考虑，该网络服务提供者似仍然有必要将该通知转送给被指侵权的网络用户，同时按照通知载明的身份信息及时联系通知发送者，说明所提供的证据尚不足以证明“构成侵权”，因此暂不采取所要求的措施。这样做可以避免轻率采取措施给网络用户和自己造成损失，同时为通知发送者提供进一步的证据留下可能。第二句规定网络服务提供者未及时采取必要措施所应当承担的侵权责任。此项侵权责任的范围，只是因未及时采取必要措施造成“损害的扩大部分”

(不包括收到通知时已经存在的损害),侵权责任形式为与侵权人(网络用户)承担连带责任。请特别注意,网络侵权责任的裁判规范(请求权基础)是本法第 1165 条第 1 款关于过错侵权责任的规定,本款第二句规定是对该条的补充规定,即补充规定承担责任的范围("损害的扩大部分")和承担责任的形式("连带责任")。

依据第 2 款规定,网络服务提供者接到受害人通知后及时采取"删除、屏蔽、断开链接等必要措施"的,即可免于承担侵权责任;未及时采取必要措施的,应当对损害的扩大部分与网络用户承担连带责任。判断采取措施之是否"及时",及计算"损害的扩大部分",应当以网络服务提供者"接到通知"之时点为准。补充一点,如前所述,收到通知的网络服务提供者,按照通知载明的身份信息及时联系通知发送者,说明所提供的证据尚不足以证明"构成侵权",因此暂不采取所要求的措施,于收到包括足以证明"构成侵权"的证据的答复之前的期间的"损害的扩大部分",网络服务提供者不应承担责任。

第 3 款规定:"权利人因错误通知造成网络用户或者网络服务提供者损害的,应当承担侵权责任。法律另有规定的,依照其规定。"第一句规定因错误通知所应当承担的责任。没有证明"构成侵权"的真凭实据、轻率向网络服务提供者发通知要求对被指侵权的文章或者视频采取必要措施,造成网络用户和网络服务提供者损害的,通知发送者应当对此承担侵权责任。此项规定的政策目的,在于保护网络用户和网络服务提供者合法权益,及维护网络秩序。请特别注意,本款规定不具有裁判规范(请求权基础)的性质和功能,法庭追究错误通知者侵权责任,应当适用第 1165 条关于一般侵权责任的规定。

第二句所谓"法律另有规定的,依照其规定",指关于免责事由的法律规定。本法规定的法定免责事由,如关于不可抗力的规定(第180条)、关于正当防卫的规定(第181条)、关于紧急避险的规定(第182条)、关于自愿实施紧急救助的规定(第184条),及关于自助行为的规定(第1177条),适用于侵害人身(生命权、实体权)和财产(有形财产)的侵权行为案型,而对因错误通知造成网络用户或者网络服务提供者损害案型,应无适用余地。并且,根据社会生活及裁判实务经验,应无为此种案型创设法定免责事由的理由。这样看来,本款第二句"法律另有规定的,依照其规定",属于无的放矢。

第一千一百九十六条　不侵权声明

网络用户接到转送的通知后,可以向网络服务提供者提交不存在侵权行为的声明。声明应当包括不存在侵权行为的初步证据及网络用户的真实身份信息。

网络服务提供者接到声明后,应当将该声明转送发出通知的权利人,并告知其可以向有关部门投诉或者向人民法院提起诉讼。网络服务提供者在转送声明到达权利人后的合理期限内,未收到权利人已经投诉或者提起诉讼通知的,应当及时终止所采取的措施。

本条第1款规定被指侵权的网络用户自辩不存在侵权行为的权利。按照条文,被指侵权的网络用户行使此项自辩的权利,须采取"向网络服务提供者提交不存在侵权行为的声明"的方式。所谓"声明",属于单方意思表示,类似于"意思通知"。此"声明"不仅应当明示自己(署名的文章或者视频)不存在侵权行为的意思,还"应当包括

不存在侵权行为的初步证据及网络用户的真实身份信息”。“声明”仅表示不存在侵权行为的意思,而未提供不存在侵权行为的初步证据的,不发生行使自辩的权利的效力。

第2款第一句规定网络服务提供者的转送义务和告知义务。所谓“转送义务”,指网络服务提供者收到网络用户不构成侵权行为的“声明”后,应当将该“声明”转送发出通知的权利人;所谓“告知义务”,指网络服务提供者于履行转送义务时,应当“告知其可以向有关部门投诉或者向人民法院提起诉讼”。第二句规定,网络服务提供者“在转送声明到达权利人后的合理期限内,未收到权利人已经投诉或者提起诉讼通知的,应当及时终止所采取的措施”。此“权利人已经投诉或者提起诉讼通知”,谁发通知?按照社会生活经验,权利人向人民法院起诉或者有权机关投诉,网络用户和网络服务提供者为共同被告或者共同被投诉人,显而易见,应是受诉法院或者受理投诉机关的“通知”。未收到通知,“终止所采取的措施”,是出于保护网络服务提供者和网络用户合法权益的考虑,属于网络服务提供者的权利,而非义务。故条文“应当及时终止所采取的措施”的“应当”,以解释为“可以及时终止”或者“有权及时终止”为宜。本条属于程序性规定,为本编所新增。

第一千一百九十七条　网络服务提供者的连带责任

网络服务提供者知道或者应当知道网络用户利用其网络服务侵害他人民事权益,未采取必要措施的,与该网络用户承担连带责任。

本条规定网络服务提供者的连带责任。依据规定,网络服务提供者与实施侵权行为的网络用户承担连带责任的要件:(1)网络服务提供者“知道”网络用户利用其网络服务侵害他人民事权益;(2)网络服务提供者“未采取必要措施”。判断被告是否“知道”,应采客观标准即网络服务行业的其他经营者处于同一情形是否“知道”,而不是主观标准即被告自己当时是否知道,自不待言。但考虑到现代互联网信息爆炸的实际情形,要求网络服务提供者承担过高、过严的注意义务并不现实,从第1195条三款规定的内容及安排顺序解释,无论是判断被告网络服务提供者是否“知道”,或者判断其是否“及时采取必要措施”,均可以“接到通知”为基准。“接到通知”,即构成“知道”,“接到通知”后仍“未采取必要措施”,即应判决该网络服务提供者与实施侵权行为的网络用户承担连带责任。请特别注意,本条不具有裁判规范(请求权基础)的性质和功能,法庭裁判网络侵权责任案件的裁判规范(请求权基础)是本法第1165条第1款关于过错侵权责任的规定;本条只是对第1165条第1款作补充规定,所补充的仅是责任形式(“连带责任”)。

按照本条立法政策考虑及条文(第1194条至第1197条)之间的逻辑关系,人民法院审理网络侵权案件,其法律适用顺序如下:(1)如网络服务提供者“接到通知”后,直至受害人向人民法院起诉前,一直“未采取必要措施”,则应当适用第1165条第1款及本条(第1197条)规定,判决网络服务提供者对受害人所受“全部损害”,与实施侵权行为的网络用户承担连带责任;(2)如网络服务提供者“接到通知”后,于受害人向人民法院起诉前,已经“采取必要措施”,但“采取必要措施”不符合法律关于“及时”的要求,则应当适用第1165条第1款及第1195条第2款规定,判决网络服务提供者对受害人所受“损害的扩大部分”,与实施侵权行为的网络用户承担连带责任;(3)如网络服务提供者“接到通知”后,已经“及时采取必要措施”,则应当适用第 1165 条第 1 款及第 1197 条的规定,判决实施侵权行为的网络用户对受害人所受损害承担侵权责任、判决网络服务提供者免于承担侵权责任。

第一千一百九十八条　安全保障义务人责任

宾馆、商场、银行、车站、机场、体育场馆、娱乐场所等经营场所、公共场所的经营者、管理者或者群众性活动的组织者,未尽到安全保障义务,造成他人损害的,应当承担侵权责任。

因第三人的行为造成他人损害的,由第三人承担侵权责任;经营者、管理者或者组织者未尽到安全保障义务的,承担相应的补充责任。经营者、管理者或者组织者承担补充责任后,可以向第三人追偿。

本条规定违反安全保障义务的侵权责任。中国民法理论和裁判实践,参考借鉴德国法院判例形成的“交易安全义务”理论,以解决向公众提供服务的经营场所、公共场所发生的损害赔偿问题。2009 年制定《侵权责任法》,起草人肯定此项裁判实践经验,将其提升为法律条文,规定为原法第 37 条。本条在原法第 37 条原文基础上稍有修改并增加关于追偿权的规定。本条之创设虽然参考借鉴德国“交易安全义务”理论,但本条与德国所谓“交易安全义务”理论是完全不同的。德国裁判实践创设的“交易安全义务”是一个宽泛的法律理论,不是一个具体的法律制度。

一、德国民法所谓“交易安全义务”理论

《德国民法典》制定于100多年前，其侵权法很简单（现在也仅有32个条文），并且实行过失责任的“一元归责”。虽然德国也有无过错责任，但德国的无过失责任适用范围很窄，仅限于特别法规定的高度危险责任。“二战”以后，随着科技发展和经济腾飞，社会生活中出现了很多新的侵权行为类型。法院裁判这些新型案件，按照民法典的规定，应当适用过错责任原则，且须由受害人承担证明加害人有过错的举证责任。而这样的新型侵权案件，如产品责任、公害责任、交通事故责任等，受害人很难甚至不可能举证证明加害人有过错。受害人不能证明加害人有过错，法庭应当判决因缺陷产品、公害及交通事故而受伤、残疾、死亡的受害人（其家属）败诉；判决加害人（大多数是企业）不承担责任。这样的判决，有悖于法律公平正义，亦于人情事理不合。

实则，这些侵权案件是100年前制定《德国民法典》时闻所未闻的。当时的农业、手工业和交通运输，全靠人力、畜力，没有汽车、火车、飞机，没有电力、蒸汽机，没有机械化批量生产的工业。当时制定民法典，规定过错责任原则，加害人有过错承担责任、无过错不承担责任，并且由受害人负担证明加害人过错的举证责任，可以说是适当的。但是，用过错责任原则裁判现在的新型侵权案件，法庭就面临100年前的侵权法不能解决100年后发生的新型案件的难题，民法理论称之为“法律不足”。于是，法官在裁判新型侵权案件时，为了规避民法典过失责任原则之适用，而发明所谓“交易安全义务”理论。根据这个理论，违反安全交易义务致人损害，就应当承担侵权责任，而不考虑加害人是否有过失，这实际上就是无过错责任。顺便指出，无过错责任

的实质，并不是对于无过错的加害人追究侵权责任，而是免除受害人证明加害人有过错的举证责任。换言之，适用无过错责任的侵权案型，加害人肯定具有过错，只是受害人难于举证证明，且加害人反而可以举证证明自己“无过错”而逃脱被追究。德国的裁判实践中，用交易安全义务理论裁判的案件类型非常多，凡是法官认为不应当适用过失责任原则的案件，就按照交易安全义务理论处理。可见，德国的交易安全义务是一个宽泛的理论，没有明确的适用范围，完全由法官掌握。[23]

须特别注意，德国所谓“交易安全义务”理论，其适用领域很宽，几乎覆盖了本编分则除医疗损害之外的各章所规定的特别侵权行为类型，而本条规定违反“安全保障义务”的侵权责任制度，只是用来弥补本编分则特别侵权行为类型规定之不足，其适用范围仅限于提供公用服务的营业场所、公共场所和群众性活动中发生的侵权行为案型。

二、本条的适用范围

按照本条第 1 款规定，本条适用案型限于“宾馆、商场、银行、车站、机场、体育场馆、娱乐场所等经营场所、公共场所”或者“群众性活动”中“造成他人损害的”案件。条文规定，上述“经营场所、公共场所”的“经营者、管理者或者群众性活动的组织者”负有安全保障义务。

请注意，条文“经营场所、公共场所”两个概念并用，其中，“经营场所”概念着重于“场所”的“经营性”；“公共场所”概念着重于“场所”的“公众性”。其实，二者是兼容的，如宾馆、饭店、餐厅、洗浴中心、卡拉 OK、银行营业大厅、保险公司和证券公司服务大厅等，习惯上称为“经营场所”;车站、机场、体育场馆、影剧院、迪士尼乐园、欢乐世界等,习惯上称为“公共场所”。实际上,此“公共场所”也是“经营场所”,而非严格意义上的“公共场所”。严格意义上的公共场所,是指“公有公用”的场所,如街道、公路、广场、河道、海滩等。所谓“群众性活动”概念,着重于“活动”参加者人数众多,并不考虑“活动”的性质、目的,包括政治性集会、学术性集会、体育活动会、文娱表演、演唱会、广场舞等;也不考虑组织者是否营利、参加者是否付费,及“活动”举办之所在(室内或者室外、体育场馆或者街道广场)。

须注意,条文“经营场所、公共场所的经营者、管理者”一句,并用经营者、管理者两个概念,并非使“经营者”与“管理者”共同承担或者分担侵权责任。“经营者”与“管理者”之间是“择一”关系,严格言之,应当规定为“经营者或者管理者”,但因紧接着有“或者群众性活动的组织者”,故在“经营者”与“管理者”之间用“顿号”代替“或者”。故其含义是,发生在经营场所的案件,应当由“经营者”或者“管理者”承担责任。

进而言之,发生在经营场所的案件,或者由其经营者承担责任,或者由其管理者承担责任。但究竟由谁承担责任,非取决于法庭的指定或者原告(受害人)的意思,而是取决于该经营场所的经营方式。凡属于业主自己经营,业主(法人、非法人组织、个体工商户)既是经营者又是管理者,当然由业主(经营者)承担责任;属于承包、租赁经营,承包人、承租人既是经营者又是管理者,也当然由承包人、承租人(经营者)承担责任;属于委托经营管理(酒店委托管理、企业委托经营为典型),业主为经营者、受委托的管理公司(管理团队)是管理者[24],这种情形应当由管理者即受委托的管理公司(管理团队)承担责任。在委托经营管理情形，由作为管理者的受托人承担责任，其根据是谁能够控制危险谁承担责任的法理（“危险控制论”）。经营者（业主）与管理者（受托人）对于此项承担侵权责任的赔偿金额如何处理，预先在委托经营管理合同中已有约定，自不待言。

考虑到许多大型群众性活动在（经营性）“公共场所”举行，如在体育场馆举行球赛、演唱会，这样的群众性活动中发生的伤害案件，就既可能产生体育场馆的“经营者、管理者”责任，也可能产生群众性活动的“组织者”责任。如果损害的原因属于体育场馆及其设施本身存在缺陷，如观众看台、表演舞台坍塌造成人身损害，则应由该场馆的经营者、管理者承担责任；如果损害的原因属于组织管理存在瑕疵，如活动参加者发生骚乱、斗殴、践踏造成人身损害，则应由活动的组织者承担责任；如果造成损害的发生既有场馆及其设施存在缺陷的原因，也有活动组织管理存在瑕疵的原因，如参加者发生骚乱致看台坍塌造成人身损害，即应由场馆“经营者、管理者”与“活动的组织者”承担连带责任[25]。

实务中的一个问题是，“公园”发生的案件，是否属于本条适用范围？制定《侵权责任法》时，其中一个法律草案规定安全保障义务的条文，曾经列举了“公园”一项，但在 2009 年 12 月 15 日法律委员会审议中被删去。全国人大原法律委员会决定删除“公园”的理由有二：其一，现代侵权法创设安全保障义务，所针对的是“宾馆”“商场”“银行”“车站”等对公众提供经营性服务的场所，法律要求其经营者、管理者承担比较一般情形更高的注意义务，以确保进入该服务场所的服务对象的人身安全。其法理依据是所谓由获得利益者负担风险原则（亦称“报偿理论”）及谁能够控制风险谁承担责任原则（亦称“风险控制理论")。但是,"公园",即使是收费的"公园",绝大多数属于国家或者地方政府提供的公共服务(所谓"公有公用"),不以营利为目的,在注意义务上应当与营利性服务场所有所区别,不能适用所谓"报偿理论"。其二,"公园"概念太泛,有收费公园、不收费公园、街头公园、国家森林公园、国家地质公园、国家湿地公园、世界文化遗产公园等,当然也有极少数营利性的公园;有的公园四周封闭、适于管理,有的公园,如森林公园、地质公园等,方圆数十公里甚至数百公里,根本不可能进行封闭管理;有的名为"公园"(如城市滨江公园、海滨公园),实际是供人们自由出入的公共场所。可见,虽同样称为"公园",实际情形差别很大,按照所谓"风险控制理论",要求其管理者承担与商场、宾馆、银行、车站经营者、管理者同样的安全保障义务,显然不合理。至于有的名为"公园"、实为经营场所(如私人经营的野生动物园、休闲娱乐场所)中发生的人身损害案件,应属于本条适用范围,应由其经营者、管理者承担责任,自不待言。

三、构成要件:"造成他人损害"

条文"造成他人损害",为本条侵权责任关键构成要件。须注意的是,根据本条立法目的,此所谓"损害"指人身损害,即侵害他人生命、身体、健康权,造成受害人受伤、残疾甚至死亡,如球场骚乱、看台坍塌、观众相互践踏造成死伤;还包括有形财产损害,如发生抢劫顾客钱财、打砸抢商店、焚烧汽车,但不包括人身损害(侵害生命身体健康权)之外的人格权(如名誉、隐私)侵害,也不包括无形财产(知识产权、财产性权利)损害。

如何理解"造成他人损害"之所谓"他人"?此所谓"他人",不包括“场所”的经营者、管理者及“活动”组织者自身及其雇员。“场所”经营者、管理者、“活动”组织者为法人、非法人组织及有雇工的工商户情形，其雇员（工作人员、安保人员）在执行职务（工作任务）中自身受到伤害，应当适用本编第 1191 条关于用人单位使用人责任的规定；“场所”经营者、管理者、“活动”组织者为个人情形，其雇员（提供劳务者）执行职务中自身受到伤害，应当适用本编第 1192 条关于个人劳务关系使用人责任的规定。

“造成他人损害”之所谓“他人”，在“经营场所、公共场所”发生的伤害案型，指进入该等“场所的消费者”（顾客、储户、旅客、游客），不包括混入该等场所意图犯罪（如抢劫）嫌疑人；在“群众性活动”中发生的伤害案型，指群众性活动的参加者（如看台坍塌、相互践踏致观众死伤）及未参加活动的人（如广场舞蹈者不慎绊倒路人、政治集会、游行参加者打砸抢道旁商店、焚烧路边汽车）。体育比赛的观众，属于此所谓“他人”。体育比赛的运动员是否属于“他人”，应区分受伤害的具体情形而定：在正常比赛中因其他参加者的肢体动作受伤害，应当属于本编第 1176 条自甘冒险规则的适用范围；因发生球场骚乱造成运动员受伤，应属于本条所谓“他人”。

四、“造成他人损害”的“第三人”

本条第 2 款条文“因第三人的行为造成他人损害”之所谓“第三人”，应当如何理解？按照本条立法目的，此所谓“第三人”，可能是进入该等“场所”的消费者（顾客、储户、旅客、游客、“群众性活动”的参加者），也可能是混入该等场所或者群众性活动意图犯罪（如抢劫、寻衅滋事、打砸抢）的嫌疑人。

体育比赛中造成其他运动员人身损害的运动员，非此所谓“第三人”，这样的伤害案件属于本编第 1176 条自甘冒险规则的适用范围。该等“场所”的经营者、管理者和“活动”组织者的雇员，亦非此所谓“第三人”，该等“场所”的经营者、管理者和“活动”组织者的雇员造成他人（该等“场所”的消费者或者“群众性活动”参加者）损害的，应当适用本编关于使用人责任的规定（第 1191 条、第 1192 条）。

五、“未尽到安全保障义务”如何认定

前已述及，创设本条违反安全保障义务侵权责任制度的立法目的，是对于经营性场所的经营者、管理者和群众性活动的组织者，课以比一般民事主体更高的注意义务，以保障人民群众的人身安全和财产安全。所谓“安全保障义务”，是比“善良管理人的注意”更高的“注意标准”。有鉴于此，法庭审理本条适用范围内的案型，于认定责任人是否尽到安全保障义务，不能采用通常判断过错的善良管理人注意标准。请特别注意，安全保障义务概念的“保障”一词，其语义准确，即确保进入该等场所的消费者（顾客、储户、游客、旅客）的人身安全、确保该等群众性活动参加者及活动所在地行人、居民、经营者的人身财产安全。其逻辑是，尽到安全保障义务，即不会“造成他人损害”；一旦“造成他人损害”，即“未尽到安全保障义务”。故法庭判断责任人是否尽到安全保障义务，一不要求原告（受害人）承担证明被告未尽到安全保障义务的举证责任；二不允许责任人（被告）就自己尽到安全保障义务举证（反证）；三不采用通常判断过错的善良管理人注意标准，而是依据所谓“事实本身说明问题”的法理（亦称“事实自证”规则）直接认定。

所谓“事实本身说明问题”的法理，即从查明的某项事实据以认定待证事实之存在。例如，从遗留患者腹腔的手术钳认定被告医院（医生）具有过错；从被告实施盗版、假冒注册商标行为认定被告具有故意；从电视机爆炸认定电视机存在缺陷；从导线断在患者心脏认定起搏器存在缺陷。因为待证事实与作为认定根据（已查明）的事实，两者之间存在必然性（关系），并且此必然性（关系）出于法律规定。按照法律规定，做手术遗留手术钳在患者腹腔即是过错；实施盗版、假冒商标行为即是故意；电视机爆炸、起搏器导线折断即是产品缺陷。未尽到安全保障义务（待证事实）与（经营场所、群众性活动中）“损害”（查明的事实）之间，存在法律规定的必然性（关系）。所谓“有此必有彼、有彼必有此”。此必然性（关系）是出于法律规定。所谓安全保障义务，亦即确保不发生损害的义务；尽到安全保障义务，即不发生损害；发生损害，即未尽到安全保障义务。故法庭根据发生损害的事实直接作出被告“未尽到安全保障义务”的事实认定，既不要求受害人（原告）举证，亦不允许被告反证。[26]

六、本条第 2 款第一句规定的性质

请注意，本条第 2 款规定的案型是，在“经营场所、公共场所”或者“群众性活动”中，第三人造成他人损害的案件。第 2 款第一句规定，如果损害是由第三人行为造成的，则由该第三人（侵权人）对受害人所受损害承担赔偿责任。须注意，第 2 款第一句规定，不具有裁判规范（请求权基础）的性质和功能，属于指引性条文。追究该第三人的侵权责任，裁判依据（请求权基础）是本编关于过错侵权责任的规定（第 1165 条第 1 款），而非本款第一句规定。

七、何谓“相应的补充责任”

本条第2款所要解决的问题是，“第三人的行为造成他人损害的”案型，未尽到安全保障义务的经营者、管理者或者组织者是否承担侵权责任、承担什么样的侵权责任？按照本款第二句规定，“经营者、管理者或者组织者未尽到安全保障义务的，承担相应的补充责任”，关键在对条文所谓“相应的补充责任”的理解。先介绍“补充责任”。

所谓“补充责任”，责任人为二人（或者二人以上），两个责任人处于依次递补关系。第一责任人是实施加害行为的人，其所违反的是法律禁止损害他人的“不作为义务”，属于“积极侵权行为”；第二责任人并未实施任何加害行为，所违反的是法律要求其履行的“作为义务”，属于“消极侵权行为”。[27]但在第一责任人实施加害行为（积极侵权行为）造成他人损害、第二责任人未履行法律要求的作为义务（消极侵权行为）案型，毕竟是第一责任人实施的加害行为造成他人损害，其积极侵权行为与损害结果之间存在直接因果关系，按照民法自己责任原则（原理），应当由第一责任人独立承担侵权责任。毕竟第二责任人并未实施任何加害行为，其消极侵权行为与受害人所受损害之间属于间接因果关系，因此法律使第二责任人居于“递补”的顺位，于第一责任人不能承担责任或者不能承担全部责任时，由第二责任人承担“补充责任”。如果第一责任人对受害人承担或者能够承担全部责任，则不发生所谓“责任递补”问题，第二责任人（消极侵权行为人）当然不承担任何责任。

实则，法律规定“补充责任”的立法目的，纯为保障受害人能够获得赔偿。因此,在实施加害行为的侵权人(第一责任人)能够承担全部赔偿责任的情形,也就无须考虑第二责任人是否尽到法律要求的作为义务(安全保障义务、管理职责)。按照本款规定,仅在该实施加害行为的第三人不能对受害人承担赔偿责任或者不能承担全部赔偿责任时,才发生"责任补充"问题,才由安全保障义务人承担"补充责任"。

在理解所谓"补充责任"之后,再看所谓"相应的补充责任"。法律上所谓"相应",属于一种正比例关系。本法规定的相应关系,大多数是责任与过错的相应关系,亦即责任与过错的正比例关系(第157条、第169条、第592条、第793条、第1189条、第1191条、第1193条);也有责任与原因力(作用力)的相应关系,亦即责任与原因力(作用力)的正比例关系(第177条、第1172条)。

本条规定的"未尽到安全保障义务",属于一种"过错客观化"方法。[28]质言之,"未尽到安全保障义务"即是过错。故本条所谓"相应的补充责任",是指"补充责任"与"未尽到安全保障义务"(过错)之间的正比例关系。可采用对过错依其严重程度区分为重大过失、一般过失、轻微过失的方法,将"未尽到安全保障义务"依严重程度,区分为重大、一般、轻微,而使"补充责任"与之相应,区分为"重大补充责任"(如补充百分之七八十)、"一般补充责任"(如补充百分之五六十)、"轻微补充责任"(如补充百分之二三十)。

按照本条第2款规定,如果造成损害的该第三人能够承担对全部损害的赔偿责任,则未尽到安全保障义务的经营者、管理者或者组织者将不承担任何责任;只在该第三人不能承担赔偿责任或者不能承担全部赔偿责任情形,未尽到安全保障义务的经营者、管理者或者组织者才承担“相应的补充责任”；即使该第三人逃逸或者因无赔偿能力根本不能承担赔偿责任，未尽到安全保障义务的经营者、管理者或者组织者亦仅承担与其未尽到安全保障义务（的程度）“相应的补充责任”，而不是承担全部赔偿责任（全部补充责任）。[29] 例如，20 世纪 90 年代某地一家银行营业部发生一位储户被抢劫银行的凶犯杀害的案件，法院认定该银行营业部未尽到安全保障义务，最后判决该银行营业部赔偿死者家属 30 万元（相当于补充百分之六七十），即是管理人承担相应的补充责任之适例。

八、关于追偿权行使

本条第 2 款第三句规定：“经营者、管理者或者组织者承担补充责任后，可以向第三人追偿。”此是关于补充责任人追偿权的规定。向第三人追偿，当然以该第三人具有赔偿能力为前提，自不待言。问题是，在该第三人具有赔偿能力情形，承担补充责任的经营者、管理者或者组织者行使追偿权，是否可以（就实际承担补充责任的赔偿金额）全额追偿？

民法所谓追偿权，其实质是追偿权人承担了本属于追偿义务人所应当承担的赔偿责任，通过追偿权之行使恢复权利人与义务人之间的利益平衡。本编关于追偿权的规定，可以区分为四类：其一，连带责任人的追偿权（第 178 条）。连带责任人实际承担的赔偿责任，超过自己所应当负担责任份额的金额，本属于义务人（其他连带责任人）所应当负担的责任份额，理当可以全额追偿。其二，垫付责任人的追偿权（第 1192 条第 2 款、第 1204 条、第 1215 条第 2 款、第 1216 条、第 1223 条）。权利人承担（垫付）了本属于义务人的赔偿责任，理当全额追偿。其三,使用人的追偿权(第 1191 条第 1 款、第 1192 条第 1 款)。使用人基于享受利益者负担风险的法理(所谓“报偿理论”),对于被使用人执行职务造成他人损害承担责任,本属于使用人自己的责任,法律之所以规定使用人承担责任后对于具有故意和重大过失的被使用人有追偿权,是出于避免被使用人基于故意或者重大过失伤害他人的政策考量。如果允许全额追偿,即等于使用人将自己的责任转嫁给被使用人,与创设使用人责任制度的立法目的相悖。故不允许全额追偿。其四,补充责任人的追偿权(本条、第 1201 条)。补充责任人所承担的责任,本属于实施加害行为人的第三人依法所应承担的赔偿责任,如第三人具有赔偿能力、能够承担赔偿责任,即不发生“责任补充”问题。故根据本条第 2 款规定“相应的补充责任”的立法目的解释,应当肯定,经营者、管理者或者组织者对造成损害的第三人行使追偿权,可以(就实际承担补充责任的赔偿金额)全额追偿。

九、本条小结

本条规定违反安全保障义务的侵权责任,是有明确的适用范围、构成要件和法律效果的裁判规范(请求权基础),不能通过解释扩大其适用范围。规定适用范围的文句中虽有一个“等”字,但限于向社会公众提供服务的经营场所。例如,条文没有提到“医院产房”,如发生医院产房刚出生婴儿被盗的案件,即可解释条文中的“等”字包括“医院产房”,从而依据本条判决该医院承担侵权责任。但条文中的这个“等”字,不包括街道、道路、广场、河道、海滩等真正意义的公共场所。有人认为,发生在这些地点的人身损害案件,可以扩张适用本条规定，让地方政府作为管理者承担赔偿责任，这是不正确的。但发生在街道、广场等真正意义公共场所的政治集会、游行发生打砸抢商店、焚毁汽车的案件，属于“群众性活动的组织者，未尽到安全保障义务，造成他人损害的”案件，应当适用本条规定，使组织者承担相应的补充责任。

本条第 1 款规定违反安全保障义务人独立承担侵权责任，第 2 款规定违反安全保障义务人承担相应的补充责任。区别在于，是否“因第三人的行为造成他人损害”。“因第三人的行为”造成他人损害的案件，应当适用第 2 款的规定，由未尽到安全保障义务的经营者、管理者或者组织者承担相应的补充责任；非“因第三人的行为”造成他人损害的案件，应当适用第 1 款的规定，由未尽到安全保障义务的经营者、管理者或者组织者（独立）承担侵权责任。两款之间构成一般法与特别法的逻辑关系，凡属于“因第三人的行为”造成他人损害的案件，应当优先适用第 2 款的规定；非“因第三人的行为”造成他人损害的案件，则应适用第 1 款的规定。

须特别注意，“因第三人的行为”造成他人损害，是指实施加害行为的人可以确定，包括实施加害行为的人逃逸或者已经死亡。例如，在经营场所、公共场所实施抢劫的犯罪嫌疑人已被击毙或者逃逸。非“因第三人的行为”造成他人损害，指非人的行为造成损害，如体育场馆看台坍塌造成损害，以及虽是人的行为造成损害但行为人难于确定，如发生球场骚乱、相互践踏造成损害，集会游行发生打砸抢烧案型。法庭判断“因第三人的行为”造成原告损害，应当由被告（经营者、管理者或者组织者）承担举证责任，自不待言。

第一千一百九十九条　教育机构的过错推定责任

无民事行为能力人在幼儿园、学校或者其他教育机构学习、生活期间受到人身损害的，幼儿园、学校或者其他教育机构应当承担侵权责任；但是，能够证明尽到教育、管理职责的，不承担侵权责任。

第一千二百条　教育机构的过错责任

限制民事行为能力人在学校或者其他教育机构学习、生活期间受到人身损害，学校或者其他教育机构未尽到教育、管理职责的，应当承担侵权责任。

第一千二百零一条　在教育机构内第三人侵权时的责任分担

无民事行为能力人或者限制民事行为能力人在幼儿园、学校或者其他教育机构学习、生活期间，受到幼儿园、学校或者其他教育机构以外的第三人人身损害的，由第三人承担侵权责任；幼儿园、学校或者其他教育机构未尽到管理职责的，承担相应的补充责任。幼儿园、学校或者其他教育机构承担补充责任后，可以向第三人追偿。

这三个条文规定的是未成年人在幼儿园、学校或者其他教育机构（以下统称学校）学习生活期间遭受人身损害的责任制度。这样的制度，在传统民法上并不存在。传统民法将未成年人受害作为一般侵权案件对待、未设特别规定。本法之所以创设这三个条文，规定未成年人在学校受伤害的特别侵权责任制度，是因为国内外校园伤害案件的发生和特别严重的后果。其立法目的在特别保护脱离监护人监护的未成年人的人身安全。

按照社会生活经验，未成年人校园伤害案件，可依造成伤害的原因，分为三类：(1)非他人原因伤害(如自己摔倒受伤)；(2)未成年人相互伤害；(3)学校外人员伤害。顺便提及，这里不涉及学校建筑物造成未成年人伤害案件(第1252条、第1253条)、校方工作人员造成未成年人伤害案件(第1191条、第1192条)。

第1199条及第1200条规定的是第一种伤害案件即非他人原因受伤和第二种伤害案件即未成年人相互伤害，第1201条规定的是第三种伤害案件即学校外人员造成未成年人伤害。按照第1199条和第1200条的规定，学校内发生的非他人原因的未成年人伤害(如自己摔倒受伤)案件和未成年人相互伤害案件，由学校承担管理瑕疵责任；按照第1201条规定，学校外人员造成未成年人伤害案件，由加害人承担侵权责任，学校承担相应的补充责任。下面先解读第1199条与第1200条。

第1199条与第1200条的相同之处，在于学校承担侵权责任，须以学校"未尽到教育、管理职责"(存在管理瑕疵)为要件，因此同属于管理瑕疵责任。两条的差别，在适用范围不同，因而在"管理瑕疵"的证明上有所不同。

第1199条规定的适用范围，是无行为能力人(不足8周岁的幼儿、儿童)在学校(幼儿园、小学等)受害案件，关于"管理瑕疵"的证明，采取举证责任倒置的方法，即法律"推定"学校具有"管理瑕疵"("未尽到教育、管理职责")，而允许被告学校反证自己"尽到教育、管理职责"(不具有"管理瑕疵")。如被告学校举证证明"尽到教育、管理职责"(无"管理瑕疵")，法庭即判决其不承担责任；被告学校不能证明"尽到教育、管理职责"(具有"管理瑕疵")，法庭即应判决其承担侵权责任。

所谓“未尽到教育、管理职责”（所谓“管理瑕疵”），与所谓“未尽到安全保障义务”（第 1198 条）、未尽到当时医疗水平相应的诊疗义务（第 1221 条），同属于“过错客观化”。条文“推定”学校“未尽到教育、管理职责”，属于过错推定（第 1165 条第 2 款）。

第 1200 条的适用范围，是限制民事行为能力人（8 周岁以上的未成年人）在小学、中学学校受害案件，须由受害人方面举证证明被告学校“未尽到教育、管理职责”（存在“管理瑕疵”），当然被告学校也可以反证自己“尽到教育、管理职责”（不存在“管理瑕疵”）。法庭查明存在“管理瑕疵”，即应判决被告学校承担侵权责任；查明不存在“管理瑕疵”，则应判决被告学校不承担侵权责任。

同属于未成年人学校内发生伤害的案件，“未尽到教育、管理职责”（管理瑕疵）的证明方法不同，第 1199 条采过错推定（“管理瑕疵”推定）方法，而第 1200 条要求受害人负担举证责任，其理由在于，未满 8 周岁的未成年人不具有辨认自己行为及其后果的能力（民法理论称为“认识能力”），难于负担证明学校具有“管理瑕疵”的举证责任；8 周岁以上的未成年人已经具有辨认自己行为及其后果的能力，可以负担证明学校具有“管理瑕疵”的举证责任。

“校内学生之间的伤害案件”，应看受害人之属于无民事行为能力人（8 周岁以下的未成年人）抑或限制民事行为能力人（8 周岁以上的未成年人），而决定应当适用的条文。如受害人在 8 周岁以下，应当适用第 1199 条；如受害人是 8 周岁以上的未成年人，则应当适用第 1200 条。前面谈到，两个条文的差别在适用范围和证明责任的负担不同，其他方面没有区别。

这里顺便对适用第 1199 条、第 1200 条规定情形，因伤害原因不同,作进一步分析:第一种非他人原因伤害的案件(如学生自己摔伤):经法庭审查查明被告学校存在管理瑕疵("未尽到教育、管理职责"),法庭即应判决被告学校承担侵权责任;反之,学校已"尽到教育、管理职责",即不存在管理瑕疵,法庭即应判决被告学校不承担侵权责任(这种情形应由学生人身损害保险解决)。而第二种未成年人相互伤害的案件,要稍微复杂一些,因为涉及受害人的选择:受害人可以选择依据第1199条或者第1200条的规定起诉学校,追究学校管理瑕疵责任;或者选择依据本法第1188条的规定起诉加害人的家长,追究其监护人责任。如受害人将学校和加害人的家长作为共同被告,法庭应当予以释明,提示受害人正确理解法律规定,选择追究学校管理瑕疵责任,或者选择追究加害人家长的监护人责任。

受害人选择依据第1199条或者第1200条追究学校管理瑕疵责任,被法庭判决败诉(被告学校不承担责任)的,受害人(原告)还可以依据第1188条的规定另案起诉加害人家长,追究其监护人责任。因为第1188条监护人责任与第1199条、第1200条学校管理瑕疵责任,不构成责任竞合关系。

从受害人方面看问题,选择追究学校管理瑕疵责任,优点是学校有赔偿能力,缺点是一旦法庭认定被告学校不存在管理瑕疵,受害人将获得败诉判决;选择依据第1188条规定追究加害人家长监护人责任,因监护人责任属于无过错责任,优点是责任容易成立,缺点是被告加害人家长可能依据第1188条第1款第二句,以尽到监护责任为由请求减轻赔偿责任,或者依据第1173条关于过失相抵规则的规定,以受害人(或其监护人)对于损害的发生也有过错为由,请求减轻赔偿责任。

现在解读第1201条。本条的适用范围,是前述第三种校园伤害案件,即学校外人员造成未成年人伤害案件。条文第一句规定,未成年人在学校内受到学校以外的第三人伤害的,由第三人(侵权行为人)承担赔偿责任。请特别注意,第一句规定属于指引性规定、不具有裁判规范(请求权基础)的性质,法庭判决第三人承担侵权责任的裁判规范(请求权基础)是本法第1165条第1款关于过错侵权责任的规定。此是处理学校外人员伤害学校内未成年人案件的原则。条文第二句规定此项原则的特别规则:学校"未尽到管理职责的,承担相应的补充责任"。适用本条(第1201条)规定,应当区分下述问题:

第一,如果造成未成年人人身损害的第三人(校外人员)能够承担责任(有赔偿能力),法庭应当判决被告加害人承担全部赔偿责任,而不考虑学校是否存在管理瑕疵。

第二,如果实施加害行为的第三人不能承担责任、不能承担全部责任(包括该第三人逃逸或者已死亡),则应由学校承担"相应的补充责任"。条文的立法本意,实施加害行为的第三人能够承担全部赔偿责任,则不发生学校承担补充责任的问题;学校承担相应的补充责任,以实施加害行为的第三人不能承担责任或者不能承担全部责任为前提条件。

第三,法律对学校的补充责任设有限制,即学校只承担"相应的"补充责任,而不是"全部"补充责任。即使实施加害行为的第三人没有赔偿能力、逃逸或者死亡,也不能判决学校承担全部赔偿责任(补充全部)。[30]

第四,条文"未尽到管理职责"一语,如何掌握?请特别注意,此与第1199条、第1200条规定的"未尽到教育、管理职责",有所不同。

第 1199 条、第 1200 条，学校“未尽到教育、管理职责”（存在管理瑕疵），是学校承担侵权责任的构成要件，庭审中需要原告举证证明（第 1200 条）或者被告反证（第 1199 条）；而在本条，依据设立本条的立法目的，“未尽到管理职责”之判断，既不要求受害人举证证明被告学校“未尽到管理职责”，也不允许被告学校反证自己已经“尽到管理职责”，而由法庭按照事实本身说明问题的法理，亦称“事实自证”规则，直接认定。

第五，末句规定学校承担相应的补充责任之后，“可以向第三人追偿”。此追偿权之行使，以实施加害行为的第三人有赔偿能力为前提，自不待言。且学校行使追偿权，可以就承担补充责任的赔偿金额全额追偿。[31]

第 1199 条和第 1200 条基本沿用原法第 38 条、第 39 条原文；第 1201 条在原法第 40 条基础上增加关于追偿权的规定。

注　释

1　顺便提及，判断一项侵权责任制度是过错责任抑或无过错责任的标准是：凡条文有“过错”概念的，是过错责任；凡条文未出现“过错”概念的，是无过错责任。

2　理解和解释“监护职责”概念，可参考最高人民法院《关于贯彻执行〈中华人民共和国民法通则〉若干问题的意见（试行）》（1988 年）（已失效）第 10 条规定：“监护人的监护职责包括：保护被监护人的身体健康，照顾被监护人的生活，管理和保护被监护人的财产，代理被监护人进行民事活动，对被监护人进行管理和教育，在被监护人合法权益受到侵害或者与人发生争议时，代理其进行诉讼。”

3 此种主张参见郑玉波:《民法总则》,台北,三民书局1979年版,第84页;王伯琦编著:《民法总则》(第8版),台北,正中书局1979年版,第51页;[日]北川善太郎:《民法总则》,有斐阁1993年版,第41页。

4 2003年最高人民法院《关于审理人身损害赔偿案件适用法律若干问题的解释》第2条第1款规定:"受害人对同一损害的发生或者扩大有故意、过失的,依照民法通则第一百三十一条的规定,可以减轻或者免除赔偿义务人的赔偿责任。但侵权人因故意或者重大过失致人损害,受害人只有一般过失的,不减轻赔偿义务人的赔偿责任。"

5 《德国民法典》第831条规定:"(1)1.雇用他人执行事务的人,对受雇人在执行事务时不法地施加于第三人的损害,负赔偿的义务。2.雇用人在受雇人的选任,并在其应提供设备和工具器械或应监督事务的执行时,对装备和监督已尽相当的注意,或纵然已尽相当的注意也难免发生损害者,不负赔偿责任。"

6 《日本民法典》第715条规定:"(一)因某事业雇用他人者,对受雇人因执行职务而加于第三人的损害负赔偿责任。但是,雇用人对受雇人的选任及其事业的监督已尽相当注意时,或即使尽相当注意损害仍会发生时,不在此限。"《瑞士债务法》第55条规定:"使用人对自己的被用人或劳动者在劳务或执行事业中产生的损害承担责任。但是,使用人能够证明为防止此种损害在当时情况下已尽必要的注意,或虽已尽必要注意仍然发生损害的,不在此限。"

7 王泽鉴:《侵权行为》(第3版),北京大学出版社2016年版,第496~497页。

8 《工伤保险条例》于2003年4月16日国务院第5次常务会议讨论通过,2003年4月27日中华人民共和国国务院令第375号公布,并于2004年1月1日起施行,后根据2010年12月20日国务院《关于修改〈工伤保险条例〉的决定》修订。

9 《工伤保险条例》第 2 条。

10 参见[日]圆谷峻:《判例形成的日本新侵权行为法》,赵莉译,法律出版社 2008 年版,第 300 ~ 303 页。

11 《民法通则》第 121 条规定:“国家机关或者国家机关工作人员在执行职务,侵犯公民、法人的合法权益造成损害的,应当承担民事责任。”

12 使用人追偿权与其他追偿权(如连带债务人的追偿权)的最大区别是,其他追偿权(连带债务人追偿权)允许全额追偿,使用人追偿权不允许全额追偿。

13 “无偿使用”包括无偿帮工、志愿者服务、义务劳动。最高人民法院《关于审理人身损害赔偿案件适用法律若干问题的解释》(法释〔2022〕14 号)第 5 条第 1 款规定:“无偿提供劳务的帮工人因帮工活动遭受人身损害的,根据帮工人和被帮工人各自的过错承担相应的责任;被帮工人明确拒绝帮工的,被帮工人不承担赔偿责任,但可以在受益范围内予以适当补偿。”

14 “临时使用”包括“试用期间”“实习期间”的使用。

15 补偿金应当按照最高人民法院《关于审理人身损害赔偿案件适用法律若干问题的解释》的规定计算。接受劳务一方为提供劳务一方投保人身损害保险的,提供劳务一方实际获得的保险赔付金额应当从接受劳务一方应当支付的补偿金额中扣除。

16 此项“选择权”,与本编第 1223 条规定因消毒药品、医疗器械、输血用血液有缺陷造成患者损害的选择权,颇为类似。

17 2003 年最高人民法院《关于审理人身损害赔偿案件适用法律若干问题的解释》第 10 条规定:“承揽人在完成工作过程中对第三人造成损害或者造成自身损害的,定作人不承担赔偿责任。但定作人对定作、指示或者选任有过失的,应当承担相应的赔偿责任。”

18 中国台湾地区“民法”第189条规定:“承揽人因执行承揽事项,不法侵害他人之权利者,定作人不负损害赔偿责任。但定作人于定作或指示有过失者,不在此限。”

19 王泽鉴:《侵权行为》(第3版),北京大学出版社2016年版,第536页。《美国第二次侵权法重述》第409条规定:“除第110条至第129条规定外,独立契约者之雇用人就独立契约者及其受雇人之作为或不作为,致他人受实体损害,不负赔偿责任。”第410条规定:“独立契约者之雇用人,就独立契约者依据雇用人之过失命令或指示之作为或不作为而致实体损害,应就独立契约者之作为或不作为视为雇用人之作为,而负责任。”

20 中国法律语境中,“承包合同”的使用很宽泛,并非都属于承揽合同。其中,以完成特定工作并交付“工作物”(建筑物、道路、桥梁、机动车、船舶、航空器、机器设备、衣服、家具、艺术品、设计图、软件等)为合同标的,应属于承揽合同;而以特定营业(企业、酒店、土地、经营项目)的经营管理并完成既定盈利(营业)指标为合同标的,属于承包经营合同[如企业承包经营合同、酒店承包(经营)管理合同、土地承包经营合同],非本法所谓承揽合同。

21 王泽鉴:《侵权行为》(第3版),北京大学出版社2016年版,第516页。

22 王泽鉴:《侵权行为》(第3版),北京大学出版社2016年版,第578页。

23 据德国原最高司法法院第六庭庭长Steffen介绍,交易安全义务常见类型有11类,分别发生在以下领域:街道和广场;水路;建筑基地;设施;庆典、市场和类似集会;职业上的危险领域;商品制造者;对道路交通的参与;铁路;有轨电车;航运和体育活动等。参见李昊:《交易安全义务论》,北京大学出版社2008年版,第144页。

24 本条“管理者”概念，特指委托经营管理情形的受托人（如酒店管理公司、企业管理团队），非指企业内部执行管理职责的部门或者工作人员（如经理部、办公室、总经理、副总经理、大堂经理）。

25 裁判根据是本编第 1170 条关于客观共同侵权行为的规定。

26 须特别注意，“事实本身说明问题”的法理，与所谓“根据日常生活经验推定”规则的区别。所谓“根据日常生活经验推定”，亦即所谓“经验法则”，系根据日常生活经验从已查明的某项事实推定待证事实之存在。存在的事实与待证事实之间是盖然性（关系），此盖然性（关系）非出于法律规定，而是根据日常生活经验的认识。而该项“日常生活经验”是否存在，不同的人（包括不同的法官）可能有不同的认知。因此，法庭依据日常生活经验“推定”（非认定）待证事实之存在，应当允许当事人举证证明（反证）该待证事实之不存在。

27 如本条第二责任人“未尽到安全保障义务”，第 1201 条第二责任人“未尽到管理职责”，均属于未履行法律要求的作为义务，构成“消极侵权行为”。

28 例如，医疗损害责任，本法第 1219 条规定的说明并取得患者明确同意的义务；第 1221 条规定的“当时的医疗水平相应的诊疗义务”。

29 本法仅规定“相应的补充责任”（本条及第 1201 条），未规定“（完全）补充责任”，其理由是，补充责任人非实施加害行为的积极侵权行为人，其（未履行法律要求的作为义务的）消极侵权行为与受害人所受损害之间只是间接因果关系（相当于英美法所谓“远因”），使之在加害人不能承担赔偿责任时“全部补充”（承担全部赔偿责任），不符合民法比例原则。

30 此与第 1198 条第 2 款安全保障义务人承担“相应的补充责任”相同。

31 此与第 1198 条第 2 款安全保障义务人的追偿权相同。

第四章　产品责任

缺陷产品致损是特别侵权行为类型之一，我国立法对产品制造者、销售者科以严格责任。

第一千二百零二条　产品生产者责任

因产品存在缺陷造成他人损害的，生产者应当承担侵权责任。

民法发展史上，缺陷产品致人损害本属于一般侵权行为，适用过错责任原则。“二战”后，随着科技发展、经济腾飞和工业生产现代化，缺陷产品致损案件频发，造成了严重的社会问题。按照过错责任原则，须以被告（制造商）具有过错为责任成立要件，且须由原告（受害人）负担证明被告（制造商）具有过错的举证责任。本书前已述及，在现代化工业生产条件下，受害人根本不可能举证证明被告（制造商）具有过错。反之，被告（制造商）却往往能够反证自己“无过错”。

于是各国民法学者和实务界致力于探求改善受害人不利地位的方案：(1)严格责任(美国)或者无过错责任(法国)，侵权责任成立不以被告(制造商)具有过错为要件，受害人不负担举证责任，被告(制造商)也不得反证自己无过错而获得免责；(2)过错推定责任，以德国法、荷兰法为代表，其仍然以被告(制造商)具有过错为责任成立要件，但采举证责任倒置方法，由被告(制造商)对自己无过错承担举证责任；(3)坚持过错责任，以英国法、日本法为代表，但裁判实践中法庭往往依“事实自证”规则(英国)或者“新过失说”(日本)，以免除原告证明制造商具有过失的举证责任。即便如此，仍然存在制造商证明自己并无过失而获免责的可能性。显而易见，以第一种方案对受害人最为有利。

严格产品责任，是美国法院的创造。严格责任思想之最早表述，见于 1944 年埃斯可拉诉可口可乐装瓶公司一案中泰勒(Traynor)法官的意见，但该意见未被采纳。1963 年的格林曼诉尤巴电力公司一案，被公认为标志严格责任制确立的里程碑。加州最高法院在判词中对严格责任作了准确的表述：制造商将其产品投入市场，明知其产品将不经检验而被使用，则此有缺陷商品所致人身损害应由制造商承担严格责任。法院在适用严格责任规则时，审查重点在于产品本身及其使用所引起的危险，而不在于制造者在设计和生产该产品过程中是否具有过失，这就完全解除了受害人证明制造者有过错的举证责任。受害人只需证明产品具有缺陷并因此缺陷产品致受损害，责任即可成立，受害人因而获得较充分之保护。

美国法学研究所遂在 1965 年的《美国第二次侵权法重述》中采纳严格责任原则，将其规定为第 402 条 A。按照该条的规定，任何人出售对使用者人身或其财产有不合理危险的缺陷之产品，在符合下述条件时，应对最后的使用人或消费者因此遭受的人身和财产损害承担赔偿责任。应符合的条件是：(1)出卖人是以经营该种商品为业；(2)该商品到达使用人或消费者时仍保持出售时之状态，并无实质改变。

欧共体关于产品责任的立法活动始于1973年。1976年提出的欧共体理事会《关于协调成员国产品责任法的指令草案》，此后经历3年的长时间讨论，在1979年进行了修正，于1985年以85/374号指令(以下简称欧共体指令)正式通过。该指令规定，对于产品责任适用严格责任原则，并要求各成员国必须在3年内修改本国法律，使之与指令相一致。该指令于1988年生效。

严格责任制度之基本思想，在于对社会生活中所发生的不幸损害之合理分担。严格责任正是基于下述价值判断，即在产品制造商与消费者(受害人)之间，消费者(受害人)最不应该承担该项风险，而制造商则是承担责任的适当人选。理由之一，是根据"谁受益谁负担风险"的罗马法原则(亦称"报偿理论")，产品制造商应对产品缺陷所致损害负责；理由之二，制造商可以透过价格机制和责任保险，将承担赔偿责任的支出转嫁给广大消费者。

中国在20世纪70年代末实行的改革开放，促成市场经济的极大发展；至20世纪80年代上半期，发生缺陷产品对消费者人身和财产安全造成严重危害的社会问题。在这种背景下，制定产品责任法，加强对消费者的民法保护，开始受到民法学者和立法者的关注。1985年起草的《民法通则》，立足于我国社会经济生活的实际情况，着重参考美国严格产品责任和欧共体指令产品责任的规定。《民法通则》第

122 条规定，对产品制造者、销售者科以严格责任。

鉴于《民法通则》第 122 条条文简单，特别是未采用“产品缺陷”概念，而代之以“产品质量不合格”一语，导致其与《合同法》上的“瑕疵”概念发生混淆，影响正确适用。我国遂 1993 年制定《产品质量法》。其立法目的是，“为了加强对产品质量的监督管理，提高产品质量水平，明确产品质量责任，保护消费者的合法权益，维护社会经济秩序”（第 1 条）。《产品质量法》并非纯粹的行政法，其第 4 章“损害赔偿”（第 40 条至第 47 条）属于民事法律。该章仅用 1 个条文规定瑕疵担保责任（第 40 条），却用 6 个条文规定缺陷产品致人损害的侵权责任（第 41 条至第 46 条）：第 41 条规定生产者承担严格责任；第 42 条规定销售者承担过错责任；第 43 条规定受害人的选择权，受害人可以向生产者求偿，也可以向销售者求偿；第 44 条规定损害赔偿的项目和计算；第 45 条规定诉讼时效（2 年）和除斥期间（10 年）；第 46 条规定缺陷的定义。请特别注意，该法第 2 条第 2 款规定“产品”的定义。

2009 年制定《侵权责任法》，在《民法通则》第 122 条和《产品质量法》（第 4 章“损害赔偿”）关于严格责任规定的基础上，总结裁判实践经验，将缺陷产品致损作为特别侵权行为类型，专设第 5 章“产品责任”（第 41 条至第 47 条），对严格产品责任作更具体、便于操作的规定。《民法典》侵权责任编本章，即以原法第 5 章“产品责任”的规定为基础，仅删去原法第 42 条，个别条文有文字改动。本条沿用原法第 41 条原文。

一、本条性质、构成要件

本条规定：“因产品存在缺陷造成他人损害的，生产者应当承担侵权责任。”本条为严格产品责任之原则规定、法庭审理缺陷产品致人损害案件的裁判规范（请求权基础）。按照本条规定，严格产品责任须具备的构成要件：(1)属于“产品”造成他人损害的案件（理论上称为“准侵权行为”）；(2)须“产品”具有缺陷；(3)须有（他人遭受）“损害”事实；(4)须“缺陷”产品与“损害”事实之间存在因果关系。法律效果为由缺陷产品的生产者，对他人所受损害承担侵权责任。此侵权责任之成立不以生产者具有过错为要件，故本条属于无过错侵权责任（第1166条）。因参考借鉴自美国严格产品责任，故民法理论和实务习惯上称其为严格责任。本章其余条文（第1203条至第1207条），均属于本条的特别规则。

二、关于“产品”概念

（一）“产品”一词的文义

条文对“产品”概念，未规定定义。若依文义解释方法，“产品”的文义，为人类劳动生产的成果，其外延涵盖与自然物相对应的一切劳动生产物，不仅包括动产，而且包括不动产；不仅包括工业产品，而且包括农业产品；不仅包括物质产品，而且包括精神产品。如果作如此广泛的解释，显然将违背产品责任之立法目的。

（二）欧共体指令的“产品”概念

鉴于我国产品责任法之制定，曾参考借鉴前述欧共体指令（85/374号指令），则可以采用比较法解释方法，借鉴欧共体指令的“产品”概念。按照该指令第2条的规定，指令所谓“产品”，指一切动产，包括被组装或安装在另一动产或不动产上的动产，但农业原产品和猎物除外。所谓“农业原产品”指土地、畜牧和渔业的出产物，但已经过加工的除外。此外，“产品”概念还包括电力。

参考欧共体指令上述规定，则本条所谓“产品”，首先，应指劳动产品，不包括自然产物；其次，在劳动产品中，仅指物质产品，不包括精神产品；再次，在物质产品中，仅指动产（包括被组装在别的动产或者不动产上的动产）；最后，还应将农业原产品和猎物排斥在外。概而言之，所谓“产品”，指一切工业产品，无体物之电力、煤气亦包括在内。土地、畜牧、渔业产品和猎物之经过加工者（如面包、奶酪、沙丁鱼罐头、野生动物肉或者毛皮制品），亦应包括在内。

（三）《产品质量法》的“产品”定义

《产品质量法》第 2 条第 2 款规定：“本法所称产品是指经过加工、制作，用于销售的产品。”按照此定义，“产品”概念，须具备两项要件：一是“加工、制作”；二是“用于销售”。所谓“加工、制作”，包括现代化（机械化）工业的“加工、制作”与手工业的“加工、制作”。所谓“用于销售”，指有偿转让产品之所有权、作为买卖合同之标的物。加工、制作之产品用于自己消费、朋友聚餐、馈赠他人，不属于“用于销售”，自不待言；餐厅、酒吧提供的饭食、菜肴、饮品，属于餐饮服务（非买卖）合同之履行行为，不得称为“用于销售”。[1]

（四）对本条“产品”概念的解释

根据本法严格产品责任之立法目的，参考欧共体指令的“产品”概念，及《产品质量法》第 2 条“产品”定义，对本条“产品”概念解释如下：（1）所谓“产品”须符合“加工、制作”要件。此“加工、制作”要件，将农业（包括畜牧业、养殖业、渔业）产品和猎获物之未经加工、制作者排除在外。(2)所谓“产品”须符合“用于销售”要件。此“用于销售”要件,将非用于销售的产品,如朋友聚会女主人制作的蛋糕,餐厅、酒吧的饭食、菜肴、饮品(属于餐饮服务),排除在“产品”概念之外。(3)通过电缆、电线供电,虽符合“用于销售”要件,但电力属于能源,并非有体,发电、供电不得称为“加工、制作”,故电力被排除在“产品”概念之外(供热与供电同)。(4)提供煤气(天然气),通过管道提供则与通过导线提供电力相同,不符合“加工、制作”要件,但提供罐装煤气符合“加工、制作”要件,故管道煤气应排除在“产品”概念之外,而“罐装煤气”属于“产品”概念。

三、关于“缺陷”概念

产品责任法通用“缺陷”(defect)一语,以区别于合同法上的“瑕疵”概念。按照《美国第二次侵权法重述》,所谓“缺陷”,指产品具有对使用人或消费者人身或财产之不合理危险。按照欧共体指令第6条,所谓“缺陷”,指产品未提供消费者有权期待的安全(性)。在判断产品是否具有缺陷时,还应考虑产品的外观、合理的用途、投入流通的时间等因素。可见,所谓“缺陷”,是指产品具有对于使用者或消费者的人身和财产安全的危害性。[2]

合同法上的“瑕疵”概念,指产品质量不符合法定或约定标准(大陆法),或者指产品不具有“适销性”(英美法)。例如,一台电视机,规格型号不符合约定,或没有图像,或图像、伴音不清晰,属于质量“瑕疵”,买受人可依据本法合同编关于瑕疵担保责任的规定,请求厂商更换、修理、退货或赔偿损失(第582条、第583条)。但是,如果电视机显像管喷火爆炸或天线漏电,危害消费者人身或者财产安全,则属于产品具有“缺陷”,受害人可依本条规定追究生产者的侵权责任。事实上,依合同法属于瑕疵产品,并不一定具有对人身财产安全的危险,因而不一定属于产品责任法上的缺陷产品;但依侵权法属于缺陷产品(具有对人身财产的不合理危险),必定属于合同法上的瑕疵产品。[3]

如前所述,《产品质量法》第 4 章“损害赔偿”规定严格产品责任的条文,参考借鉴自美国产品责任法和欧共体指令。《产品质量法》第 46 条规定“缺陷”定义:“本法所称缺陷,是指产品存在危及人身、他人财产安全的不合理的危险;产品有保障人体健康和人身、财产安全的国家标准、行业标准的,是指不符合该标准。”所谓“缺陷”,“是指产品存在危及人身、他人财产安全的不合理的危险”,显然采纳美国产品责任法的“缺陷”定义。

考虑到本条沿用《侵权责任法》第 41 条原文,而《侵权责任法》第 41 条系基本采用《产品质量法》第 41 条原文。故《产品质量法》关于“缺陷”定义的规定,应当作为解释本条“缺陷”概念的根据。质言之,本条所谓“缺陷”,是“指产品存在危及人身、他人财产安全的不合理的危险”。其中,所谓“危及人身”安全,指危及产品使用者的生命、身体、健康权,而不涉及其他人身权(如姓名、肖像、名誉、隐私等);危及“他人财产安全”,指危及他人(包括使用者及使用者之外的人)的有形财产权(动产、不动产),不涉及无形财产权(知识产权、财产性权利)。再者,此“他人财产”,不包括缺陷产品自身。缺陷产品自身,可依合同法瑕疵担保责任请求出卖人赔偿,自不待言。

理解本条“缺陷”概念的一个重要问题是,“不合理危险”如何掌握?严格言之,任何产品都可能发生危险,如药品超剂量、电气设备操作不当,都可能发生危险。什么是“合理危险”?什么是不合理危险?法律不可能规定具体判断标准。合理危险、不合理危险,属于不确定概念,须由法庭或者解释者结合具体案件事实,根据社会生活经验进行判断。例如,法庭根据社会生活经验,认定啤酒瓶在未受外力撞击情形爆炸属于不合理危险;电视机爆炸属于不合理危险;电热水器漏电属于不合理危险;烈性酒醉人、过量饮用醉死人属于合理危险;用手拿着鞭炮燃放炸伤手、眼属于合理危险;鞭炮装填炸药过多、置于两米之外燃放仍然炸伤人,属于不合理危险。

请特别注意,《产品质量法》第 46 条第二句规定,“产品有保障人体健康和人身、财产安全的国家标准、行业标准的,是指不符合该标准”。该句规定标准适用于以下两种情形:第一,作为买受人、市场监管机构判断流通中的产品是否具有缺陷的标准。只要发现某项产品不符合“保障人体健康和人身、财产安全的国家标准、行业标准”,即可认定该产品具有缺陷,买受人可以依法请求出卖人承担瑕疵担保责任(第 582 条),如修理、退货[4];市场监管机构可以责令生产者、销售者停止销售、予以召回(第 1206 条)。但某项产品已经造成消费者、使用者人身、财产损害,生产者、销售者不得以该产品符合“保障人体健康和人身、财产安全的国家标准、行业标准”,而主张该造成人身、财产损害的产品不存在“缺陷”。第二,审理案件的法庭,查明造成原告人身、财产损害的案涉产品不符合“保障人体健康和人身、财产安全的国家标准、行业标准”,可依据第二句规定,认定案涉产品具有“缺陷”,而无须判断案涉产品造成原告人身、财产损害是否属于“不合理危险”。但法庭不得以案涉产品“符合”“保障人体健康和人身、财产安全的国家标准、行业标准”,认定案涉产品“不具有缺陷”。[5]

四、免责事由

如前所述，严格责任或者无过错责任，并非对没有过错的人追究侵权责任，实则被追究责任的人肯定是有过错的（生产、销售危害消费者人身、财产安全的缺陷产品即是过错），只是为了免除受害人的举证责任、改善受害人的不利地位，法律规定不以被告具有过错为责任构成要件罢了。本条规定，侵权责任之成立不以被告（生产者）具有过错为要件，因此免除了受害人（原告）证明被告（生产者）具有过错的举证责任，当然也不允许被告（生产者）反证自己无过错而要求免责。但须注意，严格产品责任，仍有主张法定免责、减责事由而免除或者减轻责任的可能。例如，不可抗力免责（第 180 条）、过失相抵规则（第 1173 条）、受害人故意（第 1174 条）均有适用余地。此外，严格产品责任尚有其特别的免责事由，规定在《产品质量法》第 41 条第 2 款。

《产品质量法》第 41 条第 2 款规定："生产者能够证明有下列情形之一的，不承担赔偿责任：（一）未将产品投入流通的；（二）产品投入流通时，引起损害的缺陷尚不存在的；（三）将产品投入流通时的科学技术水平尚不能发现缺陷的存在的。"此三项特别免责事由，系参考借鉴欧共体指令的规定。第一项"未将产品投入流通"，如试制品被受害人窃取、使用中受损害，或者投入市场之前对产品检验、试验中致人损害。第二项"产品投入流通时，引起损害的缺陷尚不存在"，即出售产品时并不存在缺陷，在此后的流通、保管环节因不能归责于生产者的原因造成产品缺陷。须注意，因销售者的过错造成产品缺陷情形，如受害人请求生产者承担责任，则生产者仍然应当承担责任，但生产者承担责任之后有权向具有过错的销售者追偿(第1203条)。“产品投入流通时”产品不存在缺陷的事实,应当由被告(生产者)负担举证责任。第三项“将产品投入流通时的科学技术水平尚不能发现缺陷的存在”,其所谓“科学技术水平”,应当指产品投入流通时国家的科学技术已经达到的水平,即当时国家相关专业领域发表(国内或者国外)的学术论文、研究报告均未发现该产品缺陷。应当由被告(生产者)对此负担举证责任,自不待言。

五、时效期间、除斥期间

须注意,因《民法通则》规定人身损害的特别时效期间为1年(第136条),对受害人不利;《产品质量法》第45条第1款规定,“因产品存在缺陷造成损害要求赔偿的诉讼时效期间为二年”,实际上是将人身损害侵权案件的时效期间,由特别时效期间1年(《民法通则》第136条),改为普通时效期间2年(《民法通则》第135条)。鉴于《民法典》已经将普通时效期间改为3年(第188条),故包括严格产品责任在内的一切侵权责任案件,均应当适用3年普通时效期间(第188条)。

请特别注意,民法除诉讼时效期间外,另有除斥期间。时效期间与除斥期间,均属于对于权利行使的法律限制,但二者适用对象不同、性质亦不同。时效期间适用于请求权,除斥期间适用于形成权;时效期间为可变期间,可发生中断、中止乃至延长,而除斥期间为不变期间,期间届满权利消灭,不发生中断、中止和延长问题。鉴于产品责任的特殊性,欧共体指令在时效期间之外,还规定了除斥期间。《产品质量法》参考借鉴欧共体指令的此项立法经验,规定在第45条第2款。

《产品质量法》第45条第2款规定："因产品存在缺陷造成损害要求赔偿的请求权，在造成损害的缺陷产品交付最初消费者满十年丧失；但是，尚未超过明示的安全使用期的除外。"毫无疑问，产品责任案件，应当适用此除斥期间的规定。按照规定，凡是产品投入流通时出卖人（生产者）未明示承诺超过10年的"安全使用期"的，均应当适用第一句规定的10年除斥期间，除斥期间届满，受害人的请求权丧失（消灭）。请注意，条文明定请求权"丧失"（消灭），与本法关于时效期间届满产生义务人不履行义务抗辩权的规定（第192条）不同。按照条文第二句"但书"规定，生产者明示承诺的"安全使用期"超过10年的，应当适用该"安全使用期"，而不适用关于10年除斥期间的规定。

补充一点，因时效期间届满的效果是产生义务人不履行义务抗辩权（第192条），且法庭不得主动审查时效期间是否经过（第193条）；但除斥期间届满的效果是权利丧失（消灭），法庭有权审查除斥期间是否届满。对于除斥期间届满的案件，立案庭应当不予立案，庭审中查明除斥期间届满的法庭应当裁定驳回起诉。

第一千二百零三条　被侵权人请求损害赔偿的途径和先行赔偿人追偿权

因产品存在缺陷造成他人损害的，被侵权人可以向产品的生产者请求赔偿，也可以向产品的销售者请求赔偿。

产品缺陷由生产者造成的，销售者赔偿后，有权向生产者追偿。因销售者的过错使产品存在缺陷的，生产者赔偿后，有权向销售者追偿。

本条规定受害人求偿选择权。按照前条规定，缺陷产品致人损害，由生产者承担严格责任，免除了受害人证明生产者具有过错的举证责任，改善了受害人的不利地位。但考虑到现代化市场经济条件下，产品生产者往往在外地、外省乃至外国，给受害人行使求偿权造成困难。因此，为方便受害人行使权利，本法特设受害人求偿选择权制度。按照此项制度，受害人既可以选择向缺陷产品生产者求偿，亦可以选择向缺陷产品的销售者求偿，以保障受害人行使权利。本条规定缺陷产品致损案型的受害人求偿选择权，另在第 1223 条规定医药产品缺陷致损案型的受害人（患者）求偿选择权。受害人求偿选择权之创设，为中国民法特色之一，请予留意。

按照民法原理，所谓求偿选择权，为连带债务（连带责任）关系的债权人所享有的特权。其权利主体，为连带债务（连带责任）关系的债权人；义务主体为连带债务（连带责任）关系的义务人（连带债务人、连带责任人）。其义务人为二人以上，义务人相互间构成连带关系（连带债务关系、连带责任关系）。连带债务关系债权人求偿选择权，规定在合同编第 518 条；连带责任关系债权人求偿选择权，规定在总则编第 178 条。求偿选择权属于一种形成权，以连带债务关系上的债权（本权）之存在为前提，以保障连带债务关系上的债权（本权）之实现为目的。

请特别注意，本条规定的受害人求偿选择权，与上述求偿选择权不同：各义务人相互间不构成连带债务（连带责任）关系，而属于替代债务（替代责任）关系。因缺陷产品致损案型，缺陷产品生产者对受害人承担严格责任，缺陷产品销售者对受害人承担过错责任，缺陷产品生产者与销售者相互间不构成共同侵权行为，故不发生连带责任关系。在产品投入流通时存在缺陷情形,仅生产者对受害人承担侵权责任,无过错的销售者并不对受害人承担责任;在产品投入流通时不存在缺陷、因销售者过错造成产品缺陷情形,仅销售者对受害人承担侵权责任,生产者并不对受害人承担责任。可见,在生产者与销售者不构成共同侵权行为、不发生连带责任关系情形,本法创设受害人求偿选择权,使生产者与销售者相互间发生替代责任关系,纯粹出于保障受害人求偿权能够实现之政策目的。按照替代责任关系,在销售者过错造成产品缺陷案型,生产者按照本条规定对受害人承担赔偿责任之后,理当有权向销售者追偿;在非销售者过错造成产品缺陷案型,销售者按照本条规定对受害人承担赔偿责任之后,理当有权向生产者追偿。

请特别注意,《民法通则》第 122 条对于生产者、销售者不加区别,均规定为承担严格责任,在立法政策上应有可议之处。故《侵权责任法》改为生产者承担严格责任(原法第 41 条、本法第 1202 条)、销售者承担过错责任(原法第 42 条、本法已删去)。因创设受害人求偿选择权,致发生受害人向销售者求偿时,销售者可否以自己无过错主张抗辩的疑问。原法编纂为侵权责任编时,删除规定销售者承担过错责任的条文(第 42 条),保留"因销售者的过错使产品存在缺陷的,生产者赔偿后,有权向(有过错的)销售者追偿"的规定(本条第 2 款第 2 句)。于是,在维持生产者承担严格责任、销售者承担过错责任的立法设计不变的前提下,排除了销售者以自己无过错对抗受害人求偿的可能性。换言之,销售者只能以自己无过错对抗生产者的追偿权、不得以自己无过错对抗受害人的求偿权。

本条第 1 款规定受害人求偿选择权;第 2 款规定承担替代责任一

方的追偿权。条文准确，易于理解、适用，毋庸赘述。本条基本沿用原法第43条原文。

第一千二百零四条　生产者和销售者对有过错第三人的追偿权

因运输者、仓储者等第三人的过错使产品存在缺陷，造成他人损害的，产品的生产者、销售者赔偿后，有权向第三人追偿。

本条规定生产者或者销售者对第三人的追偿权。按照条文，如产品缺陷是"因运输者、仓储者等第三人的过错"所致，则生产者或者销售者根据前条规定对受害人承担赔偿责任后，可以依据本条规定对该第三人（运输者或者仓储者等）行使追偿权。条文"等"字涵括除运输者、仓储者之外的因其过错造成产品缺陷的第三人（如其侵害行为造成产品缺陷的侵权人）。本条补充规定追偿权行使对象（义务人），条文易于理解、毋庸赘述。

第一千二百零五条　危及他人人身、财产安全的责任承担方式

因产品缺陷危及他人人身、财产安全的，被侵权人有权请求生产者、销售者承担停止侵害、排除妨碍、消除危险等侵权责任。

本条规定缺陷产品受害人的停止侵害、排除妨害、消除危险请求权。请注意，停止侵害、排除妨害、消除危险，为本法规定的三种民事责任方式（第179条），本编第1167条亦有规定。从受害人角度言之，则属于法律赋予受害人的三项请求权。

须特别注意,此三项请求权的适用对象并不相同。停止侵害请求权,其适用对象是侵权人或者应当由其负责的人正在实施的“危及他人人身、财产安全”、尚未造成损害后果的加害行为;排除妨害请求权,其适用对象是侵权人或者应当由其负责的人已实施的妨害他人人身权、财产权行使的妨害行为;消除危险请求权,其适用对象是应当由侵权人负责的物危及他人人身、财产安全的危险状态。质言之,停止侵害请求权、排除妨害请求权的适用对象,是人的行为(加害行为、妨害行为),属于本来意义的侵权行为;消除危险请求权的适用对象,是物造成的危险状态(非人的行为),属于所谓“准侵权”。

如前所述,产品责任存在于具有缺陷(危及他人人身、财产的不合理危险)的产品造成他人损害,而不是生产者、销售者的行为造成他人损害。故停止侵害请求权、排除妨害请求权,均无适用余地。可能适用者,唯消除危险请求权而已。例如,电视机漏电、燃气热水器漏气、机动车刹车失灵,造成“危及他人人身、财产安全”的危险状态,受害人(买受人、占有人)有权依据本条行使消除危险请求权,请求产品生产者或者销售者(通过修理或者更换产品)消除该危险状态。本条规定适用对象为人的行为(加害行为、妨害行为)的停止侵害请求权和排除妨害请求权,昧于产品责任之本质,属于无的放矢。本条基本沿用原法第45条原文。

第一千二百零六条　投入流通后发现有缺陷的补救措施和侵权责任

产品投入流通后发现存在缺陷的,生产者、销售者应当及时采取停止销售、警示、召回等补救措施;未及时采取补救措施或者补救措施不力造成损害扩大的，对扩大的损害也应当承担侵权责任。

依据前款规定采取召回措施的，生产者、销售者应当负担被侵权人因此支出的必要费用。

本条是关于采取补救措施的规定。条文第1款第一句规定生产者、销售者负担采取补救措施的义务。所谓“投入流通”，指生产者将产品出售给买受人（经销商、消费者）；“投入流通后发现存在缺陷”一语，未明示发现缺陷之人，按照社会生活经验，发现缺陷之人，包括生产者自己、销售者（经销商、进口商、零售商）、消费者，以及质量检测监管机构。条文明定生产者、销售者应采取“停止销售、警示、召回等补救措施”。所谓“停止销售”，俗称“产品下架”；“召回”，指从买受人、零售商处取回存在缺陷的产品；“警示”，指告知消费者、买受人该产品具有的缺陷及如何避免发生损害；条文“等”字，指除“停止销售”、“召回”产品、给予“警示”之外的其他“补救措施”，如上门修理、更换零部件及“打补丁”消除产品缺陷。条文所谓“及时”，指生产者在自己发现或者质检机构告知产品具有缺陷（有危及他人人身、财产安全的不合理危险）后，应当在第一时间、毫不延误地通知销售者将缺陷产品“下架”；销售者在收到生产者“停止销售”通知或者自己发现或者质检机构告知产品具有缺陷（有危及他人人身、财产安全的不合理危险）后，应当在第一时间、毫不延误地将缺陷产品“下架”。“停止销售”的对象，是尚在流通过程中的产品；“召回”的对象，包括已经在消费者、使用人占有之下的产品及尚在流通过程中的产品；“警示”及其他“补救措施”的对象，指已经在消费者、使用人占有之下的产品。

第1款第二句规定“未及时采取补救措施或者补救措施不力造成损害扩大的，对扩大的损害也应当承担侵权责任”。“未及时采取补救措施”，包括根本未采取补救措施、采取补救措施但不及时（未在第一时间、毫不延误地采取）；“补救措施不力”，亦可谓“补救措施不当”，指所采取的补救措施不足以消除产品缺陷、未能避免损害的发生，如本应当立即“停止销售”“召回”，而未及时“停止销售”“召回”，所采取的其他补救措施（如“警示”“打补丁”）未能消除缺陷、避免损害的发生。“扩大的损害”一语，应当理解为如及时采取有力（适当）的补救措施即可避免发生、因未及时采取补救措施或者所采取措施不力（不当）未能避免发生的损害。对于这样的损害，生产者、销售者亦应承担赔偿责任，这是理所当然的。

本条第2款规定：“依据前款规定采取召回措施的，生产者、销售者应当负担被侵权人因此支出的必要费用。”所谓“因此支出的必要费用”，指买受人或者使用人按照生产者、销售者的“召回”通知，将缺陷产品运送到指定的交付地点所发生的费用，如召回家用电器，买受人或者使用人将缺陷家用电器送交指定经销商；召回汽车，买受人或者使用人将该缺陷汽车送交指定的4S店。此项“必要费用”，主要是“运费”“误工费”。如何判断实际发生的费用是否属于“必要费用”？应依社会生活经验，别的人做同样的事也须支出同样金额，即属于“必要费用”；实际发生的费用，超过别的人做同样的事所支出金额的部分，不属于“必要费用”。采取召回措施的生产者、销售者只负担“因此支出的必要费用”，其理自明，毋庸赘述。

本条第1款基本以原法第46条为基础，于补救措施增加“停止销售”一项；第2款为新增。

第一千二百零七条　产品责任惩罚性赔偿

明知产品存在缺陷仍然生产、销售，或者没有依据前条规定采取有效补救措施，造成他人死亡或者健康严重损害的，被侵权人有权请求相应的惩罚性赔偿。

在前文解读第1185条时已经论及，我国民法理论和立法，沿袭德国民法理论，坚持民事责任与公法责任的严格区分，本不认可惩罚性损害赔偿。1993年始在《消费者权益保护法》设第49条规定惩罚性赔偿。我国台湾地区"消费者保护法"第51条规定的惩罚性赔偿金为实际损害赔偿金的3倍以下。[6] 须注意的是，我国《消费者权益保护法》规定的惩罚性赔偿属于违约责任补偿性损害赔偿之例外规则；我国台湾地区"消费者保护法"规定的惩罚性赔偿属于侵权责任补偿性损害赔偿之例外规则。

顺便指出，判断某项损害赔偿究竟属于违约责任的损害赔偿，或者属于侵权责任的损害赔偿，关键在于是否以人身、财产损害之发生为构成要件。其中所谓财产损害，按照《产品质量法》第41条的规定，是指"缺陷产品以外的其他财产"损害。未造成人身损害或者问题产品以外其他财产损害的，仅可发生违约责任的损害赔偿，唯在造成人身损害或者问题产品以外的其他财产损害情形，才可能发生侵权责任的损害赔偿。补充一点，侵权责任性质的惩罚性损害赔偿制度始于《侵权责任法》(第47条)。

《侵权责任法》第47条，创设属于侵权责任特别规则的惩罚性损害赔偿制度，并将其适用范围限定于"产品责任"，对于产品责任之外的侵权行为,不适用惩罚性损害赔偿。编纂为《民法典》侵权责任编时,起草人除保留对产品责任适用惩罚性赔偿的规定(本条)外,增加了适用惩罚性赔偿的侵权行为类型,即第 1185 条对于故意侵害知识产权案型、第 1232 条对于故意污染环境、破坏生态案型,规定了惩罚性赔偿。

一、适用案型

按照条文,两类产品责任案型适用惩罚性赔偿:第一,“明知产品存在缺陷仍然生产、销售”案型。“明知产品存在缺陷仍然生产、销售”,亦即明知产品具有危及他人人身、财产安全的不合理危险,却仍然生产、销售该缺陷产品“放任”损害后果的发生,构成大陆法系民法所谓“故意侵权行为”。第二,“没有依据前条规定采取有效补救措施”案型,即前条(第 1206 条)第 1 款第二句“未及时采取补救措施或者补救措施不力”案型。例如,本应及时采取“停止销售、警示、召回”等补救措施,而未采取“停止销售、警示、召回”等补救措施,或者采取补救措施“不及时”或者采取补救措施“不力”(不适当)。

二、特别构成要件

依据本条规定判处惩罚性赔偿,当然须具备严格产品责任之一般构成要件,即(1)须产品具有缺陷;(2)须消费者、使用人受人身、财产损害;(3)须产品缺陷与人身、财产损害之间有因果关系。见第 1202 条解读。在具备严格产品责任一般构成要件之后,还须具备本条规定的特别构成要件:“造成他人死亡或者健康严重损害”。

本条立法目的,在于对严重无视消费者(使用人)人身安全的生产者、销售者,科处超过实际损害赔偿金若干倍的惩罚性损害赔偿金,而予以惩戒并警示其他生产者、销售者。按照此立法目的,除"造成他人死亡""健康严重损害"外,还应包括造成他人严重残疾,如缺陷机动车发生交通事故造成受害人截肢。"健康严重损害",如奶粉含有害物质造成众多婴幼儿受害、孕妇用镇静剂致产下残疾婴儿等。

三、惩罚性赔偿金额

本条未规定惩罚性赔偿金的计算(标准),仅规定被侵权人有权请求"相应的"惩罚性赔偿,其立法者意思是将惩罚性赔偿金数额(计算),留给最高人民法院司法解释予以规定。

如前所述,大陆法系民法坚持损害赔偿的补偿性,不允许判决超过实际损害的赔偿金。我国民法惩罚性赔偿制度,系参考借鉴英美法。但英美法惩罚性损害赔偿属于判例法,即法官认定被告人实施恶意侵权行为、严重无视消费者人身安全的,将在判决被告向受害人(原告)支付实际赔偿金之外,再判决一笔惩罚性赔偿金。惩罚性赔偿金将是实际损害赔偿金的若干倍。我国台湾地区"消费者保护法"规定的惩罚性赔偿金不超过实际损害赔偿金的 3 倍。我国专利法、商标法、著作权法规定的惩罚性赔偿金是不超过实际损害赔偿金的 4 倍(见第 1185 条解读)。但我国《消费者权益保护法》第 55 条第 2 款规定的惩罚性赔偿金是实际损害赔偿金的 2 倍以下。

本条与第 1185 条均规定惩罚性赔偿,本条适用于侵害人身权(生命、身体、健康权)的案型,后者属于侵害知识产权(财产权)案型,按照现代民法思想及宪法关于人权保护的规定,《消费者权益保护法》等现行法关于惩罚性赔偿金计算的规定,侵害人身权(致人死亡、严重残疾、严重健康损害)的惩罚性赔偿金仅为实际损害赔偿金的 2 倍以下,侵害知识产权的惩罚性赔偿金为实际损害赔偿金的 4 倍以下,显有轻重倒置之嫌。建议最高人民法院制定司法解释,明确规定本条惩罚性赔偿金为实际损害赔偿金的 4 倍以下为宜。

本条在原法第 47 条基础上,增加“或者没有依据前条规定采取有效补救措施”一句。

注 释

1 餐厅外卖餐食(盒饭)究竟属于“销售”还是“餐饮服务”? 如认为是“销售”,即属于本条所谓“产品”;如认为是“餐饮服务”,则不属于本条所谓“产品”。本书认为,应当将外卖餐食(盒饭)解释为“用于销售”的“产品”为宜。

2 美国法所谓“产品具有对使用者或消费者的人身和财产安全的危害性”,与欧共体指令所谓“产品未提供消费者有权期待的安全(性)”,虽对“缺陷”的文字表述不同,但“缺陷”概念本质(内涵)相同。

3 缺陷产品造成买受人人身、财产损害,将构成侵权责任请求权与违约责任请求权的竞合(第 186 条)。

4 这种情形,产品不符合“保障人体健康和人身、财产安全的国家标准、行业标准”,构成合同法产品“瑕疵”。

5 法庭既可以按照第一句规定的“缺陷”是指产品具有对他人人身、财产的不合理危险的规定,判断案涉产品造成人身、财产损害属于“不合理危险”,据以认定案涉产品“具有缺陷”;亦可按照第二句关于“缺陷”是指“不符合”“保障人体健康和人身、财产安全的国家标准、行业标准”的规定,依据查明“不符合该标准”的事实,认定案涉产品“具有缺陷”。请特别注意，法庭认定案涉产品“不具有缺陷”，只能按照第一句规定的“缺陷”定义，通过判断产品造成原告人身、财产损害不属于“不合理危险”，即属于“合理危险”。

6 我国台湾地区“消费者保护法”第51条规定：“因本‘法’所提之诉讼，因企业经营者之故意所致之损害，消费者得请求损害额三倍以下之惩罚性赔偿金；但因过失所致之损害，得请求损害额一倍以下之惩罚性赔偿金。”

第五章　机动车交通事故责任

在认定机动车交通事故责任时，需结合《道路交通安全法》的相关规定综合进行。我国对道路交通事故的损害赔偿采无过错责任原则。

第一千二百零八条　机动车交通事故责任的法律适用

机动车发生交通事故造成损害的，依照道路交通安全法律和本法的有关规定承担赔偿责任。

从道路交通发展史看，人类社会经历了三个时代，即步行时代、马车时代和汽车时代。其中，马车时代长达4000年之久，大约始于公元前2000年，迄于19世纪末。1886年德国人研制出第一辆内燃机汽车，标志着人类社会进入汽车时代。汽车的广泛使用，极大地提高了交通运输能力，促进了现代化市场经济的发展，增进了人类的福利。

汽车的发明和广泛使用，不仅给人类带来利益，同时也带来一定的负面影响。伴随汽车时代而来的道路交通事故,给人类的生命、身体、健康和财产造成极其严重的危害,成为现代民法一种新型侵权行为类型。道路交通事故的损害赔偿,如果拘守一般侵权行为的过错责任原则,将严重不利于受害人,并违背社会公平正义观念。因此,自20世纪以来,各国相继制定特别法,对交通事故致损案型适用无过错责任原则(严格责任原则)。[1]

对道路交通事故的损害赔偿采无过错责任原则,其理论根据是:(1)认为交通事故是伴随汽车运行,在一定程度上必然要发生的特殊危险,如果拘守过错责任原则,只在加害人有过错时才承担赔偿责任,并且须受害人对加害人具有过错负担举证责任,则于受害人严重不利,受害人将难于获得赔偿;使汽车所有人承担无过错责任,则汽车所有人可以将赔偿支出计入成本、提高收费或者通过责任保险,转嫁给消费者或社会分担。(2)道路交通事故作为一种特殊危险,唯有汽车所有人和驾驶人可能预防和减少其发生,采无过错责任原则,可以间接加重汽车所有人和驾驶人一方的注意义务,有利于防止和减少事故发生。(3)汽车所有人是汽车运行利益的获得者,依民法报偿理论,由所有人承担损害赔偿责任,符合社会道德观念。

中国进入汽车时代比各国晚。据记载,最早的两辆汽车是在1901年由美国海运到上海的。半封建半殖民地的中国,外受帝国主义列强的侵略压迫,内则官场腐败、政治黑暗,经济落后,没有自己的汽车制造业。1949年全国仅有汽车50,900辆,就当时的人口而言,平均约9300人/辆。而当时美国已达3人/辆,法国已达16人/辆,瑞士已达22人/辆,德国已达39人/辆。1955年,日本也达到55人/辆。中华人民共和国在建立自己的汽车制造工业之后,社会保有汽车总数急剧增长，至 1980 年达到 1,782,925 辆，与人口之比为 560 人/辆。改革开放后，我国汽车制造和交通运输事业有了飞速发展，1989 年社会汽车保有量为 5,113,204 辆，如果加上摩托车数量，则为 13,185,335 辆，达到 83 人/辆。应该说，此时中国才真正进入汽车时代。

同其他国家一样，道路交通事故已成为我国严重的社会问题。1987 年社会保有汽车总数为 4,080,689 辆，发生交通事故 298,147 件，死亡人数为 53,439 人，受伤人数为 187,399 人，财产损失总额为 27,938 万元。20 世纪 80 年代，道路交通事故已成为全社会关注的社会问题。

1986 年颁布的《民法通则》第 123 条规定："从事高空、高压、易燃、易爆、剧毒、放射性、高速运输工具等对周围环境有高度危险的作业造成他人损害的，应当承担民事责任；如果能够证明损害是由受害人故意造成的，不承担民事责任。"其中所谓高速运输工具造成他人损害，即道路交通事故。因此，这一条文是我国人民法院受理并裁判道路交通事故损害赔偿案件的法律依据。

《民法通则》是在前法制委员会民法起草小组的《民法典草案（第四稿）》基础上制定的。但在《民法典草案（第四稿）》上，高度危险作业致损和交通事故致损分别规定为两个条文。[2]《民法通则》第 123 条，系以草案第 432 条的规定为基础，只是在列举的高度危险作业种类中添加上"高速运输工具"六字，将交通事故责任作为高度危险责任的一种亚类型。《民法通则》第 123 条仅明确了交通事故责任适用无过错责任、以受害人故意为法定免责事由，交通事故责任案件可能涉及的许多问题尚缺乏裁判依据。

2003 年制定《道路交通安全法》[3]（已修改）（以下简称《道交

法》)。其立法目的是,“为了维护道路交通秩序,预防和减少交通事故,保护人身安全,保护公民、法人和其他组织的财产安全及其他合法权益,提高通行效率”(第1条)。该法属于行政法律,但其第76条、第77条,却属于民事法律性质,值得注意。

《道交法》第76条规定,“机动车发生交通事故造成人身伤亡、财产损失的,由保险公司在机动车第三者责任强制保险责任限额范围内予以赔偿;不足的部分,按照下列规定承担赔偿责任:(一)机动车之间发生交通事故的,由有过错的一方承担赔偿责任;双方都有过错的,按照各自过错的比例分担责任。(二)机动车与非机动车驾驶人、行人之间发生交通事故,非机动车驾驶人、行人没有过错的,由机动车一方承担赔偿责任;有证据证明非机动车驾驶人、行人有过错的,根据过错程度适当减轻机动车一方的赔偿责任;机动车一方没有过错的,承担不超过百分之十的赔偿责任。交通事故的损失是由非机动车驾驶人、行人故意碰撞机动车造成的,机动车一方不承担赔偿责任。”该第76条,将交通事故责任从高度危险责任中分离出来,作为一种适用无过错责任原则的特别侵权行为类型加以规定,明确规定在肇事机动车投保第三者责任保险(强制保险和商业保险)情形的赔偿顺序,维持以受害人故意为唯一免责事由,并明文规定可以适用过失相抵规则。该法还参考借鉴新西兰的立法经验,创设“交通事故社会救助基金制度”,规定“未参加机动车第三者责任强制保险或者肇事后逃逸”的案型,“由道路交通事故社会救助基金先行垫付部分或者全部抢救费用,道路交通事故社会救助基金管理机构有权向交通事故责任人追偿”。这就为法庭裁判交通事故责任案型,提供了基本的裁判规则。

2009年制定《侵权责任法》时,采一般规定加类型化的立法模式,将交通事故致人损害作为无过错责任的特别类型加以规定,以“机动车交通事故责任”为章名(第 6 章),共 6 个条文(第 48 条至第 53 条)。其第 48 条规定,“机动车发生交通事故造成损害的,依照道路交通安全法的有关规定承担赔偿责任”。显而易见,《侵权责任法》第 48 条为指引性条文,法庭裁判交通事故致损案型的法律依据(请求权基础)是《道交法》第 76 条;《侵权责任法》其余条文(第 49 条至第 53 条),只是《道交法》第 76 条的补充规定。从逻辑关系看,《道交法》第 76 条属于一般法,《侵权责任法》第 6 章(第 49 条至第 53 条)属于特别法。编纂《民法典》侵权责任编,维持了以《道交法》第 76 条作为法庭裁判机动车交通事故致损案型的法律依据(请求权基础)的立法体例(逻辑关系)。请特别注意。

一、本条性质和适用

本条规定:“机动车发生交通事故造成损害的,依照道路交通安全法律和本法的有关规定承担赔偿责任。”条文以原法第 48 条规定为基础,唯一修改是在“道路交通安全法”后增加“律和本法”四字。按照“道路交通安全法”与本章的逻辑关系,其中的“和”(相当于 and)字,应当理解为“或者”(相当于 or)。质言之,《道交法》第 76 条为裁判交通事故致损案型的裁判规范(请求权基础),本章(第 1209 条至第 1217 条)属于《道交法》第 76 条的补充性规定(特别法)。在法律适用上,按照特别法优先适用原则(第 11 条),凡案件事实本章(第 1209 条至第 1217 条)有规定的,应当优先适用本章(第 1209 条至第 1217 条)的有关规定;本章(第 1209 条至第 1217 条)未有规定的,应当适用《道交法》第 76 条的规定。

二、什么是机动车？

“机动车”与“非机动车”，是关于（动产）“车辆”的基本划分。在物权法上，机动车属于特别动产，其转让、抵押适用登记对抗主义；非机动车属于一般动产，其转让、质押适用交付生效主义。因“机动车”与“非机动车”运行速度、对他人的危险性差别很大，在发生交通事故致人损害情形，适用不同的归责原则。机动车交通事故致损适用无过错责任原则，非机动车致损适用过错责任原则。机动车与非机动车的划分，应先认定“机动车”，凡不属于“机动车”的车辆均属于“非机动车”。

按照《道交法》第 119 条的规定，所谓“机动车”，是指以动力装置驱动或者牵引，上道路行驶的供人员乘用或者用于运送物品以及进行工程专项作业的轮式车辆。所谓“非机动车”，是指以人力或者畜力驱动，上道路行驶的交通工具，以及虽有动力装置驱动但设计最高时速、空车质量、外形尺寸符合有关国家标准的残疾人机动轮椅车、电动自行车等交通工具。

《道路交通管理条例》（已失效）第 3 条规定，所谓“机动车”，“是指各种汽车、电车、电瓶车、摩托车、拖拉机、轮式专用机械车”。其中，各种汽车，包括轿车、吉普车、卡车、装载车、公共汽车、出租车，不论燃油驱动或者电力驱动；电车，指无轨电车，不包括有轨电车、电动自行车；轮式专用机械车，包括用于房屋建筑、筑路架桥、隧道开掘、矿山开采的各种轮式专用机械车。顺便指出，其中的汽车、电车、电瓶车、摩托车属于交通运输工具，拖拉机虽属于农业生产工具，也可以用于运输，但各种轮式专用机械车并不用于运输，它们被归入“机动车”，只是因为须在道路上行驶。

三、道路交通事故

道路交通事故，简称交通事故。[4]（1）必须是机动车交通事故。所谓“事故”，指造成他人人身、财产损害的意外事件。交通事故，必须是机动车行驶中造成他人人身、财产损害的意外事件。非机动车行驶中造成他人人身、财产损害的意外事件，不属于本法调整范围。质言之，本法所谓交通事故，限于机动车交通事故。(2)必须是发生在公共道路和公共场所的机动车交通事故。[5] 所谓公共道路，包括公路、城镇街道和胡同（里巷）。其中，公路，以对车辆时速限制分为高速公路与一般公路；以产权归属分为国道、省道、县道。乡村可供机动车通行的便道、机耕道，通向单位、住宅小区或其内部停车场的岔道，以及单位、住宅小区内部有公共使用性质的通道，亦属于公共道路。但单位、住宅小区内部不具有公共使用性质的通道不属于公共道路。所谓公共场所，指公有公用的场所，包括车站、码头、广场、公共停车场等可供车辆通行和停放的场所，住宅小区、单位内部（地面或者地下）停车场不包括在内。(3)必须是机动车在道路运行中所发生的事故。所谓运行，指机动车处在运动状态，包括起动、行驶、转弯和倒车等。机动车在静止状态所发生的事故，如公共电汽车到站停稳后，乘客上下车所发生的事故，或非机动车与正确停放的机动车相碰撞的事故，均不属本法所谓交通事故。但运行机动车碰撞处于静止状态（正确停放）的机动车的事故，属于交通事故。

四、交通事故责任人

交通事故责任人,一般是机动车所有人。在所有人与驾驶人非同一人情形,应由机动车所有人对受害人承担损害赔偿责任。此种情形,机动车所有人承担损害赔偿责任,属于使用人责任。车辆所有人承担责任、向受害人支付赔偿金之后,可以依法向驾驶人追偿,但必须以驾驶人对于事故之发生有故意或重大过失为限(第 1191 条、第 1192 条)。机动车所有人承担赔偿责任的根据,是运行支配与运行利益归属的法理,亦即所谓报偿理论和危险控制理论。

车辆所有人因种种原因丧失运行支配及运行利益时,车辆所有人将不承担责任,而由运行支配与运行利益的实际归属者承担责任。(1)借用或出租。所有人将机动车出借或出租给他人使用,一般应由借用人或租用人承担责任。但借用人或租用人是所有人的雇员、职工和家庭成员的情形,仍应由所有人承担责任;如果借用人或租用人不具备使用、驾驶车辆的资格和技能,则应由所有人与借用人或租用人连带承担赔偿责任。(2)机动车实际交由他人使用、管理。所有人将车辆交给他人使用、管理情形,如果所有人已丧失运行支配及运行利益,则应由实质上享有使用权、管理权的人承担责任。例如,用分期付款方式、融资租赁方式购买机动车,在价款全部付清前购买人(承租人)未取得机动车所有权,但仍应由购买人(承租人)承担责任。委托他人维修、保管、运输中的车辆,在维修、保管、运输期间发生事故,应由修理人、保管人、承运人承担责任。(3)擅自使用他人机动车。单位职工、雇员、家庭成员未经所有人同意擅自使用车辆所发生的事故,仍应由所有人承担责任。上述人员以外的人擅自使用的场合,由擅自使用人承担责任；如果所有人对车辆之保管未尽应有注意，则应由车辆所有人与擅自使用人连带承担责任。(4)盗窃、抢劫机动车，被盗车辆所发生的事故，车辆所有人不承担责任。

五、交通事故责任的受害人

按照民法原理，侵权行为造成他人损害的，由侵权人(行为人)对该遭受损害之“他人”承担赔偿责任。本法明文表述为“侵害他人民事权益”(第 1165 条)。依反对解释，侵害行为人自身或者行为人一方的民事权益，不成立侵权责任。换言之，侵权责任法上的受害人，须非行为人自身、非属于行为人一方。此即所谓受害人的“他人性”问题。

受害人的“他人性”问题，于交通事故责任尤为重要。《机动车交通事故责任强制保险条例》(以下简称《强制保险条例》)第 3 条规定：“本条例所称机动车交通事故责任强制保险，是指由保险公司对被保险机动车发生道路交通事故造成本车人员、被保险人以外的受害人的人身伤亡、财产损失，在责任限额内予以赔偿的强制性责任保险。”可见，交通事故责任的受害人，必须是“本车人员、被保险人”之外的人。反言之，“本车人员、被保险人”遭受人身、财产损害，不属于交通事故责任的受害人范围，不得依据本条规定向(本车)保险人请求赔偿。

补充一点，《强制保险条例》所谓“本车人员”，包括肇事机动车乘客和驾驶人；所谓“被保险人”，亦即(肇事机动车)强制保险的投保人(机动车所有人)。但按照最高人民法院相关司法解释，于投保人(所有人)委托他人驾驶机动车情形，该机动车发生交通事故造成不在该机动车内(不属于“本车人员”)的投保人人身损害，该投保人亦属于交通事故的受害人,有权请求强制险保险人承担赔偿责任。

值得注意的是,本条(及本章)未如其他条文(如第1165条)明文规定"侵害他人民事权益造成损害",而代之以"造成损害"(如第1209条、第1210条、第1211条),理由何在?答案是,因为第1217条规定"好意同乘"规则,将本属于"本车人员"的"无偿搭乘人"纳入"受害人"范围,突破了受害人的"他人性"限制。[6]

根据《强制保险条例》及裁判实践,本法交通事故责任的受害人范围是:(1)机动车(一辆或多辆)发生交通事故造成行人、非机动车损害情形,遭受损害的行人、非机动车驾驶人、非机动车乘客属于"受害人",有权请求肇事机动车强制险保险人承担赔偿责任;(2)投保人委托他人驾驶机动车发生交通事故造成不属于"本车人员"的投保人损害情形,该投保人属于"受害人",有权请求其强制险保险人承担赔偿责任;(3)数辆机动车发生交通事故造成车内人员损害情形,甲车内受伤人员(乘客、驾驶人)不属于甲肇事机动车的"受害人"、无权请求甲机动车的强制保险人承担赔偿责任;但属于其他肇事机动车(乙车、丙车)的"受害人",有权请求其他肇事机动车(乙车、丙车)的强制险保险人承担赔偿责任;(4)机动车发生交通事故造成本车无偿搭乘人损害情形,该无偿搭乘人属于"受害人",有权请求该肇事机动车的强制险保险人承担赔偿责任。

六、赔偿范围

交通事故责任的赔偿范围,按照《道交法》第76条的规定,包括机动车发生交通事故造成受害人的"人身伤亡、财产损失"。

按照相关司法解释,该法第76条规定的"人身伤亡",是指机动车发生交通事故侵害被侵权人的"生命权、身体权、健康权等人身权益所造成的损害",包括本法第 1179 条和第 1183 条规定的各项损害。其中,第 1179 条是关于侵害他人人身权益损害的赔偿项目的规定。按照该条规定,应当"赔偿医疗费、护理费、交通费、营养费、住院伙食补助费等为治疗和康复支出的合理费用,以及因误工减少的收入。造成残疾的,还应当赔偿辅助器具费和残疾赔偿金;造成死亡的,还应当赔偿丧葬费和死亡赔偿金。"(见对第 1179 条的解读)第 1183 条是关于精神损害赔偿的规定。按照该条规定,"侵害自然人人身权益造成严重精神损害",或者"因故意或者重大过失侵害自然人具有人身意义的特定物造成严重精神损害的"受害人有权请求"精神损害赔偿"。(见对第 1183 条的解读)[7]

按照相关司法解释,该法第 76 条规定的"财产损失","是指因机动车发生交通事故侵害被侵权人的财产权益所造成的损失。"此所谓"财产损失",包括:(1)维修被损坏车辆所支出的费用、车辆所载物品的损失、车辆施救费用;(2)因车辆灭失或者无法修复,为购买交通事故发生时与被损坏车辆价值相当的车辆重置费用;(3)依法从事货物运输、旅客运输等经营性活动的车辆,因无法从事相应经营活动所产生的合理停运损失;(4)非经营性车辆因无法继续使用,所产生的通常替代性交通工具的合理费用。

七、直接请求权

如前所述,《道交法》第 76 条为法庭审理交通事故致损案型的裁判规范(请求权基础)。按照民法原理,交通事故责任人与受害人之间是侵权之债,投保人与保险人之间是合同之债。根据合同相对性原则(第465条第2款),保险合同仅拘束投保人与保险人,不能拘束保险人与受害人;同理,侵权之债仅拘束责任人(加害人)与受害人,不能拘束保险人与受害人。因此,肇事机动车投保强制保险情形,须待责任人(投保人)对受害人承担侵权责任、支付赔偿金之后,保险人才对投保人(责任人)履行保险金赔付义务。考虑到交通事故致损案件的特殊性,须在第一时间抢救受伤人员,而此时责任人尚未确定,为解决抢救费用的及时支付,《道交法》突破合同相对性原则,创设受害人对保险人的直接请求权制度。该法第76条第1款第一句规定,“机动车发生交通事故造成人身伤亡、财产损失的,由保险公司在机动车第三者责任强制保险责任限额范围内予以赔偿”。此直接请求权制度,成为合同相对性原则的一项例外规则。[8]

值得注意的是,《道交法》仅规定受害人对于强制险保险人的直接请求权。故裁判实务中,法庭可依职权将肇事机动车的强制险保险人列为共同被告;不得依职权将商业险保险人列为共同被告。将商业险保险人列为共同被告,须依当事人(原告、被告)的请求。[9]

八、保险人赔付后的不足部分(赔偿金额)

(一)机动车之间发生交通事故

《道交法》第76条第1款规定:“……不足的部分,按照下列规定承担赔偿责任:(一)机动车之间发生交通事故的,由有过错的一方承担赔偿责任;双方都有过错的,按照各自过错的比例分担责任……”

请特别注意,所谓“机动车之间发生交通事故的,由有过错的一方承担赔偿责任;双方都有过错的,按照各自过错的比例分担责任”,

是关于承担责任份额的规定，并非关于承担责任方式的规定。本法关于承担责任的方式，有单独责任、连带责任与按份责任。侵权行为人为一人，属于单独责任；侵权行为人（或应对他人行为或者危险物致损负责的人）为数人，构成主观共同侵权行为（第1170条）或者客观共同侵权行为（第1171条）的，数责任人承担连带责任；不构成共同侵权行为（俗称“多因一果”），数责任人承担按份责任（第1172条）。

最高人民法院《关于审理道路交通事故损害赔偿案件适用法律若干问题的解释》第10条规定：“多辆机动车发生交通事故造成第三人损害，当事人请求多个侵权人承担赔偿责任的，人民法院应当区分不同情况，依照民法典第一千一百七十条、第一千一百七十一条、第一千一百七十二条的规定，确定侵权人承担连带责任或者按份责任。”

《道交法》第76条第1款第1项所谓“机动车之间发生交通事故”，即司法解释所谓“多辆机动车发生交通事故”，其肇事机动车为多数（二辆以上），各机动车驾驶人并无意思联络，应当构成客观共同侵权行为，依法应当由各机动车所有人对受害人承担连带责任（第1171条）。按照总则编第178条第1款关于连带责任的规定，受害人有权请求部分或者全部连带责任人承担赔偿责任。故法庭仅判决各肇事机动车所有人（或使用人）对受害人承担连带赔偿责任，而无须确定各自应负担的责任（赔偿金）份额。

实际承担赔偿责任超过自己应负担份额的肇事机动车所有人（使用人），有权依据总则编第178条第2款的规定，对其他肇事机动车所有人（使用人）另案提起追偿权行使之诉，审理追偿权诉讼的法庭应当依据《道交法》第 76 条第 1 款第 1 项的规定确定原被告各自的责任份额,自不待言。

(二)机动车与非机动车、行人之间发生交通事故

《道交法》第 76 条第 1 款第 2 项规定:“机动车与非机动车驾驶人、行人之间发生交通事故,非机动车驾驶人、行人没有过错的,由机动车一方承担赔偿责任;有证据证明非机动车驾驶人、行人有过错的,根据过错程度适当减轻机动车一方的赔偿责任;机动车一方没有过错的,承担不超过百分之十的赔偿责任。”《道交法》第 76 条第 2 款规定:“交通事故的损失是由非机动车驾驶人、行人故意碰撞机动车造成的,机动车一方不承担赔偿责任。”《道交法》第 76 条的此项规定,涉及三个问题:一是交通事故责任的归责原则;二是交通事故责任是否适用过失相抵规则,及如何适用过失相抵规则;三是交通事故责任的法定免责事由。

如何理解无过错责任原则?本书前已述及,现代民法所谓无过错责任,并非对于没有过错的人追究侵权责任,而是免除受害人证明加害人具有过错的举证责任负担。交通事故责任之适用无过错责任,即其典型:要求交通事故的受害人(行人、非机动车驾驶人)举证证明肇事机动车驾驶人具有过错,几乎根本不可能;更不用说交通事故造成受害人(行人、非机动车驾驶人)死亡的情形(“死者不会说话”),死者不可能举证证明肇事机动车驾驶人“有过错”、不可能举证证明自己对于机动车事故的发生“无过错”。肇事机动车方面主张“死者”的过错导致机动车交通事故的发生,“死者”及其近亲属毫无自辩的可能。故无过错责任,仅以加害行为、损害事实、因果关系为构成要件,本法

关于无过错责任的规定（第 1202 条、第 1229 条、第 1236 条、第 1252 条），莫不如此。《道交法》第 76 条关于“机动车与非机动车驾驶人、行人之间发生交通事故，非机动车驾驶人、行人没有过错的，由机动车一方承担赔偿责任”的规定，增加“非机动车驾驶人、行人没有过错”要件，违背无过错责任的本质及本法关于无过错责任原则的规定；不仅如此，使法庭判决被告承担无过错责任须先认定原告“没有过错”，导致事实认定和法律适用的复杂化，建议采目的解释方法，解释为，机动车与非机动车、行人发生交通事故造成非机动车驾驶人、行人损害案型，机动车所有人、使用人承担无过错责任，不以“非机动车驾驶人、行人没有过错”为要件。

九、关于过失相抵规则的适用

（一）适用过失相抵规则的理由

本法关于特别侵权行为类型是否适用过失相抵规则无明文规定。按照社会生活经验，产品缺陷致损、高度危险责任、环境污染案型难有适用过失相抵规则的余地。《民法通则》实施以来的裁判实践，认可交通事故致行人、非机动车驾驶人受害案型适用过失相抵规则。《道交法》第 76 条设有明文，其规定“有证据证明非机动车驾驶人、行人有过错的，根据过错程度适当减轻机动车一方的赔偿责任”。按照该条文，过失相抵规则仅可适用于机动车与非机动车、行人发生交通事故案型，不能适用于机动车与机动车发生交通事故案型。

如前所述，机动车发生交通事故致损，是机动车高速运行所伴随的风险，如影之随形。民法依运行利益归属和危险控制法理，使机动车所有人、使用人对受害人承担赔偿责任。考虑到社会生活中确有部分机动车事故与非机动车驾驶人、行人的不当行为(如非机动车与机动车抢道、行人突然横穿)有关,适用过失相抵规则、减轻机动车一方的赔偿责任,实质是使有过错的受害人(非机动车驾驶人、行人)承担部分损害后果,可以起到警示,促使非机动车驾驶人、行人遵守交通规则,减少交通事故发生的效果。这是对机动车与非机动车、行人发生的交通事故案型适用过失相抵规则的唯一理由。

(二)限制过失相抵规则适用的理由

过失相抵规则的本质和功能,在于授权法庭行使自由裁量权,调整原被告双方利益关系,以实现双方利益关系的平衡。但须特别注意,机动车一方与非机动车驾驶人、行人之间的利害关系,是不存在近代民法所设想的“平等性、互换性”的,是严重失衡的关系。机动车驾驶人身处机动车钢铁外壳之中并受各种安全机制的保护,而非机动车驾驶人、行人却毫无保护措施,其生命、肉体暴露于伴随机动车运行的高度危险之中;非机动车驾驶人、行人的任何过失(如驶入快车道、突然横穿)都可能使其自身付出肢体残缺乃至丧失生命(死亡)的惨重代价,而机动车使用人一方的轻微过失(看手机、一时走神),也都可能使非机动车驾驶人、行人因此付出肢体残缺、死亡的惨重代价。机动车所有人、使用人享受机动车高速运行的利益,却让非机动车驾驶人、行人承担机动车高速运行的危险。机动车与非机动车、行人发生交通事故,非机动车、行人一方丧失生命、身体、健康权益,机动车一方(被判决承担赔偿责任)所丧失的仅是经济利益。更何况,机动车一方预先已经通过价格机制、保险机制将此经济利益损失转嫁给消费者和社会了。一言以蔽之,肇事机动车一方与交通事故受害人(非机动车驾驶人、行人)的利害关系,实质是自然人的生命、身体、健康权益与企业、个人经济利益的“权益冲突”,是“生存利益”与经济利益的冲突!

有鉴于此,中国民事立法强调对自然人生命、身体、健康权益的保护,优先于对企业、个人经济利益的保护,秉持生存利益高于经济利益的民法思想,要求处理机动车与非机动车、行人发生的交通事故责任案件,对机动车一方的过错与受害人(非机动车驾驶人、行人)一方的过错,绝对不能等量齐观,并进而要求对过失相抵规则的适用予以限制。

请特别注意,此项民法思想已经体现在《道交法》第 76 条关于适用过失相抵规则的条文表述中了。请特别注意,“有证据证明非机动车驾驶人、行人有过错的,根据过错程度适当减轻机动车一方的赔偿责任”,立法者没有说“根据过错程度相应减轻”,而说成“根据过错程度适当减轻”! 显而易见,“相应减轻”与“适当减轻”其立法者意思悬殊。

先说“相应”。“相应”一词,其意思是“相符合”“相适应”“相契合”,是指两个事物相互符合、相互适应、相互契合的关系,如成语“首尾相应”。本法规定的相应关系,大多数是责任与过错的相应关系,如“相应的责任”(第 157 条、第 592 条、第 793 条、第 1189 条、第 1191 条、第 1193 条),要求“责任”的轻重与“过错”的轻重,相互对应、相互适应;也有责任与原因力(作用力)的相应关系(第 177 条、第 1172 条),要求“责任”的轻重与“原因力(作用力)”大小,相对应、相适应。法律所谓“相应的责任”,属于授权法庭予以补充的不确定概念,其特征是:立法者在授权法庭决定责任之轻重(赔偿金数额)的同时,给定一个供法庭作决定的基准,即“过错”(或者“原因力”),并要求法庭所决定的“责任(赔偿金)数额”,与“过错”相应。可见,此种“授权”实际上是让法庭按照给定的标准作决定,法庭并无任何裁量自由。

再说“适当”。“适当”一词的意思是“合适”“恰当”。适当,不是两个事物之间的相互关系,而是某事物与周遭环境、相关事物、关系乃至社会观念的关系。例如,法定关于“适当补偿”的规定(第53条、第182条、第183条、第1190条),立法者授权法庭决定“补偿(金)”数额,却没有给法庭任何一个据以作决定的“基准”。“相应责任”和“适当补偿”,虽然都属于不确定概念,但“相应责任”毕竟有一个给定的基准;“适当补偿”没有这样的给定基准,立法者只是给法庭指出一个“方向”,即法庭决定的“补偿金”数额应该“适当”。

民法解释学上,“适当补偿”“适当减轻”这样的规定,被称为“白地委任”“空白委任”,实质是授予法庭“自由裁量权”。法庭通过自由裁量权之行使,决定法庭自认为是“适当”的“补偿金”数额、“减轻的(赔偿金)”数额,即可。当然,法庭行使自由裁量权、决定“补偿金”数额或者“减轻的(赔偿金)”数额时,不能是随意的、轻率的、恣意的,应当根据案件事实(包括损害事实的严重性、受害人有无过错及严重程度),考量当事人双方的经济地位、经济资力、上级法院及本院此前裁判类似案件的经验、案件的社会影响、社会公平正义观念等因素,最后决定一个法庭认为是“适当的”数额。

(三)过失相抵规则的前提条件

过失相抵规则形式上的法理依据是公平原则和自己责任原则,实质上是以近代民法关于民事主体“平等性和互换性”的判断为前提条件。鉴于当事人之间的关系具有“平等性和互换性”，在甲侵害乙的侵权案件中，如因受害人乙自己的过失助长了损害结果的发生和扩大，则按照公平原则的要求，适用过失相抵规则相应减轻甲对受害人乙所承担的赔偿责任；将来发生乙侵害甲的侵权案件，如因受害人甲对于损害的发生或者扩大有过失，按照公平原则的要求，同样适用过失相抵规则，相应减轻侵权人乙对受害人甲应承担的赔偿责任。鉴于民事主体之间具有平等性和互换性，过失相抵规则的适用当然符合社会正义。如前所述，在高度发达的现代化市场经济条件下，近代民法所谓“平等性和互换性”对于许多案型来说并不存在，如消费者与企业之间、劳动者与企业主之间，既不平等也不互换。机动车与非机动车、行人发生的交通事故案型，侵权人（及其保险公司）与受害人（非机动车驾驶人和行人）之间不存在所谓“平等性、互换性”，前已述及，属于严重失衡的利害关系，自然人生命（生存）利益与企业、个人经济利益之间的冲突关系。出于警示、促使非机动车驾驶人和行人遵守交通规则、减少交通事故发生的政策目的，保留了过失相抵规则对于机动车交通事故致非机动车、行人损害案型的适用，同时鉴于机动车交通事故致非机动车驾驶人、行人损害案件的特殊性，对过失相抵规则的适用加以限制。法律条文不采“根据过错程度相应减轻”的习惯表述，代之以“根据过错程度适当减轻”的表述，以体现限制过失相抵规则适用的立法者意思。

（四）限制过失相抵规则适用符合民法发展趋势

值得注意的是，《道交法》限制过失相抵规则适用的立法思想，符合民法立法和裁判实践发展的趋势。例如,法国在 20 世纪 60 年代,由于过失相抵规则的广泛运用,受害人一方的“过失”成为减少赔偿金的共同原因,从而导致裁判的不一致和不公正。在 Desmares 一案的判决中,最高上诉法院再次表述了有利于受害人的见解;受害人“过失”不具有不可预见和不可避免的性质,因而不得作为减轻加害人责任的理由。这一判决的效力在于,从适用其民法典第 1384 条的诉讼中排除了“过失相抵”规则的适用。由于 Desmares 案判决是由最高上诉法院第二民事庭作出的,不具有 Jand’heur 案判决那样的效力(后者是由最高法院全体法官会议作出的判决),因而某些下级法院拒绝遵循。此外,在以刑事附带民事提起的赔偿诉讼中,因适用其民法典第 1382 条规定的过错责任原则,“过失相抵”规则依然有效。这就导致审判实践出现更大的混乱。例如在 Derguini 一案中,死者是一个 5 岁女孩(完全不可能明白交通危险)。死者父母依刑事附带民事提起的赔偿请求,因适用过失相抵规则被减额 50%。但在 Desmares 一案中,受害人是成年人,应完全明白横穿公路的危险,却得到全额赔偿。为了消除这种不公正和不统一,法国议会于 1985 年 7 月 5 日通过《改善道路交通事故受害人地位并加速赔偿程序法》。按照该法,(1)不可抗力事件和第三人行为不得作为免责理由。(2)如果受害人是行人和骑自行车的人,不得适用“过失相抵”规则。(3)唯一免责事由是,受害人犯了“不可原谅的过错并构成事故唯一原因”。但如受害人 16 岁未满或在 70 岁以上,或者是残疾程度在 80% 以上的残疾人,即使属于“不可原谅的过错并构成事故唯一原因”,也应获得全额赔偿,除非受害人是故意寻求伤害(自杀)。

《日本民法典》对侵权行为受害人的过失相抵规则,规定在第 722

条。该条第 2 款规定,受害人有过失时,法院可以斟酌其情事,确定损害赔偿额。日本机动车交通事故裁判实务,创立优者危险负担原则决定过失相抵基本比例的法理。所谓“优者危险负担原则”,即使物理上危险性较大者或回避能力较差者,负担较重的危险责任。如人与机动车相较,则机动车为优者;汽车与摩托车相较,则汽车为优者;汽车与汽车相较,则重型车、大型车或速度较快者为优者。假使在不考虑优者危险负担原则时,双方过失程度相等(各为 50%),则依优者危险负担原则评定过失相抵的基本比例为:行人与机动车,则行人过失比例为 20%,机动车为 80%;卡车(重型车)与轿车,则卡车(重型车)过失比例为 60%,轿车为 40%。[10]

十、法庭如何适用过失相抵规则

第一,承保第三者责任强制保险和商业保险的保险人在保险责任限额范围内承担赔偿责任,不适用过失相抵规则。按照《道交法》第 76 条及本编第 1213 条的规定,先由承保强制保险的保险人在强制保险责任限额范围内对受害人承担赔偿责任;强制责任保险人赔偿后的不足部分,由承保商业险的保险人承担赔偿责任。无论强制保险还是商业保险的承保人承担赔偿责任,均不得适用过失相抵规则。理由之一,《道交法》第 76 条明文规定,仅对保险人承担赔偿责任后的不足部分,可以适用过失相抵规则;理由之二,保险人承担赔偿责任系履行保险合同上的约定义务,其已依合同约定获得对价(投保人支付保费),依合同相对性原则,保险人无权主张投保人与受害人之间侵权责任关系上的抗辩权(过失相抵规则)。

第二,如前所述,按照《道交法》第 76 条的规定,强制险保险人、商业险保险人承担赔偿责任之后的不足部分(损害赔偿金),由侵权人对受害人承担赔偿责任,可以适用过失相抵规则。但如受害人属于12岁以下儿童、残疾人或者70岁以上的老年人,则不得适用过失相抵规则。理由是,12岁以下儿童、残疾人或者70岁以上的老年人,由于年龄方面的原因、身体方面的原因(如聋哑、失明或肢体残缺),在横穿道路时难于准确判断危险;且按照我国保护儿童、老年人和残疾人权益的特别法的要求,因交通事故受害的12岁以下儿童、70岁以上老人和残疾人应当获得全额损害赔偿金;对因交通事故受害的12岁以下儿童、70岁以上老人和残疾人适用过失相抵规则,违背《道交法》关于"适当减轻"的要求。

第三,受害人不属于未满12岁的儿童、残疾人或者70岁以上老年人的交通事故案型,按照《道交法》第76条规定,可以适用过失相抵规则。但过失相抵规则之适用,须以被告(侵权人)主张过失相抵规则抗辩为前提,被告(侵权人)未在一审主张过失相抵规则(减轻责任)抗辩的,法庭不得依职权适用过失相抵规则。

第四,受害人不属于未满12岁的儿童、残疾人或者70岁以上的老年人,被告(侵权人)于一审主张过失相抵规则抗辩的,法庭适用过失相抵规则,应当依优者危险负担的原则决定过失相抵的基本比例。即在不考虑优者危险负担原则情形,法庭如认定的受害人过错程度为"重大过失"(相当于交通管理部门责任认定的"主要责任")[11],则应当依优者危险负担原则下调一档为"一般过失"(相当于交通管理部门责任认定的"同等责任"),减轻被告赔偿责任金额的50%;如认定的受害人过错程度为"一般过失"(相当于交通管理部门责任认定的"同等责任"),则应当依优者危险负担原则下调一档为"轻过失"(相当于交通管理部门责任认定的“次要责任”)，据以减轻被告赔偿责任金额的20%；如法庭认定受害人的过错程度为“轻过失”(相当于交通管理部门责任认定的“次要责任”)，则依优者危险负担原则下调一档为“无过失”(相当于交通管理部门责任认定的“无责任”)，对被告损害赔偿金额不予减少。

第五，因豪华轿车(如宾利、凯迪拉克等)造成行人、非机动驾驶人死亡、严重残疾情形，除受害人属于故意(自杀)外，不得适用过失相抵规则。地方法院有这样的判决，豪华轿车与行人、非机动车驾驶人发生交通事故，造成受害人截去一条腿，交通管理部门责任认定为“同等责任”，法庭不适用过失相抵规则，判决被告承担全部赔偿责任。

第六，交通事故致受害人(行人、非机动车驾驶人)死亡情形，法庭认定受害人属于故意(自杀)，应当格外慎重。鉴于“死者不会说话”之法谚，除有证明其自杀意图的书面证据(如遗书)外，应以认定为“重大过失”为宜。因有证明自杀意图的书面证据(遗书)认定受害人为故意(自杀)，如机动车一方无过错，应当依据《道交法》第76条第1款末句规定，判决被告(侵权人)承担(保险人承担赔偿责任后的不足部分)赔偿金额的10%。

十一、法定免责事由

本法第1174条规定：“损害是因受害人故意造成的，行为人不承担责任。”这是本法规定免除侵权责任的法定事由。所谓“故意造成损害”，指意图自杀、自伤。但在机动车运行中，驾驶人负有谨慎驾驶，避免发生事故，避免损害他人人身、财产的义务。即使受害人意图自杀，驾驶人一经发现应当立即采取有效措施(如急刹车、转向)避免损害发生。故在机动车交通事故案型,不得仅以受害人故意(自杀)为免除责任的充分理由。《道交法》第 76 条明确规定,认定受害人故意(自杀)情形,“机动车一方没有过错的,承担不超过百分之十的赔偿责任”。实际是将受害人故意(自杀)纳入过失相抵规则的适用范围。

交通事故责任的法定免责事由,规定在《道交法》第 76 条第 2 款:“交通事故的损失是由非机动车驾驶人、行人故意碰撞机动车造成的,机动车一方不承担赔偿责任。”所谓“故意碰撞机动车”,是指俗语所谓“碰瓷”,行为人“碰撞机动车”的目的(意图)绝非自杀,而是诈取钱财。碰瓷者的故意(意图)是从机动车一方诈取钱财,因此“碰撞机动车”(车身),而意图自杀的人是扑向车轮之下。虽同属于故意行为,但行为目的全然不同。考虑到机动车事故的特殊性,《道交法》对“碰瓷”与“自杀”严格区别,将故意自杀行为归入过失相抵规则适用范围(《道交法》第 76 条第 1 款末句),而将“故意碰撞机动车”(所谓“碰瓷”)规定为交通事故责任唯一法定免责事由,值得肯定。

从行为人目的论,碰瓷与故意寻求自杀似乎泾渭分明,但在实际发生机动车造成行人伤害的案型,判断行为人究竟属于碰瓷(诈取钱财)或者故意寻求自杀,也往往难于判断。《道交法》第 76 条第 2 款明定“行人故意碰撞机动车”(碰瓷),机动车一方不承担责任,立法目的是惩罚、吓阻碰瓷诈财行为。法庭在认定受害人为“故意碰撞机动车”(碰瓷)时,应当格外慎重、严格掌握,否则,易于伤及无辜,使无辜遭受机动车事故损害的受害人再次遭受裁判不公的戕害,更有诱发恶德驾驶人借口受害人“碰瓷”故意将其碰撞致死之虞。故本书建议,对于疑似“碰瓷”造成死亡、严重残疾的受害人,以按照“重大过失”适用过失相抵规则为宜！质言之，唯对于“故意碰撞机动车”（碰瓷）未致其死亡、残疾的行为人，可以根据《道交法》第 76 条第 2 款规定，免除机动车一方的赔偿责任。

第一千二百零九条　机动车所有人、管理人与使用人不一致时的侵权责任

因租赁、借用等情形机动车所有人、管理人与使用人不是同一人时，发生交通事故造成损害，属于该机动车一方责任的，由机动车使用人承担赔偿责任；机动车所有人、管理人对损害的发生有过错的，承担相应的赔偿责任。

本条第一句规定租赁、借用的机动车发生交通事故由机动车使用人承担赔偿责任。如前所述，决定机动车交通事故责任归属的法理依据，是运行利益归属理论和危险控制理论。于机动车租赁、借用等情形，唯使用人（承租人、借用人）享受该机动车运行利益并可以控制、预防机动车运行风险，故本条规定由机动车使用人（借用人、承租人）承担该机动车事故的赔偿责任。条文“租赁、借用等情形”中的“等”字，究何所指？考虑到第 1212 条规定“未经允许”使用他人机动车，则本条“租赁、借用等情形”中的“等”字，应当指除“租赁、借用”之外的“允许他人（不包括家人、雇员）使用机动车”情形。第一句规定由使用人承担责任，是原则规定。第二句规定机动车所有人、管理人承担相应的责任，是补充规定。

本条第二句规定：“机动车所有人、管理人对损害的发生有过错的，承担相应的赔偿责任。”“所有人、管理人对损害的发生有过错”，如

何理解？按照最高人民法院司法解释，“机动车所有人或者管理人有下列情形之一，人民法院应当认定其对损害的发生有过错”：(1)知道或者应当知道机动车存在缺陷，且该缺陷是交通事故发生原因之一的；(2)知道或者应当知道驾驶人无驾驶资格或者未取得相应驾驶资格的；(3)知道或者应当知道驾驶人因饮酒、服用国家管制的精神药品或者麻醉药品，或者患有妨碍安全驾驶机动车的疾病等依法不能驾驶机动车的；(4)其他应当认定机动车所有人或者管理人有过错的。[12]

补充一点，本条在原法第49条规定的责任人“所有人”之后添加“管理人”。此“管理人”非指单位内部或者受雇管理车辆的人，而是指受所有人委托管理机动车的人。前者，机动车所有人与机动车管理人之间是组织关系或者雇佣关系，所管理的车辆发生交通事故由机动车所有人承担使用人责任（第1191条、第1192条）；后者，机动车所有人与管理人之间是委托合同关系，所管理车辆发生交通事故由管理人承担责任（本条）。

第一千二百一十条　转让并交付但未办理登记的机动车侵权责任

当事人之间已经以买卖或者其他方式转让并交付机动车但是未办理登记，发生交通事故造成损害，属于该机动车一方责任的，由受让人承担赔偿责任。

本法关于机动车转让采登记对抗主义，按照本法第224条的规定，虽未办理机动车过户登记，受让人于机动车交付（移转占有）时取得机动车所有权。这种情形，机动车发生交通事故，由受让人（所有人）承

担赔偿责任，是理所当然的。条文“其他方式转让”，应当指赠与（无偿转让）、遗赠、法定继承等发生机动车所有权变动的情形。

裁判实务中的问题是，肇事机动车在登记簿上的所有权人（出让人）与实际的所有权人（受让人）不一致时怎么处理。特别在肇事机动车使用人逃逸情形，受害人将该车登记簿上的所有人张三起诉到庭，登记簿上的所有人张三举出证据证明该车已经转让并交付于受让人李四，法庭即应予以释明告知原告（受害人）变更当事人，将受让人李四列为被告，并依据本条判决受让人李四承担赔偿责任。被多次转让、未办理登记的机动车发生交通事故，应由最后一次转让并交付的受让人承担赔偿责任，自不待言。

第一千二百一十一条　挂靠机动车侵权责任

以挂靠形式从事道路运输经营活动的机动车，发生交通事故造成损害，属于该机动车一方责任的，由挂靠人和被挂靠人承担连带责任。

所谓“挂靠形式”从事经营活动，即机动车所有人借用别人的名义从事运输服务活动。改革开放早期曾经限制个人机动车从事客运服务，致实践中存在个人机动车挂靠在某个出租车公司名下，以该出租车公司名义从事客运服务。机动车所有人与出租车公司之间属于挂靠合同关系，被挂靠的出租车公司按照合同约定向挂靠机动车所有人收取一笔费用，称为管理费（俗称“份子钱”）。现在的网络约车即是典型的挂靠形式。网络约车平台与以该平台名义提供载客服务的机动车所有人之间属于挂靠经营合同关系。挂靠合同属于无名合同。

挂靠机动车发生交通事故情形,由谁承担赔偿责任,须由法律规定。

本条规定:“以挂靠形式从事道路运输经营活动的机动车,发生交通事故造成损害,属于该机动车一方责任的,由挂靠人和被挂靠人承担连带责任。”此规定挂靠人与被挂靠人承担连带责任,并非基于挂靠人与被挂靠人的共同侵权行为,而是基于运行利益归属与运行危险控制的法理。既然挂靠人与被挂靠人共同享受机动车运行利益,理当对机动车事故致损承担连带责任,且由挂靠人与被挂靠人承担连带责任,可以促使挂靠人与被挂靠人共同控制机动车运行风险,减少交通事故的发生。本条为新增。

第一千二百一十二条　未经允许驾驶他人机动车侵权责任

未经允许驾驶他人机动车,发生交通事故造成损害,属于该机动车一方责任的,由机动车使用人承担赔偿责任;机动车所有人、管理人对损害的发生有过错的,承担相应的赔偿责任,但是本章另有规定的除外。

本条第一句规定擅自使用他人机动车发生交通事故的责任承担。按照第1209条的规定,经所有人允许使用其机动车发生交通事故尚且应由使用人承担赔偿责任,则未经允许擅自使用他人机动车发生交通事故,则当然应由擅自使用人承担赔偿责任。其理自明,毋庸赘述。

本条第二句规定:“机动车所有人、管理人对损害的发生有过错的,承担相应的赔偿责任,但是本章另有规定的除外。”此项规定大有可议之处。中国民法所谓过错,包括故意与过失。所谓故意,指行为人意图造成损害，或者明知行为将会导致损害的发生而仍为该行为；所谓过失，指行为人未尽到旨在保护他人免受损害的法定注意义务或者未有法定注意义务情形未尽到善良管理人的注意。擅自使用他人机动车情形，所有人、管理人对于自己的车辆将被他人擅自使用、擅自使用人是谁一无所知，故谈不到“机动车所有人、管理人对损害的发生有过错”。[13]且本章亦未有免除有过错的所有人、管理人责任的规定，句末“但书”规定应属于无的放矢。故本条第二句规定违背立法目的和法理，应当被视为“冗文”。

第一千二百一十三条　交通事故责任承担主体赔偿顺序

机动车发生交通事故造成损害，属于该机动车一方责任的，先由承保机动车强制保险的保险人在强制保险责任限额范围内予以赔偿；不足部分，由承保机动车商业保险的保险人按照保险合同的约定予以赔偿；仍然不足或者没有投保机动车商业保险的，由侵权人赔偿。

本条规定交通事故致损案型的赔偿顺序。鉴于国家实行机动车第三者责任强制保险制度，多数机动车所有人在投保强制保险之外还投保第三者责任商业险，故有必要明定强制险保险人、商业险保险人及侵权人承担赔偿责任的顺序。如前所述，《道交法》第76条明文规定了受害人对于强制险保险人的直接请求权。最高人民法院司法解释规定，法庭可依当事人（侵权人、受害人）请求将商业险保险人列为共同被告，实际上是认可受害人对商业险保险人的直接请求权且鉴于商业险具有补充强制险的性质。因此本条规定：“先由承保机动车强

制保险的保险人在强制保险责任限额范围内予以赔偿；不足部分，由承保机动车商业保险的保险人按照保险合同的约定予以赔偿；仍然不足或者没有投保机动车商业保险的，由侵权人赔偿。”简言之，强制险保险人为第一顺序；商业险保险人为第二顺序；侵权人为第三顺序。

前已述及，保险人承担赔偿责任系履行保险合同之债，侵权人承担赔偿责任系履行侵权行为之债，基于合同相对性原则，保险人（强制险保险人和商业险保险人）履行赔偿责任不得主张侵权人基于侵权责任关系的法定免责、减责抗辩权。换言之，《道交法》第 76 条规定的减轻责任（过失相抵规则）抗辩、免除责任（法定免责事由）抗辩，仅得由侵权人针对保险人（强制险保险人和商业险保险人）承担赔偿责任后的不足部分（赔偿责任）主张。本条为新增。

第一千二百一十四条　拼装车或报废车侵权责任

以买卖或者其他方式转让拼装或者已经达到报废标准的机动车，发生交通事故造成损害的，由转让人和受让人承担连带责任。

本条规定“以买卖或者其他方式转让拼装或者已经达到报废标准的机动车”发生交通事故的责任承担。鉴于“以买卖或者其他方式转让拼装或者已经达到报废标准的机动车”属于违法行为[14]，故本条类推主观共同侵权行为规则，规定由转让人与受让人承担连带责任。条文“其他方式转让”，应指赠与（无偿转让）、遗赠、法定继承等发生机动车所有权变动的情形。本条基本沿用原法第 51 条原文。

第一千二百一十五条　盗窃、抢劫或抢夺机动车侵权责任

盗窃、抢劫或者抢夺的机动车发生交通事故造成损害的，由盗窃人、抢劫人或者抢夺人承担赔偿责任。盗窃人、抢劫人或者抢夺人与机动车使用人不是同一人，发生交通事故造成损害，属于该机动车一方责任的，由盗窃人、抢劫人或者抢夺人与机动车使用人承担连带责任。

保险人在机动车强制保险责任限额范围内垫付抢救费用的，有权向交通事故责任人追偿。

本条是关于盗窃、抢劫、抢夺的机动车发生交通事故致损案型赔偿责任承担的规定。条文第1款第一句规定，“盗窃、抢劫或者抢夺的机动车发生交通事故造成损害的，由盗窃人、抢劫人或者抢夺人承担赔偿责任”。须注意的是，盗窃、抢劫、抢夺为犯罪行为，依据罪刑法定原则，是否构成“盗窃、抢劫或者抢夺”，须依据现行刑法明文规定予以认定；于依据刑法不构成盗窃、抢劫或者抢夺（犯罪）的情形，应当认定为“未经允许驾驶他人机动车”（第1212条）。盗窃、抢劫或者抢夺他人的机动车发生交通事故致损，应当由盗窃人、抢劫人或者抢夺人承担赔偿责任，其理自明，毋庸赘言。第二句规定，“盗窃人、抢劫人或者抢夺人与机动车使用人不是同一人”的，“由盗窃人、抢劫人或者抢夺人与机动车使用人承担连带责任”。此系立法者将使用他人盗窃、抢劫或者抢夺的机动车发生交通事故致损，视同主观共同侵权行为，适用共同侵权行为关于责任承担的规则（第1168条）。

需说明的是，条文“使用人”一语，应当包括：(1)从盗窃人、抢劫人

或者抢夺人处购买或者以其他转让方式取得机动车所有权的受让人；(2)以租赁、借用或者其他方式取得盗窃、抢劫或者抢夺的机动车使用权的使用人(承租人、借用人)；(3)经“盗窃人、抢劫人或者抢夺人”允许或者未经“盗窃人、抢劫人或者抢夺人”允许使用其机动车的使用人。

本条第2款规定，“保险人在机动车强制保险责任限额范围内垫付抢救费用的，有权向交通事故责任人追偿”。请特别注意，依据本款规定，盗窃、抢劫或者抢夺的机动车发生交通事故致损案型，受害人并不享有对强制险保险人的任何请求权，保险人只是依法“在机动车强制保险责任限额范围内垫付抢救费用”。因盗窃、抢劫或者抢夺的机动车发生交通事故致损的赔偿责任，不属于机动车第三者责任强制保险的保险范围。故条文明示“垫付抢救费用”的保险人，有权向本条第1款规定的责任人行使追偿权。

本条基本以原法第52条为基础，新增“盗窃人、抢劫人或者抢夺人与机动车使用人承担连带责任”的规定。

第一千二百一十六条　肇事后逃逸责任及受害人救济

机动车驾驶人发生交通事故后逃逸，该机动车参加强制保险的，由保险人在机动车强制保险责任限额范围内予以赔偿；机动车不明、该机动车未参加强制保险或者抢救费用超过机动车强制保险责任限额，需要支付被侵权人人身伤亡的抢救、丧葬等费用的，由道路交通事故社会救助基金垫付。道路交通事故社会救助基金垫付后，其管理机构有权向交通事故责任人追偿。

本条第一句规定肇事机动车驾驶人逃逸情形,“该机动车参加强制保险的,由保险人在机动车强制保险责任限额范围内予以赔偿”。实际是重申第1213条关于“先由承保机动车强制保险的保险人在强制保险责任限额范围内予以赔偿”的规定。毋庸赘述。本条的重点在第二句和第三句。

如前所述,机动车已经成为当今社会的主要交通工具,在给人类带来交通、出行极大便利的同时,亦导致严重弊害,即机动车交通事故致损已成为严重威胁人民群众生命财产安全的重要侵权行为类型。[15]单靠民法侵权行为制度已经不足以充分保障受害人获得法律救济,发达国家的共同经验是在进一步完善民法侵权行为制度基础上,再辅之以强制责任保险(及商业保险)制度以及社会保障(社会救助)制度。《道交法》第17条规定,“国家实行机动车第三者责任强制保险制度,设立道路交通事故社会救助基金[16]”。同法第75条规定,“医疗机构对交通事故中的受伤人员应当及时抢救”,“抢救费用”超过机动车第三者责任强制保险责任限额的,未参加机动车第三者责任强制保险或者机动车肇事后逃逸的,由道路交通事故社会救助基金先行垫付部分或者全部抢救费用。

本条第二句规定:“机动车不明、该机动车未参加强制保险或者抢救费用超过机动车强制保险责任限额,需要支付被侵权人人身伤亡的抢救、丧葬等费用的,由道路交通事故社会救助基金垫付。”此项规定,与《道交法》第75条的规定一致,可以看出,以社会救助基金补充强制保险之不足的立法者意思。

考虑到现今机动车交通事故损害赔偿存在的严重社会问题是,许多依法应当承担损害赔偿责任的责任人没有赔偿能力,致受害人不能获得赔偿或者不能获得足额赔偿。且不说醉酒驾车、“飙车”造成死伤人数众多的恶性事件，即使只是普通交通事故，其中多数责任人属于个体经营，靠一辆卡车跑运输维持一家生计，发生交通事故造成他人损害的同时，往往自己也人伤(亡)车毁，根本不具备赔偿能力。有的地方法院统计，交通事故损害赔偿案件中，责任人不具备赔偿能力的占一半以上。

按照现行规定，由救助基金垫付抢救费和丧葬费当然是必要的，但对于死者遗属和残疾受害人而言，保障其及时、足额获得法律规定的残疾赔偿金和死亡赔偿金，则更为重要。因此，有必要进一步扩大交通事故社会救助基金的垫付范围，以包括因机动车逃逸及因责任人无资力而致受害人难以获得赔偿情形，垫付残疾赔偿金和死亡赔偿金。请特别注意，本条第二句规定救助基金垫付范围为“人身伤亡的抢救、丧葬等费用”，其中的“等”字，为裁判实践中扩大交通事故社会救助基金垫付范围，如因机动车逃逸或者责任人无资力赔偿的情形，判决由交通事故社会救助基金垫付“死亡赔偿金”“残疾赔偿金”预留下“空间”。

第三句规定，“道路交通事故社会救助基金垫付后，其管理机构有权向交通事故责任人追偿”。既为“垫付”，当然有权向被垫付的交通事故责任人追偿。条文所谓“交通事故责任人”，应包括肇事机动车所有人或者使用人，于肇事机动车投保商业险情形，还应包括商业险保险人。本条基本沿用原法第53条原文，稍有改动。

第一千二百一十七条 好意同乘的责任承担

非营运机动车发生交通事故造成无偿搭乘人损害,属于该机动车一方责任的,应当减轻其赔偿责任,但是机动车使用人有故意或者重大过失的除外。

本条是关于"好意同乘减轻赔偿额"的规定。民法所谓"好意同乘"与"无偿同乘"是不同的概念。虽属好意同乘,如果同乘者负担汽油费,则非无偿同乘;反之,虽属无偿同乘,如属迎送顾客或接送医生的情形,却非好意同乘。因此,所谓好意同乘,指无偿的好意同乘,俗称"搭便车"。

交通事故责任法的一个问题是,对于受害的好意同乘者应否赔偿及如何赔偿。按照《德国道路交通法》第 8 条的规定,在汽车所运送的人死亡或受伤的场合,如属有偿的营业上的运送关系,汽车所有人依该法第 7 条承担赔偿责任。而对于无偿同乘者则不负赔偿责任。"二战"前的判例学说,采"赔偿责任默示放弃合意"的见解,"二战"后改采"危险承诺"说,均否认对无偿同乘者的赔偿责任。德国联邦普通法院 1961 年的判决,改变裁判立场、改采"责任量的限制"理论。依此理论,应按照《德国民法典》第 254 条关于过失相抵的规定,以决定赔偿金额。《瑞士道路交通法》第 59 条第 3 款规定,授权法官可以减轻乃至有特别理由时免除对无偿同乘者的赔偿责任。在法国,无偿同乘者受伤害的案件应适用《法国民法典》第 182 条规定的过失责任原则,受害人须证明机动车驾驶人具有过失。英美法交通事故损害赔偿适用过错责任原则,美国近 30 个州制定了"同乘者法",只在驾驶人有故意或重大过失时才成立赔偿责任。日本法关于好意同乘者的赔偿问题未有规定,因而学说上提出各种主张,如好意协定关系理论、责任肯定说、他人性阻却说、责任相对说等。但判例承认对无偿同乘者赔偿的减额,如对于单纯的无偿同乘,减少抚慰金的20% ~50%;常用型无偿同乘,减少消极损害(逸失利益)赔偿和抚慰金的30%左右;饮酒驾车的无偿同乘,减少全部赔偿金的40%。我国《道交法》及《侵权责任法》未规定好意同乘者的赔偿问题,本条为新增。

本条适用范围,限于"非营运机动车发生交通事故造成无偿搭乘人损害"案型。所谓"无偿搭乘人",即民法理论所谓"好意同乘者"。如前所述,"好意同乘"不包括迎送顾客或者接送医生的无偿同乘(无偿搭乘)。本条进一步以机动车之是否属于营运机动车,将好意同乘分为营运机动车的好意同乘与非营运机动车的好意同乘。所谓"营运机动车",指具有从事旅客运送或者货物运输资质(行政许可)的机动车,包括挂靠于具有从事旅客运送或者货物运输资质(行政许可)的公司或者约车平台的机动车。本条仅适用于非营运机动车的好意同乘者(无偿搭乘人);营运机动车的好意同乘者(无偿搭乘人)不适用本条。换言之,营运机动车的好意同乘者遭受损害案型,受害人依据《道交法》第76条的规定,可以获得全额赔偿;唯非营运机动车的好意同乘者遭受损害案型,侵权人(非营运机动车所有人、使用人)可依据本条规定,主张减轻赔偿责任(受害人不能获得全额赔偿)。

本条前段规定,"非营运机动车发生交通事故造成无偿搭乘人损害,属于该机动车一方责任的,应当减轻其赔偿责任"。请特别注意,条文明确规定"应当减轻"而非"可以减轻",法庭在应否减轻侵权人的赔偿责任这一点,并无裁量自由,立法者意思是"应当减轻、必须减轻”,法庭仅对于“减轻”到什么程度享有裁量自由。须注意的是,虽然条文明定“应当减轻”赔偿责任,本条仍属于赋予被告(侵权人)减轻赔偿责任抗辩权之任意性规范,法庭之减轻被告的赔偿责任,仍必须以被告(侵权人)主张依据本条规定减轻其赔偿责任为前提。被告(侵权人)对于是否依据本条主张减轻责任抗辩有完全的自由(处分原则),被告于答辩或者庭审中未依据本条主张减轻责任抗辩,应当视为其放弃权利,法庭不得依职权适用本条,当然也不得予以释明。

另一个问题是,条文(应当减轻)“其赔偿责任”,是指包括保险人(强制险保险人、商业险保险人)在责任限额范围内予以赔偿的全部赔偿责任,还是仅指侵权人针对保险人(强制险保险人和商业险保险人)承担赔偿责任后的不足部分的赔偿责任?换言之,保险人(强制险保险人、商业险保险人)可否依据本条主张减轻赔偿责任的抗辩?前已述及,保险人承担赔偿责任系履行保险合同之债,侵权人承担赔偿责任系履行侵权行为之债,基于合同相对性原则,保险人(强制险保险人和商业险保险人)履行赔偿责任不得主张侵权人基于侵权责任关系的法定减轻责任抗辩权。即条文“应当减轻其赔偿责任”,仅指由侵权人承担的保险人(强制险保险人和商业险保险人)承担赔偿责任后的不足部分赔偿责任。保险人(强制险保险人、商业险保险人)依据第1213条规定在保险责任限额范围内对遭受损害的好意同乘者(无偿搭乘人)承担赔偿责任,无权主张本条规定的减轻赔偿责任抗辩权。

再一个问题是,对无偿好意同乘者赔偿的减轻,应当减轻到什么程度?条文仅规定“应当减轻其赔偿责任”,至于减轻到什么程度,并未给予任何指示,就连“相应减轻”或者“适当减轻”这样笼统的指示也没有，完全听凭法庭自由裁量。在比较法上，如前所述，德国和法国的做法是按照过失相抵规则决定对好意同乘者的赔偿金额。日本判则区分不同情形决定对好意同乘者赔偿金的减额。

本书认为，好意同乘（搭便车）不仅不是什么过错，而且有利于节约社会资源。故德国和法国裁判实践适用过失相抵规则决定对好意同乘者赔偿金的减额的做法不值得仿效，但日本裁判实务的经验有值得参考借鉴之处。但日本的经验是对好意同乘者应当获得的全部赔偿金的减额，而我国受害的好意同乘者已经依据第 1213 条的规定从强制保险的保险人、（肇事机动车投保商业险情形中）商业险保险人处获得（保险责任限额范围内的）损害赔偿金，所“应当减轻”的仅是法律规定由侵权人（机动车所有人、使用人）应负担的“不足部分”赔偿金，且我国残疾赔偿金和死亡赔偿金，兼有逸失利益赔偿和精神损害赔偿的性质，故无区分逸失利益赔偿与精神抚慰金的必要。但区分偶然的好意同乘、经常性好意同乘及酒驾情形的好意同乘，应有必要。故本书建议，偶然的好意同乘，以减轻（减少）侵权人应负担的（不足部分）赔偿金的 30% ~40% 为宜；经常性好意同乘，以减轻（减少）侵权人应负担的（不足部分）赔偿金的 20% ~30% 为宜；酒驾情形的好意同乘，以减轻（减少）侵权人应负担的（不足部分）赔偿金的 40% ~50% 为宜。以上建议，仅供法庭参考。

条文后段“但书”规定，“机动车使用人有故意或者重大过失的除外”。即机动车使用人对于交通事故的发生具有“故意或者重大过失”的，不适用本条关于“应当减轻其赔偿责任”的规定。换言之，于机动车使用人对于交通事故的发生具有故意或者重大过失情形，遭受损害的好意同乘者（无偿搭乘人）应当获得全额赔偿。此项规定之立法目的，在于惩戒具有故意或者重大过失的机动车使用人，自不待言。

注　释

1 这些国家是：奥地利（1908 年）、德国（1909 年）、意大利（1912 年）、瑞典（1916 年）、荷兰（1925 年）、芬兰（1925 年）、挪威（1926 年）、丹麦（1927 年）、瑞士（1932 年）、日本（1955 年）、法国（1985 年）。

2 民法草案（第四稿）第 432 条规定，“从事高空、高压、易燃、易爆、剧毒、放射性等对周围环境有高度危险的作业而造成损害的，应当承担民事责任；如果能够证明损害是不可抗力或者是受害人故意造成的，可以不承担民事责任。”第 433 条规定：“交通运输工具的驾驶人员，在执行职务中造成交通事故致人损害的，应当由驾驶人员所在单位首先承担赔偿责任，但不排除追究驾驶人员的其他法律责任。驾驶人员不是在执行职务中造成交通事故致人损害的，由本人承担责任。如果事故的发生完全或者部分由受害人的过错造成的，驾驶人员和他的所在单位可以不承担或者少承担责任。如果损害完全由第三人的过错造成，由第三人承担责任。”

3 2003 年 10 月 28 日第十届全国人民代表大会常务委员会第五次会议通过，根据 2007 年 12 月 29 日第十届全国人民代表大会常务委员会第三十一次会议《关于修改〈中华人民共和国道路交通安全法〉的决定》第一次修正，根据 2011 年 4 月 22 日第十一届全国人民代表大会常务委员会第二十次会议《关于修改〈中华人民共和国道路交通安全法〉的决定》第二次修正，根据 2021 年 4 月 29 日第十三届全国人民代表大会常务委员会第二十八次会议《关于修改〈中华人民共和国道路交通安全法〉等八部法律的决定》第三次修正。

4 《道交法》第 119 条所谓“交通事故”，是指车辆在道路上因过错或者意外造成的人身伤亡或者财产损失的事件。

5 《道交法》第 119 条规定:“道路”,是指公路、城市道路和虽在单位管辖范围但允许社会机动车通行的地方,包括广场、公共停车场等用于公众通行的场所。

6 实务中有发生交通事故有同车人员甩出车外造成人身损害的案件:第一种解释意见,认为该受害人本属于“本车人员”,不应依本条向强制责任保险人请求赔偿;第二种解释意见,认为该受害人被甩出车外受害,已不属于“本车人员”,依据本条有权向强制责任保险人请求赔偿。法庭采纳第二种解释意见,判决受害人有权请求保险人赔偿,值得肯定。

7 有关费用计算公式:(1)医疗费用赔偿金额:医疗费赔偿金额 = 诊疗费 + 医药费、住院费及其他(化验费、检查费等)医疗费的赔偿数额,按照一审法庭辩论终结前实际发生的数额确定。(2)误工费赔偿金额:误工费赔偿金额 = 误工收入(天/月/年) × 误工时间。计算误工费的基数(误工收入)统计方法:1)受害人有固定收入的,误工费按照实际减少的收入计算;2)受害人无固定收入的,按照其最后三年的平均收入计算;3)受害人不能举证证明其最近三年的平均收入状况的,可以参照受诉法院所在地相同或者相近行业上一年度职工的平均工资计算。(3)住院伙食补助费赔偿金额:住院伙食补助费赔偿金额 = 国家机关一般工作人员出差伙食补助标准(元/天) × 住院天数。各地住院伙食补助费的赔偿标准是不同的,需要根据各地相关的法规来确定,具体的建议咨询当地律师。(4)护理费赔偿金额:护理费赔偿金额 = 交通事故发生地护工同等级别护理劳务报酬标准。护理费:1)护理人员有收入的,参照误工费的规定计算;2)护理人员没有收入或者雇用护工的,参照当地护工从事同等级别护理的劳务报酬标准计算。(5)丧葬费:丧葬费赔偿金额 = 受诉法院所在地上一年度职工月平均工资 × 6 个月。(6)被扶养人生活费:被扶养人生活费赔偿金额 = 受诉法院所在地上一年度城镇/农村居民人均年生活消费支出 × 扶养年限。扶养年限:1)被抚养人为未成年人的,计算至18周岁;2)被扶养人无劳动能力又无其他生活来源的,计算20年。但60周岁以上的,年龄每增加一岁减少一年;75周岁以上的,按5年计算。(7)交通费赔偿金额:交通费赔偿金额=实际发生的费用;交通费应当以正式票据为凭;有关凭据应当与就医地点、时间、人数、次数相一致。(8)住宿费赔偿金额=国家机关一般工作人员出差住宿标准×住宿时间。(9)直接财产损失:直接财产损失赔偿费=受损坏的财产的直接损失。(10)精神损害抚慰金。(11)死亡赔偿金:死亡赔偿金=受诉法院所在地上一年度城镇/农村居民人均收入×赔偿年限。赔偿年限:按20年计算。但60周岁以上的,年龄每增加一岁减少一年;75周岁以上的,按5年计算。

8　合同相对性原则的其他例外规则,如合同编涉他合同(第522条、第523条)、债权人代位权与债权人撤销权(第535条至第541条)、第三人代替履行债务(第524条)、债务加入(第552条)等。

9　最高人民法院《关于审理道路交通事故损害赔偿案件适用法律若干问题的解释》第22条规定:"人民法院审理道路交通事故损害赔偿案件,应当将承保交强险的保险公司列为共同被告。但该保险公司已经在交强险责任限额范围内予以赔偿且当事人无异议的除外。人民法院审理道路交通事故损害赔偿案件,当事人请求将承保商业三者险的保险公司列为共同被告的,人民法院应予准许。"

10　优者危险负担原则为日本之经验,参见刘得宽:《民法诸问题与新展望》,中国政法大学出版社2002年版,第211~214页。

11　我国机动车交通管理部门的交通事故责任认定,分为"全部责任"、"主要责任"、"同等责任"、"次要责任"和"无责任"。除"全部责任"、"无责任"与过失相抵无关外,其他都与过失相抵有关。"主要责任"相当于"重大过失";"同等责任"相当于"一般过失";"次要责任"相当于"轻过失"。

12 最高人民法院《关于审理道路交通事故损害赔偿案件适用法律若干问题的解释》(法释〔2020〕17号)第1条。

13 机动车所有人、管理人一时疏忽未锁车门或将钥匙留在车门上致其机动车被他人擅自使用发生交通事故情形,按照社会生活经验,所有人、管理人的疏忽并不必定发生机动车被他人擅自使用、被他人擅自使用并非必定发生交通事故致损,故无论采主观过错理论或者客观过错理论,均不得认为“机动车所有人、管理人对损害的发生有过错”,正如夜晚未锁房门致犯罪人入室盗窃、抢劫,不得认为房屋所有人、管理人对盗窃、抢劫的发生“有过错”。

14 《道交法》第100条规定:“驾驶拼装的机动车或者已达到报废标准的机动车上道路行驶的,公安机关交通管理部门应当予以收缴,强制报废。对驾驶前款所列机动车上道路行驶的驾驶人,处二百元以上二千元以下罚款,并吊销机动车驾驶证。出售已达到报废标准的机动车的,没收违法所得,处销售金额等额的罚款,对该机动车依照本条第一款的规定处理。”

15 据统计,2020年全国机动车保有量已超过3.7亿辆,同年发生机动车交通事故244,674起,死亡61,703人,受伤250,723人,直接财产损失131,360.6万元。数据源于国家统计局发布的2020年统计年鉴。

16 《道路交通事故社会救助基金管理办法》自2022年1月1日起施行。第9条(救助基金筹集)规定:“救助基金的来源包括:(一)按照机动车交通事故责任强制保险(以下简称交强险)的保险费的一定比例提取的资金;(二)对未按照规定投保交强险的机动车的所有人、管理人的罚款;(三)依法向机动车道路交通事故责任人追偿的资金;(四)救助基金孳息;(五)地方政府按照规定安排的财政临时补助;(六)社会捐款;(七)其他资金。”第14条(救助基金的使用)规定:“有下列情形之一时,救助基金垫付道路交通事故中受害人人身伤亡的丧葬费用、部分或者全部抢救费用:(一)抢救费用超过交强险责任限额的;(二)肇事机动车未参加交强险的;(三)机动车肇事后逃逸的。救助基金一般垫付受害人自接受抢救之时起7日内的抢救费用,特殊情况下超过7日的抢救费用,由医疗机构书面说明理由。具体费用应当按照规定的收费标准核算。

第六章　医疗损害责任

妥善处理医患纠纷，界定医疗损害责任，需摒弃“医疗事故”这一概念。医疗损害责任案件，应坚持“有过错即有责任，无过错即无责任”。

第一千二百一十八条　医疗损害责任归责原则和责任承担主体

患者在诊疗活动中受到损害，医疗机构或者其医务人员有过错的，由医疗机构承担赔偿责任。

在《医疗事故处理条例》(2002 年国务院令第 351 号)实施之前，医疗损害赔偿案件，适用《民法通则》第 106 条第 2 款关于过错侵权责任的规定。在《医疗事故处理条例》生效之后，人民法院审理医疗损害赔偿案件，优先适用《医疗事故处理条例》的规定，而不再适用《民法通则》第 106 条第 2 款的规定。值得注意的是，《医疗事故处理条例》第 50 条规定的赔偿金计算标准，明显低于最高人民法院《关于审理人身损害赔偿案件适用法律若干问题的解释》(本条解读时以下简称《人身损害赔偿解释》)所规定的计算标准;又鉴于医疗事故鉴定委员会设置于医学会之下,致使医疗事故鉴定公信力不足,加之人民法院内部关于医疗损害案件法律适用的认识不一,致使在裁判实践中形成所谓“二元化”:经鉴定构成医疗事故的,人民法院根据《医疗事故处理条例》的规定判决,受害人所获得的赔偿金额较低;未经鉴定甚至经鉴定不构成医疗事故的,人民法院适用《民法通则》第106条第2款关于过错责任原则的规定,并按照《人身损害赔偿解释》所规定的赔偿项目和标准计算赔偿金,受害人所获得的赔偿金额反而较高。其中的不公平至为明显。

我国在20世纪90年代已经出现的医患关系紧张局面,在进入21世纪之后不仅没有得到缓解,反而更加紧张。在2002年12月第九届全国人大常委会审议的民法典草案中,没有规定医疗损害责任,而在2008年12月第十一届全国人大常委会审议的《侵权责任法草案(二次审议稿)》却增设了“医疗损害责任”。可见,立法机关决心排除一切干扰,借制定《侵权责任法》之机会,废止《医疗事故处理条例》,为人民法院审理医疗损害案件设立统一裁判规则。2009年通过的《侵权责任法》第7章医疗损害责任(第54条至第64条),其立法目的是要妥善处理医患纠纷,界定医疗损害责任,切实保护患者的合法权益,同时也要保护医务人员的合法权益。

为了实现前述立法目的,首先要废止“医疗事故”[1] 这一旧概念,代之以“医疗损害”这一新概念。因为根据《医疗事故处理条例》第2条的规定,“医疗事故”属于医疗行政上的概念,不是民法概念;并且是否构成“医疗事故”,非由人民法院认定,须由医疗事故鉴定委员会进行医疗事故鉴定。按照民法原理,“有损害即有救济,有过错即有责任”,本无须以构成“医疗事故”为前提条件。因此《侵权责任法》第 7 章以“医疗损害责任”为章名,使医疗损害责任之成立不再以构成“医疗事故”为前提条件,当然也就无须进行所谓“医疗事故鉴定”。

联系到原法第 5 条关于特别法优先适用原则的规定,其所称“其他法律”仅指全国人大及其常委会制定的“法律”,而将国务院制定的“行政法规”排除在外。其所体现的立法思想是,医疗损害责任为侵权责任之一种,属于“民事基本制度”,按照 2000 年《立法法》第 8 条的规定,只应由全国人大及其常委会制定的法律予以规定。因此,本书认为,《侵权责任法》生效后,《医疗事故处理条例》有关医疗事故赔偿责任的规定即废止,人民法院审理医疗损害责任案件,应适用《侵权责任法》第 7 章关于医疗损害责任的规定,而不再适用《医疗事故处理条例》。

《侵权责任法》第 7 章医疗损害责任,成为人民法院裁判医疗损害案件的法律根据,解决了此前存在的裁判规则和赔偿标准“二元化”的问题,且法律规定具有可行性和可操作性,且尽量兼顾对患者与医务工作者双方合法权益的保护,提高了裁判的公正性和统一性,缓和此前一度紧张的医患关系的立法目的获得实现。有鉴于此,《侵权责任法》编纂为《民法典》的侵权责任编(其第 6 章医疗损害责任)时,基本上沿用《侵权责任法》第 7 章的条文,未做实质性改动。

一、归责原则

本条规定医疗损害责任案型应当适用过错责任原则,其责任之成立以“医疗机构或者其医务人员有过错”为构成要件,亦即所谓“有过错即有责任,无过错即无责任”,就此使医疗损害责任案件,“回归于”过错责任原则的适用范围。按照本条规定,人民法院审理医疗损害赔偿案件,将以本条作为裁判根据(请求权基础),而不再以构成“医疗事故”为承担赔偿责任的前提条件。

二、构成要件

按照本条的规定,医疗损害责任的构成要件是:(1)被告(医院)的医务人员对患者实施医疗行为[2]。条文“医疗活动”一语,其涵括医务人员实施“医疗行为”与患者接受该“医疗行为”两方面的含义。患者是“医疗行为”的对象,医务人员是医疗行为之主体。故“医疗活动”一语,以理解为“医疗行为”为宜。联系到本法“诊疗义务”概念,医疗行为亦可称为“诊疗行为”。[3] 鉴于当今社会生活经验,医疗行为不能限于以预防和诊疗疾病为目的的行为,以美容为目的的整容行为,亦应属于诊疗行为。但保健品的售卖与提供,不属于医疗行为。(2)患者“受到损害”。此损害,限于生命、身体、健康权益损害,包括因生命、身体、健康权益损害导致的逸失利益损失。(3)医务人员实施医疗行为与患者所受损害之间具有因果关系。关于因果关系的判断,采“有此则有彼,无此则无彼”判断方法,一如前述。(4)医疗机构或者医务人员具有过错。

鉴于诊疗活动本身的特殊性,于发生医疗损害的许多情形,不仅患者方面往往难于举证证明医疗机构和医务人员有过错,而且医疗机构和实施诊疗行为的医务人员也往往难于举证证明自己无过错,无论是将举证责任和举证不能的后果归属于患者方面负担还是归属于医疗机构方面负担，均失之偏颇。有鉴于此，既不宜机械地按照本编第1章关于过错责任原则的规定（第1165条第1款），要求患者一方负担证明医疗机构和医务人员具有过错的举证责任，并在患者不能举证或者不能充分举证证明医疗机构和医务人员具有过错时，作出不利于患者的事实认定；也不宜沿用2008年最高人民法院《关于民事诉讼证据的若干规定》（已修改）第4条第8款对医疗纠纷案件采用举证责任倒置的规定，要求医疗机构负担证明自己无过错的举证责任，并在医疗机构不能举证或者不能充分举证证明自己无过错时，作出不利于医疗机构的事实认定。

侵权责任法在总结人民法院裁判经验的基础上，参考借鉴发达国家和地区关于“过错客观化”的判例学说，专条明确规定判断过错的客观标准，以方便法庭正确判断过错，避免将举证责任和举证不能的后果简单化地归属于任何一方所可能造成的不公正结果。故人民法院审理医疗损害案件，不应适用第1165条关于过错责任原则的一般规则，医疗机构或者医务人员是否具有过错，法庭应当依据第1219条、第1221条、第1222条规定的判断标准予以认定。

三、责任人

条文规定，医疗损害责任的责任人为“医疗机构”。医疗机构，是获得卫生行政主管部门许可、以预防和治疗疾病为目的的民事主体，按照《医疗机构管理条例》第2条的规定，医疗机构指“从事疾病诊断、治疗活动的医院、卫生院、疗养院、门诊部、诊所、卫生所（室）以及急救站等”。前已述及，各种美容、整容机构，亦应视同医疗机构。非法行医的机构和个人亦应视同医疗机构，对受害患者承担医疗损害责任。本条基本沿用原法第 54 条原文。

第一千二百一十九条　医务人员说明义务和患者知情同意权

医务人员在诊疗活动中应当向患者说明病情和医疗措施。需要实施手术、特殊检查、特殊治疗的，医务人员应当及时向患者具体说明医疗风险、替代医疗方案等情况，并取得其明确同意；不能或者不宜向患者说明的，应当向患者的近亲属说明，并取得其明确同意。

医务人员未尽到前款义务，造成患者损害的，医疗机构应当承担赔偿责任。

本条规定医务人员说明义务和患者同意权。如前所述，医疗行为，是医务人员施加于患者身体的行为，须以事先获得患者同意为条件。理论上称为患者知情同意权。因患者的知情同意，使医务人员实施的医疗行为具有合法性。本法基于患者自主决定权之尊重，参考国外所谓"知情同意"规则，设立本条明定医务人员的"说明义务"和患者的"同意权"。按照本条规定，医务人员未履行说明义务、未取得患者或其近亲属同意，实施诊疗行为造成患者损害的，应当依据本条第 2 款的规定承担赔偿责任。

须特别注意，对本条不能作反对解释，不能误认为只要履行了本条规定的说明义务、取得了患者或其近亲属的书面同意，就可以不承担赔偿责任。虽然履行了本条规定的说明义务、取得了患者或其近亲属书面同意，如果医疗机构和医务人员有本章第 1221 条、第 1222 条、第 1223 条规定情形之一的，仍然应当对患者遭受的损害承担赔偿责任。

患者自主决定权之行使,以医务人员履行说明义务为前提。本条第1款前段规定,“医务人员在诊疗活动中应当向患者说明病情和医疗措施。需要实施手术、特殊检查、特殊治疗的,医务人员应当及时向患者具体说明医疗风险、替代医疗方案等情况”,明确了医务人员的说明义务及应当说明的内容。条文紧接着规定“并取得其明确同意”,从患者角度言之,是关于患者知情同意权行使之规定;从医务人员角度言之,则取得患者明确同意为医务人员的法定义务。虽经医务人员说明尚不能使将要实施的医疗行为合法化,还须征求患者对诊疗措施和方案的意见,经患者明确表示同意后,该医疗行为方才具有合法性。

这里有两个问题:(1)对患者说明并取得其明确同意,是一项法定义务或者是两项法定义务?从逻辑关系看,说明病情和诊疗措施的目的是方便患者行使决定权(表示同意或者不同意),说明是前提,取得患者同意是目的,故应将“说明并取得患者明确同意”视为一项法定义务。(2)患者“明确同意”的形式。患者对医务人员说明中建议的诊疗措施(方案)的肯定或者否定的意思表示,属于单方法律行为(第134条)。鉴于诊疗措施、方案关系患者的生命、身体和健康权,且在医疗损害案件审理中,此项意思表示将作为法庭认定事实、决定被告医疗机构是否承担责任的关键证据,故条文所谓患者的“明确同意”应当采用书面形式及其他可以有形地表现所载内容的形式。只要未采用书面形式或者其他可以有形地表现所载内容的形式,法庭即应认定患者“不同意”。

鉴于患者个人及其病情的特殊性,遇不能或者不宜向患者本人说明并征求患者本人同意情形，故本条将医务人员须履行的说明并取得患者明确同意的法定义务，分为两种：其一，对患者本人说明并取得患者本人明确同意的法定义务，规定在本条第 1 款前段（第一句、第二句）。其二，对患者近亲属说明并取得该近亲属明确同意的法定义务，规定在本条第 1 款后段（第三句）："不能或者不宜向患者说明的，应当向患者的近亲属说明，并取得其明确同意。"

条文所谓"不能"向患者说明，有两种情形：(1)患者欠缺作出意思表示的能力，如患者为无民事行为能力、限制民事行为能力的未成年人，或者为不能辨认、不能完全辨认自己行为的成年人（成年障碍者）。这种情形，依照本法监护制度的规定，医务人员履行说明并取得明确同意法定义务的对象，应当是患者的监护人而非监护人之外的近亲属。[4] 医务人员应当向患者的监护人说明并取得监护人的明确同意。须特别注意的是，成年人（成年障碍者）的监护人代理被监护人表示同意或者不同意时，属于履行监护职责，不仅应当按照"最有利于被监护人的原则"（第 35 条第 1 款），并且"应当最大程度地尊重被监护人的真实意愿"（第 35 条第 3 款）。限制民事行为能力的未成年人，因其初步具有对疾病和诊疗风险的认识能力，于其监护人经医务人员说明后拒绝表示同意时，如该未成年人经慎重考虑后明确表示同意（诊疗措施、方案）的，应当尊重其意思。(2)具有完全民事行为能力的患者因处于昏迷状态、不能理解医务人员的说明并表示其真实意思。这种情形，医务人员履行说明并取得明确同意法定义务的对象，是患者的近亲属。按照最高人民法院司法解释，近亲属指患者的配偶及五代内直系血亲（祖父母、父母、患者自己、子女、孙子女）。须注意的是，这种情形，有与患者共同生活的配偶的，应当向该与患者共同生活的配偶说明并取得其明确同意；于患者无配偶或者虽有配偶但处于分居或者离婚纠纷状态，应当向与其共同生活的其他近亲属（父母、成年子女）说明并取得其明确同意。

条文所谓“不宜向患者说明”，指患者为具有完全民事行为能力的成年人，因其所患疾病的特殊性（如癌症晚期），一旦向患者本人说明真实病情及诊疗风险可能对诊疗产生不利影响。这种情形，为患者利益考虑，法律将患者视同“不能理解医务人员的说明并表示其真实意思”，规定医务人员应当向患者的近亲属说明并取得该近亲属的明确同意。但如患者事先向医疗机构或者医务人员明确表示应向特定人说明并取得其同意，或者不得向特定人说明并取得其同意的，医疗机构和医务人员应当尊重患者此项决定。

补充两点：第一，鉴于患者的同意或者患者近亲属的同意，性质上属于单方法律行为，且关系到医疗行为之是否合法，涉及患者生命、身体、健康权益，在诉讼中将作为判断医疗损害责任的关键证据，故原法第 55 条规定须采取“书面形式”（“取得其书面同意”）。编纂《民法典》时，起草人改为“取得其明确同意”。理由是，起草人认为“明确同意”是单方法律行为的内容，“书面形式”是证明“明确同意”的证据，在当今社会，证明法律行为内容（明确同意）的合法证据，除“书面形式”外，还有可以有形地表现所载内容的其他形式，如电子数据形式（电子邮件、手机短信、微信）、录音录像形式等。鉴于此单方意思表示（法律行为）关系患者生命、身体、健康权益及医疗机构是否承担侵权责任，故应当认为，条文虽将“取得书面同意”改为“取得明确同意”，并未改变患者或者其近亲属同意的“要式行为”性质。医疗机构或者医务人员于履行说明并取得明确同意的法定义务时，应当要求表意人采取书面形式;于无法采用书面形式情形,应当采取录音、录像、手机短信、微信等可以有形地表现所载内容的形式。

第二,条文“明确同意”如何理解?按照民法原理,“同意”是表意人针对相对人的意思表示作出“肯定”的意思表示;“不同意”是针对相对人的意思表示作出“否定”的意思表示。无论“同意”或者“不同意”、“肯定”或者“否定”,其意思表示的内容都必须是“明确”的。鉴于患者或者其近亲属的“同意”关系患者生命、身体、健康权,将决定医疗行为之是否合法,并在诉讼中作为法庭判决医疗机构是否承担侵权责任的关键证据,故要求患者或者其近亲属无论表示“同意”或者表示“不同意”,其意思表示必须“明确”(不得模棱两可)。医务人员于履行说明并取得明确同意义务时,发现患者或者其近亲属的“同意”或者“不同意”的意思表示不明确的,应当及时要求其予以“明确”;法庭于案件审理中一旦发现患者或者其近亲属的“同意”的意思表示“不明确”,即应当认定为患者或者其近亲属对于医务人员说明的医疗行为(措施、方案)“不同意”。

本条第2款规定:“医务人员未尽到前款义务,造成患者损害的,医疗机构应当承担赔偿责任。”如前所述,医疗损害案件适用过错责任原则,以被告(医疗机构)具有过错为责任构成要件。但本法不要求患者就医疗机构具有过错举证,而是采用“过错客观化”方法,由法律规定判断过错的客观标准。本条规定医务人员对患者或者其近亲属“说明并取得明确同意”的法定义务,即是判断过错的客观标准。医务人员履行了“说明并取得明确同意”的法定义务,即应当认定医疗机构无过错;反之,医务人员未履行“说明并取得明确同意”的法定义务,即应认定医疗机构具有过错。

条文所谓“前款义务”，即“说明并取得明确同意”的法定义务。未尽到此项义务，即应当认定医疗机构具有过错。鉴于医疗损害责任适用过错责任原则，“有过错即有责任，无过错即无责任”，故条文直接规定“未尽到前款义务，造成患者损害的”，医疗机构应当承担赔偿责任。

须特别注意，本条只是规定法庭据以判断医疗机构是否具有过错的客观标准，在认定医疗机构具有过错情形时，还须判断是否具备其他三项构成要件（医疗行为、损害事实、医疗行为与损害事实之间存在因果关系）。法庭最终引为裁判本案的法律依据（请求权基础），仍然是前条（第1218条）。

第一千二百二十条　紧急情况下实施医疗措施

因抢救生命垂危的患者等紧急情况，不能取得患者或者其近亲属意见的，经医疗机构负责人或者授权的负责人批准，可以立即实施相应的医疗措施。

考虑到抢救危重患者等紧急情况，难于取得患者或者其近亲属（是否同意）的意见，特设本条规定，这种情形实施医疗措施应“经医疗机构负责人或者授权的负责人批准”。条文所谓“不能取得患者或者其近亲属意见”，是指患者不能表示意见且难于取得患者近亲属的意见，例如汶川地震中，许多从废墟救出的重伤员不能表达意思，且难于联系、找到其近亲属以征求其意见，即可由医疗机构负责人（医院负责人）或者授权的负责人（医疗队负责人）批准，实施救治措施。实质

是，以医疗机构负责人或者经医疗机构负责人授权的人，代理患者或者患者近亲属行使“患者决定权”，属于民法所谓“紧急代理(权)”。[5]

对本条作反对解释，如“能取得患者或者其近亲属意见”，而患者明确表示“不同意”，或者患者不能表达意见时其近亲属明确表示“不同意”，则医疗机构和医务人员不得借口“紧急情况”而强行实施抢救措施。这里体现了对“患者自己决定权”的充分尊重，值得注意。本条沿用原法第56条原文。

第一千二百二十一条　医务人员过错诊疗的赔偿责任

医务人员在诊疗活动中未尽到与当时的医疗水平相应的诊疗义务，造成患者损害的，医疗机构应当承担赔偿责任。

本条规定医务人员在诊疗活动中应尽之注意义务，系沿用《侵权责任法》第57条原文。请特别注意，《侵权责任法草案》二次审议稿和三次审议稿该条均为两款，第1款规定：“医务人员在诊疗活动中应当尽到与当时的医疗水平相应的注意义务。医务人员未尽到该项义务，造成患者损害的，(医疗机构，三次审议稿所增)应当承担赔偿责任。”第2款规定：“判断医务人员注意义务时，应当适当考虑地区、医疗机构资质、医务人员资质等因素。”设置第2款的考虑是，我国地域辽阔，不同地区的医疗水平存在差别，同一地区不同资质的医疗机构的医疗水平亦有差别，在判断医疗机构应尽之注意义务标准时，“应当适当考虑”这些差别。

2009年10月27日，第十一届全国人大常委会第十一次会议第三次审议中，一些常委针对本条提出意见：一是条文采用的“注意义务”概念，“难以理解”；二是第 1 款规定与第 2 款规定有冲突。第 1 款规定“医务人员在诊疗活动中应当尽到与当时的医疗水平相应的注意义务”，但第 2 款又规定“应当适当考虑地区、医疗机构资质、医务人员资质等因素”，“好像是说水平低犯了错误就不承担责任”，建议删去第 2 款。同年 12 月 2 日法律委员会审议稿采纳上述意见，删去本条第 2 款，并将第 1 款“注意义务”改为“诊疗义务”。

从法理上来说，“注意义务”概念与“诊疗义务”概念，二者是种概念与属概念的关系，改为“诊疗义务”，强调医疗服务领域医疗机构和医务人员必须履行的注意义务的行业特点，可以方便医务人员理解和裁判实践中法官进行判断，有其意义。考虑到迄今为止的医疗纠纷案件裁判实践中，确实存在一些地方法院和法官受法律外因素影响，作出偏袒医疗机构的判决，审议稿第 2 款之设，不仅不利于此种偏袒倾向之纠正，而且可能起反作用，使一些受法律外因素影响的地方法院和法官，以第 2 款规定为借口，通过降低诊疗义务判断标准，作出偏袒医疗机构的判决，使依法应当承担赔偿责任的医疗机构逃脱责任，令受害人及其家属依据本法享有的损害赔偿请求权落空，背离设立本章之政策目的。可知，删去审议稿第 2 款规定，具有重大意义。

本条“与当时的医疗水平相应的诊疗义务”如何掌握？大致分三种情形：(1)凭一般人的生活经验即可掌握。例如，注射青霉素，必须先做皮试，“先做皮试”就是与当时的医疗水平相应的诊疗义务；治疗过敏的药物会损害肾脏，必须先对患者进行询问和告知，询问和告知就是与当时的医疗水平相应的诊疗义务。注射青霉素前未做皮试、治疗过敏的药物未事先询问患者肾功能是否正常并告知可能的副作用，即应当认定医疗机构具有过错。这类情形,什么是与当时的医疗水平相应的诊疗义务,具有一般生活经验的人都知道。(2)须查阅医学词典。例如,一些药品的禁忌、使用剂量限制等,属于当时医疗水平相应的诊疗义务,靠一般人的生活经验难于掌握,须查阅当时权威的医学词典或者医学教科书。(3)比较特殊的案件,当时的医疗水平相应的诊疗义务是什么,不能通过一般人的生活经验或者查阅医学词典或者教科书掌握,必须咨询相关医学或者临床专家。请特别注意,咨询专家的目的是掌握特定情形与当时的医疗水平相应的诊疗义务,然后由法庭据以判断被告(医疗机构)是否具有过错,并非委托专家代替法庭作出过错认定。故此所谓"咨询专家"与《侵权责任法》实施之前,委托医疗鉴定委员会做医疗事故鉴定,是全然不同的。

有这样的案件:交通事故造成伤者腹腔内大出血,将伤者送到医院急诊室,急诊大夫立即决定动手术,各种手续很快办完,患者被送进手术室进行手术。这个时候出了意外,前一台手术超过预定时间、没有完成,医务人员就把伤者留在手术室门外的走廊上,半小时后伤者因腹部出血过多死去。本案这种(前一台手术未完成)特殊情况下,"当时的医疗水平相应的诊疗义务"是什么,凭一般人的生活经验或者查阅医学词典或者教科书均难于掌握,法庭应当咨询权威的胸外科专家,如北京301医院胸外科专家。胸外科专家会告诉法庭,遇到这种情况,应当就在手术室门外的走廊上,由具有一定专业经验的医生实施激光微创手术,将腹腔内出血的血管扎住,使之不再出血,这样伤者就不致有生命危险。法庭经咨询胸外科专家掌握了"当时的医疗水平相应的诊疗义务",以之作为判断标准,认定被告具有过错,判决被告对伤者的死亡承担赔偿责任。

请特别注意,本条与第 1219 条的适用关系。本条规定判断医疗机构是否具有过错的一般标准;第 1219 条规定判断医疗机构是否具有过错的特别标准。两者具有一般法与特别法的逻辑关系。法庭审理医疗损害案型,应当优先适用第 1219 条,未履行第 1219 条规定的“说明”“并取得其明确同意”法定义务的,即应当依据该条规定判决被告(医疗机构)承担赔偿责任,并不得允许被告(医疗机构)以所实施医疗行为符合当时的医疗水平相应的诊疗义务主张抗辩;仅在被告(医疗机构)已经履行第 1219 条规定的“说明”“并取得其明确同意”法定义务,仍然造成患者损害的情形,才应适用本条规定,判断被告(医疗机构)是否“尽到与当时的医疗水平相应的诊疗义务”,未“尽到与当时的医疗水平相应的诊疗义务”的,即应认定被告(医疗机构)具有过错,并判决其承担赔偿责任;已“尽到与当时的医疗水平相应的诊疗义务”的,则认定被告(医疗机构)没有过错,并判决其对原告所受损害不承担赔偿责任。

最后说明两点:第一,医务人员实施的医疗行为,在民法理论上属于非结果债务、手段债务。所谓“结果债务”,如出卖人交付标的物、承揽人完成工作并交付工作成果,要求所交付标的物、工作成果符合约定或者法定质量标准;手段债务,要求履行行为符合约定或者法定的行为标准,而不问行为的最终结果。医疗行为是典型的手段债务,法律仅要求其行为过程符合法定行为标准(第 1219 条、本条),并不要求其结果(疾病必定治愈、手术必定成功)。只要医疗机构实施医疗行为符合法定标准(第 1219 条、本条),即不应当对患者所受损害承担侵权责任。

第二,法庭依据第 1219 条或者依据本条规定的标准认定被告(医疗机构)具有过错,法庭是否判决被告(医疗机构)承担全部赔偿责任,还取决于过错医疗行为与患者损害之间属于单一因果关系或者复数因果关系。如果过错医疗行为与患者所受损害之间属于单一因果关系,即过错医疗行为是导致损害发生的唯一原因,则应判决被告(医疗机构)承担全部赔偿责任。例如,因医疗护理过错导致初生婴儿脑瘫、包皮切除术切断阴茎系带、误将健康器官切除、手术钳留置患者体内等案件,即属于单一因果关系,法庭应当判决被告(医疗机构)承担全部赔偿责任;如过错医疗行为与患者所受损害之间属于复数因果关系,导致患者损害(如死亡)的原因为复数,即除被告(医疗机构)的过错医疗行为外,还有别的原因,如患者特殊病情(如患不治之症晚期)乃至患者体质的原因(如器官异位),故法庭应当考虑被告(医疗机构)过错医疗行为与别的原因对于患者损害(死亡)的原因力(作用力)比例,以决定被告(医疗机构)应当承担多大比例的赔偿责任。

第一千二百二十二条　推定医疗机构有过错的情形

患者在诊疗活动中受到损害,有下列情形之一的,推定医疗机构有过错:

(一)违反法律、行政法规、规章以及其他有关诊疗规范的规定;

(二)隐匿或者拒绝提供与纠纷有关的病历资料;

(三)遗失、伪造、篡改或者违法销毁病历资料。

总结裁判实践经验,本条明文规定,凡具备本条列举的三种情形之一时,应当“推定医疗机构有过错”。特别应当注意,本条所谓“推

定过错”,属于“不可推翻的推定”,而与通常所谓“推定”(允许以反证加以推翻)不同。

现代民法上的“推定”(presumption),属于一种技术性法律概念,是立法者于制定法律规范时预先作出的“假定”,即基于法定的某种事实之存在,而“假定”存在另一种事实。民法上有两种“推定”:一种是允许被推定人以反证予以推翻的推定(rebuttable presumption);另一种是不允许被推定人以反证予以推翻的推定(irrebuttable presumption)。

二者在法律条文表述上有明显区别。第一种过错推定,即许可被推定人以相反的证据予以推翻的推定,法律条文通常表述为“不能证明自己没有过错的,应当承担侵权责任”(如本法第 1253 条、第 1255 条和第 1257 条等)。第二种过错推定,即“不可推翻的过错推定”,如本条规定,在法律条文表述上仅规定为“有下列情形之一的”,“推定为有过错”。第二种过错推定,严格言之,不是真正的推定,实际是立法者预先作出的“直接认定”而非“假定”,其法律效力等同于另一个技术性概念“视为”。

所谓“视为”,是法律的直接认定,不允许被告推翻此项认定。例如,合同编第 621 条第 1 款规定:“当事人约定检验期限的,买受人应当在检验期限内将标的物的数量或者质量不符合约定的情形通知出卖人。买受人怠于通知的,视为标的物的数量或者质量符合约定。”依据该规定,法庭查明买受人未在“检验期限”向出卖人发出“质量异议通知”,即应作出标的物质量符合约定的事实认定,并驳回买受人关于标的物质量不合格的主张(或抗辩)及进行质量鉴定的申请。本条所谓“推定医疗机构有过错”,亦是如此。法庭一经审理查明,案件存在条文规定的三种法定情形之一的,即应认定被告医疗机构有过错，并驳回被告医疗机构关于不存在过错的主张（或抗辩）。

有人会问，既然如此，本条何以不采用“视为”概念，明文规定“视为医疗机构有过错”呢？这是因为，在民法立法习惯上，“视为”用于“客观事实”的认定，即基于某种“客观事实”之存在，而直接认定另一种“客观事实”之存在；“推定”用于“主观事实（状态）”之认定，即基于某种“客观事实”之存在，而假定某种“主观事实（状态）”之存在。本法虽然采取了“过错客观化”的判断方法，但并不改变“过错”仍然属于“主观心理状态”的本质。法律条文不用“视为医疗机构有过错”，而用“推定医疗机构有过错”，是民法立法习惯使然。于此有必要特别提及，在法律委员会审议中，主持审议的全国人大原法律委员会主任委员胡康生即已指出，本条所谓“推定医疗机构有过错”，不同于本法第1165条第2款所谓“推定过错”，而是“直接认定”（医疗机构具有过错）。本条基本沿用原法第58条原文，另将原文“因”改为“有”、第3项添加“遗失”等。

第一千二百二十三条　药品、消毒产品、医疗器械的缺陷，或者输入不合格血液的侵权责任

因药品、消毒产品、医疗器械的缺陷，或者输入不合格的血液造成患者损害的，患者可以向药品上市许可持有人、生产者、血液提供机构请求赔偿，也可以向医疗机构请求赔偿。患者向医疗机构请求赔偿的，医疗机构赔偿后，有权向负有责任的药品上市许可持有人、生产者、血液提供机构追偿。

因医院使用的医药产品具有缺陷，造成患者受损害，按照本编第四章及《产品质量法》关于严格产品责任的规定，应当由缺陷产品的生产者承担赔偿责任。考虑到许多情形，因生产者在外地甚至外国，患者很难起诉缺陷医疗产品的生产者，因此本条规定患者“可以向医疗机构请求赔偿”。迄今的裁判实践，在输血感染案件中，如果患者仅起诉输血医疗机构，法庭将依据医疗机构的请求将血液提供机构列为共同被告。经审查认定属于血液不合格造成患者损害的，法庭判决血液提供机构承担赔偿责任，而输血医院不承担责任。本条明文规定因缺陷医疗产品造成患者损害的，患者“可以向医疗机构请求赔偿”，是出于方便患者行使诉权的考虑。

无论缺陷医疗产品致害或者不合格血液致害，医疗机构承担赔偿责任后，当然有权向缺陷医疗产品的生产者、不合格血液提供机构追偿。但如果在患者起诉医疗机构的诉讼中，缺陷医疗产品生产者、不合格血液提供机构被列为共同被告，将有利于节约诉讼成本、减轻医疗机构的负担。故在受害患者仅起诉医疗机构的案件中，医疗机构当然有权申请法庭将缺陷医疗产品生产者或者不合格血液提供机构列为共同被告，自不待言。本条基本沿用原法第 59 条原文。

第一千二百二十四条　医疗机构免责情形

患者在诊疗活动中受到损害，有下列情形之一的，医疗机构不承担赔偿责任：

（一）患者或者其近亲属不配合医疗机构进行符合诊疗规范的诊疗；

（二）医务人员在抢救生命垂危的患者等紧急情况下已经尽到合理诊疗义务；

（三）限于当时的医疗水平难以诊疗。

前款第一项情形中，医疗机构或者其医务人员也有过错的，应当承担相应的赔偿责任。

本条规定医疗损害责任的法定免责事由。基于"妥善处理医疗纠纷，界定医疗损害责任，切实保护患者的合法权益，也要保护医务人员的合法权益，促进医学科学的进步和医药卫生事业的发展"[6] 的立法政策目的，特设本条第 1 款规定医疗机构法定免责事由。

关于第 1 项免责事由，"患者或者其近亲属不配合医疗机构进行符合诊疗规范的诊疗"，有如下构成要件：其一，该"诊疗"（措施、行为）须"符合诊疗规范"。"符合诊疗规范"一语，应当理解为，为诊断、诊疗该患者特定病情所必需的"诊疗"措施、行为、方案。其二，医疗机构及其医务人员，依据法律规定（第 1219 条）已经对患者或者其近亲属充分说明该诊疗（措施、行为、方案）符合诊疗规范并且为诊疗患者病情所必须实施的前提下，患者或者其近亲属仍然"不配合"。其三，因患者或者其近亲属"不配合医疗机构进行符合诊疗规范的诊疗"导致患者的损害，亦即患者或者其近亲属"不配合医疗机构进行符合诊疗规范的诊疗"（措施、行为、方案），与患者所受损害之间存在因果关系。须特别注意，患者或者其近亲属虽有"不配合"，因其"不配合"而未实施某项"诊疗"（特定检查、诊疗方案），并不必定导致患者损害的，应当认定患者或者其近亲属的"不配合"，与患者所受损害之间不存在因果关系。其四，三项构成要件缺少任何一项，医疗机构均不得免责。

关于第2项免责事由,“医务人员在抢救生命垂危的患者等紧急情况下已经尽到合理诊疗义务”,应当如何理解?鉴于“抢救生命垂危的患者等紧急情况”一句,与第1220条的规定相同,故应当参考该条相关解释。按照第1220条的规定,“因抢救生命垂危的患者等紧急情况”,不能(按照第1219条的要求)取得患者或者其近亲属“明确同意”,可以“经医疗机构负责人或者授权的负责人批准”,代替“说明”“并取得其明确同意”法定义务之履行。按照本条规定,因“抢救生命垂危的患者等紧急情况”,不具备实施(第1221条所要求的)“与当时的医疗水平相应的诊疗义务”的条件,可以该等“紧急情况”下的“合理诊疗义务”,代替“与当时的医疗水平相应的诊疗义务”。医疗机构、医务人员尽到该等“紧急情况”下的“合理诊疗义务”的,即可免于承担责任。例如,地震现场,医疗队不具备实施手术的条件,只能履行该等紧急情况下的“合理诊疗义务”(如消毒、包扎、止血并及时转送有手术条件的医疗机构)。如患者已经送到正规医疗机构,当然应要求医疗机构、医务人员履行“与当时的医疗水平相应的诊疗义务”,自不待言。

关于第3项法定免责事由,“限于当时的医疗水平难以诊疗”。条文“当时的医疗水平”,应当与第1221条所谓“当时的医疗水平”,作同一解释。“难以诊疗”,包括难于诊断、难于治疗。凡属于“限于当时的医疗水平难以诊疗”的案型,医疗机构均可免于承担责任。请特别注意,法庭判断待决案件是否属于“限于当时的医疗水平难以诊疗”案型,应当格外慎重,除责令主张此项免责事由的被告(医疗机构)负担举证责任外,法庭认为必要时,可委托相关领域权威医学、临床专家提供咨询意见。

本条第2款规定:“前款第一项情形中,医疗机构或者其医务人员也有过错的,应当承担相应的赔偿责任。”这是指“患者或者其近亲属不配合医疗机构进行符合诊疗规范的诊疗”与医疗机构或者医务人员的“过错”(诊疗行为),同为本案患者遭受损害的“原因”,本款规定医疗机构应当承担与其过错程度“相应的赔偿责任”。

本书前已述及,两个以上原因造成同一损害结果,俗称“多因一果”,理论上称为原因竞合侵权行为。按照第1172条的规定,应当按照各原因对于损害发生所起的作用(作用力、原因力),分配各自应承担的责任份额。本款规定情形,一个原因在受害人(患者)、另一个原因在被告(医疗机构),故条文规定医疗机构应当承担“相应的赔偿责任”。

这里有一个问题,条文所谓医疗机构应当“承担相应的赔偿责任”,究竟是与医疗机构的“过错”程度“相应”?抑或与医疗机构的“过错”对于患者所受损害所起的作用力(原因力)“相应”?按照民法原理及关于原因竞合的规定(第1172条),以采后一解释意见为宜。法庭难以确定作用力(原因力)比例的,应当判决医疗机构承担50%的赔偿责任。本条基本沿用原法第60条原文。

第一千二百二十五条　医疗机构对病历资料的义务、患者对病历资料的权利

医疗机构及其医务人员应当按照规定填写并妥善保管住院志、医嘱单、检验报告、手术及麻醉记录、病理资料、护理记录等病历资料。

患者要求查阅、复制前款规定的病历资料的,医疗机构应当及时提供。

本条第 1 款规定医疗机构及其医务人员按照规定填写并妥善保管病历资料的义务。须注意，此项义务不以医疗机构与患者之间存在医疗合同关系为前提，属于法定义务。违反（不履行）此项法定义务将产生的法律后果，规定在第 1222 条。按照该条第 3 项规定，“遗失、伪造、篡改或者违法销毁病历资料”，法庭将据以“推定医疗机构有过错”。如前所述，此所谓“推定”为不可推翻的推定（rebuttable presumption），即法庭据以“直接认定”医疗机构有过错。

第 2 款规定患者查阅、复制病历资料的权利。理论上称为患者知情权。条文规定，患者要求查阅、复制其病历资料的，医疗机构“应当及时提供”。按照条文，一旦患者要求查阅、复制其病历资料，医疗机构即应当提供该患者的病历资料以供查阅、复制。换言之，“及时提供”患者病历资料，属于医疗机构的法定义务。违反此项法定义务的法律后果，规定在第 1222 条第 2 项。该项规定，“隐匿或者拒绝提供与纠纷有关的病历资料”，法庭将据以“直接认定”医疗机构有过错。本条沿用原法第 61 条原文。

第一千二百二十六条　患者隐私和个人信息保护

医疗机构及其医务人员应当对患者的隐私和个人信息保密。泄露患者的隐私和个人信息，或者未经患者同意公开其病历资料的，应当承担侵权责任。

本条第一句规定，医疗机构及其医务人员对“患者的隐私和个人信息”的保密义务。条文所谓“隐私”、所谓“个人信息”，请参见总则编第 110 条、第 111 条的规定及其解释。此保密义务不以患者与医疗机构之间存在医疗合同关系为前提,属于法定义务。

条文第二句规定"违反"保密义务的后果,即医疗机构及其医务人员"泄露患者的隐私和个人信息,或者未经患者同意公开其病历资料的,应当承担侵权责任"。须注意,条文未提及"过错",可知医疗机构违反保密义务的侵权责任,属于无过错责任。条文虽未提及"损害",若造成患者"严重精神损害",患者"有权请求精神损害赔偿"(第 1183 条);即使未造成实际损害,患者亦有权请求"停止侵害"(第 1167 条)。补充一点,本条第二句规定属于裁判规范(请求权基础),法庭可以直接引用作为判决依据。本条基本沿用原法第 62 条原文,略有改动。

第一千二百二十七条　禁止违规实施不必要的检查

医疗机构及其医务人员不得违反诊疗规范实施不必要的检查。

此所谓"不必要的检查",相当于国外所谓"过度医疗"。自 20 世纪 90 年代以来,过度诊疗逐渐成为影响和谐社会建设的严重社会问题,故设本条,禁止不必要的检查。医务人员对患者采取不必要的检查,其动因有二:一是意图规避医疗损害责任。此与当时医患关系紧张有关。二是为了获得经济利益。医院往往有内部规定,医生可以从所诊治患者的各种检查收费中获得一定比例的分成。本章主要制度之设计,体现了前述"切实保护患者的合法权益,也要保护医务人员的合法权益,促进医学科学的进步和医药卫生事业的发展"的政策目

的。《侵权责任法》实施以来,此前一度紧张的医患关系已经得到缓和,其在一定程度上发挥了克服过度医疗(不必要的检查)的效用。但如不能从医院管理体制上禁绝医院内部关于医生就各种检查费用分成之所谓奖励措施,则仍不可能真正解决“不必要的检查”这一社会问题。

补充两点。第一,是否属于“不必要的检查”,应当以是否“违反诊疗规范”为标准。按照裁判经验,法庭应当咨询相关领域权威医学、临床专家的意见。第二,本条未规定医疗机构实施“不必要的检查”的法律效果。按照社会生活经验,医疗机构“违反诊疗规范”对患者实施“不必要的检查”,无论是为了规避责任还是获取经济利益,均已构成故意侵害患者财产权益的侵权行为。法庭应当依据第 1165 条第 1 款关于过错侵权责任的规定,判决被告(医疗机构)承担赔偿责任(退还因“不必要的检查”所收取的费用)。本条沿用原法第 63 条原文。

第一千二百二十八条　维护医疗机构及其医务人员合法权益

医疗机构及其医务人员的合法权益受法律保护。

干扰医疗秩序,妨碍医务人员工作、生活,侵害医务人员合法权益的,应当依法承担法律责任。

基于“切实保护患者的合法权益,也要保护医务人员的合法权益,促进医学科学的进步和医药卫生事业的发展”的政策目的,特设本条。所针对的是 20 世纪 90 年代一度紧张的医患关系问题。如前

所述，自《侵权责任法》实施以来，此前一度紧张的医患关系已经明显缓和，但侵害医务人员合法权益的案件（俗称“医闹”）仍有发生。故本条第 1 款规定“医疗机构及其医务人员的合法权益受法律保护”，仍具有重要现实意义。

本条第 2 款规定：“干扰医疗秩序，妨碍医务人员工作、生活，侵害医务人员合法权益的，应当依法承担法律责任。”条文明示“干扰医疗秩序，妨碍医务人员工作、生活，侵害医务人员合法权益”，构成侵权行为，行为人（通常是患者或者其亲属）“应当依法承担侵权责任”。

请特别注意“依法承担”一语，表明本款规定不具有裁判规范（请求权基础）的性质和功能，法庭裁判所谓“医闹”案件，应当根据具体案件事实，适用第 1165 条关于过错侵权责任，第 1167 条关于停止侵害、排除妨害、消除危险，第 1168 条关于连带责任等规定。

本条以原法第 64 条为基础，原文仅一款，现分为两款。第 1 款规定对医疗机构及其医务人员合法权益的法律保护；第 2 款规定侵害医疗机构及其医务人员合法权益应当依法承担侵权责任，并在原列举“医闹”行为类型中增加“侵害医务人员合法权益”一类，表明特别强调对医务人员个人及其家人合法权益保护之立法者意思，请予留意。

注　释

1 《医疗事故处理条例》第 2 条规定：“本条例所称医疗事故，是指医疗机构及其医务人员在医疗活动中，违反医疗卫生管理法律、行政法规、部门规章和诊疗护理规范、常规，过失造成患者人身损害的事故。”

2 何谓“医疗行为”，法律未设定义。我国台湾地区相关文件中解释：“凡以治疗、矫正或预防人体疾病、伤害、残缺或保健为直接目的，所为的处方或用药等行为的全部或一部之总称,谓为医疗行为。”此项解释,可资参考。

3 《医疗机构管理条例实施细则》第 88 条规定,所谓“诊疗活动”是指“通过各种检查,使用药物、器械及手术等方法,对疾病作出判断和消除疾病、缓解病情、减轻痛苦、改善功能、延长生命、帮助患者恢复健康的活动”。

4 本法第 34 条第 1 款规定:“监护人的职责是代理被监护人实施民事法律行为,保护被监护人的人身权利、财产权利以及其他合法权益等。”

5 民法所谓“紧急代理”,亦称“必要代理”(agency of necessity, agency from necessity, agency by necessity),指发生需在未经本人授权的情形下代理行事的某种紧急情况时,法律授权的代理人为本人利益所为的代理。

6 参见全国人民代表大会原法律委员会关于《中华人民共和国侵权责任法(草案)》主要问题的汇报。

第七章　环境污染和生态破坏责任

"绿色原则"是《民法典》基本原则之一。污染环境、破坏生态侵权行为的侵害客体,应是"(生态)环境"本身,而非"环境权"。

第一千二百二十九条　污染环境、破坏生态致损的侵权责任

因污染环境、破坏生态造成他人损害的,侵权人应当承担侵权责任。

中国自20世纪70年代末实行改革开放、发展社会主义市场经济,在取得经济社会发展巨大成就的同时,一度造成生态破坏和环境污染的社会问题。为保护和改善环境,防治污染和其他公害,保障公众健康,推进生态文明建设,促进经济社会可持续发展,相继制定《环境保护法》(以下简称《环保法》)、《海洋环境保护法》、《大气污染防治法》等法律,并于《侵权责任法》专设"环境污染责任"一章(第65条至第68条),将环境污染责任规定为无过错侵权责任的特别类型。

《民法典》总则编进一步将“保护生态环境”规定为民法基本原则(第9条)。原法本章名为“环境污染责任”,本编改称“环境污染和生态破坏责任”,并由原4个条文增加为7个条文,其强化对生态环境的保护、对污染环境和破坏生态侵权行为的惩戒的立法者意思至为明显。

本条规定:“因污染环境、破坏生态造成他人损害的,侵权人应当承担侵权责任。”此是法庭审理污染环境、破坏生态侵权责任案型的裁判规范(请求权基础),请予留意。

一、“环境”与“生态”

本条将“污染环境”与“破坏生态”并提,而总则编第9条则称为“保护生态环境”。什么是“环境”?“环境”与“生态”是什么关系?“污染环境、破坏生态”是同一侵权行为,抑或不同的侵权行为?

《环保法》第2条规定:“本法所称环境,是指影响人类生存和发展的各种天然的和经过人工改造的自然因素的总体,包括大气、水、海洋、土地、矿藏、森林、草原、湿地、野生生物、自然遗迹、人文遗迹、自然保护区、风景名胜区、城市和乡村等。”请特别注意,该法将“环境”定义为,“影响人类生存和发展的各种天然的和经过人工改造的自然因素的总体”,却并未就所谓“生态”另设定义。故应认为:“环境”与“生态环境”是同一概念的不同称谓。质言之,“环境”是“生态环境”的简称。该法第6条规定,“一切单位和个人都有保护环境的义务”,“公民应当增强环境保护意识,采取低碳、节俭的生活方式,自觉履行环境保护义务”,而未另外规定所谓“生态环境保护义务”或者“生态保护义务”,足以证明:“环境”是“生态环境”的简称,所谓“环境保护义务”亦即“生态环境保护义务”。

二、“污染环境”与“破坏生态”

“污染环境”与“破坏生态”稍有区别。《环保法》第 6 条在第 1 款规定“一切单位和个人都有保护环境的义务”之后，第 3 款规定，“企业事业单位和其他生产经营者应当防止、减少环境污染和生态破坏，对所造成的损害依法承担责任”，实际是将违反“保护（生态）环境义务”的行为，区分为“污染环境”与（其他）“破坏生态”两种侵权行为。“污染环境”行为，如有害气体、液体及固体废弃物的排放，当然属于“破坏生态（环境）”的行为；但除“污染环境”行为之外，还有别的“破坏生态（环境）”行为，如滥伐森林、围垦湿地、捕杀野生保护动物等。故“破坏生态（环境）”行为涵盖“污染环境”行为，之所以将排放有害气体、液体及固体废弃物行为称为“污染环境”侵权行为，是习惯使然。实务中不必拘泥，统称“破坏生态（环境）”行为，亦无不可。

三、侵权行为的客体

按照所谓“环境权”理论，所谓“环境权”为污染环境、破坏生态侵权行为所侵害的客体（对象）。但什么是“环境权”，迄今未有合理的解释。按照民法原理，权利必定有其主体和客体，主体为权利之所属，客体为权利之所附。环境权概念的缺陷，是难于解释其主体和客体。本书认为，污染环境、破坏生态侵权行为的侵害客体，即是“（生态）环境”本身，而非所谓“环境权”。

按照《环保法》第 2 条的定义，“环境”指“影响人类生存和发展的各种天然的和经过人工改造的自然因素的总体，包括大气、水、海洋、土地、矿藏、森林、草原、湿地、野生生物、自然遗迹、人文遗迹、自然保护区、风景名胜区、城市和乡村等”。此“影响人类生存和发展的各种天然的和经过人工改造的自然因素的总体”,不具有民事权利客体所必需的独立性、特定性和可支配性,亦不可将其作为“权利”归属于任何民事主体。概而言之,“(生态)环境”,不是作为一项“权利”(环境权),而是作为“影响人类生存和发展的各种天然的和经过人工改造的自然因素的总体(利益)”,受法律保护的。污染环境、破坏生态侵权行为所侵害的客体,正是此被称为“(生态)环境”的“总体利益”。

四、责任构成要件

本条规定属于无过错侵权责任。责任构成要件是:(1)须被告实施污染环境、破坏生态的行为。污染环境行为,指违反法律法规规定的排放标准排放有害气体、液体及固体废弃物。污染环境之外的破坏生态行为,难于一一列举。被告所实施的行为是否属于“污染环境、破坏生态”的侵权行为,应当按照现行法律法规,如《环保法》、《海洋环境保护法》、《大气污染防治法》及其实施细则的规定加以判断。(2)被告的污染环境、破坏生态的行为“造成他人损害”。“造成他人损害”之所谓“损害”,首先是指环境被污染、生态被破坏的事实本身;其次指因“环境被污染”“生态被破坏”造成他人“人身权益和财产权益”的损害。此“人身权益和财产权益”的“损害”,与一般侵权责任案型相同,应当由受害人予以证明。(3)须被告实施的污染环境、破坏生态行为与他人所受损害之间具有因果关系。此因果关系之判断,与一般侵权行为案型因果关系之判断不同,按照第1230条的规定,系采举证责任倒置的方法。

五、谁行使诉权

诉权之行使，依所造成“损害”事实之属于环境被污染、生态被破坏的事实，抑或造成他人“人身权益和财产权益”的损害而有不同。所造成“损害”事实属于环境被污染、生态被破坏的，应当由“国家规定的机关或者法律规定的组织”行使诉权（第1234条）；造成民事主体“人身权益”和“财产权益”的“损害”的，由遭受损害的民事主体（自然人、法人、非法人组织）行使诉权。

第一千二百三十条　环境污染、生态破坏侵权举证责任

因污染环境、破坏生态发生纠纷，行为人应当就法律规定的不承担责任或者减轻责任的情形及其行为与损害之间不存在因果关系承担举证责任。

本条是关于举证责任的规定。按照条文，被告须就存在“法律规定的不承担责任或者减轻责任的情形”及被告所实施之“行为与损害之间不存在因果关系”，负担举证责任。所谓“法律规定的不承担责任或者减轻责任的情形”，即法定免责事由、法定减责事由。被告于诉讼中主张存在法定免责事由、法定减责事由，要求法庭免除或者减轻其赔偿责任，即主张免责、减责抗辩，其抗辩事由（事实）之存在理当由被告承担举证责任。故本条规定由被告就存在“法律规定的不承担责任或者减轻责任的情形”承担举证责任，并不具有任何新意。

请特别注意，本条关于由被告就其"行为与损害之间不存在因果关系"负担举证责任的规定，具有重要意义。按照民法原理及裁判实务，被告所实施的行为与受害人所受损害之间存在因果关系，应当由原告（受害人）负担举证责任；被告当然亦可举证证明（反证）其行为与受害人所受损害之间不存在因果关系。此系"谁主张谁举证"原则应有之义，故本法关于一般侵权责任案型，均未涉及因果关系的认定与举证责任负担问题。鉴于污染环境、破坏生态侵权责任案型的特殊性，污染环境、破坏生态行为与损害之间是否存在因果关系之认定，涉及较复杂的科学技术和证明手段，受害人很难予以证明。如果像一般侵权责任案型那样要求受害人承担证明存在因果关系之举证责任，有导致污染环境、破坏生态的侵权人逃脱责任、受害人不能获得法律保护之虞。故立法者就因果关系之证明，采举证责任倒置方法，责令被告就其"行为与受害人所受损害之间不存在因果关系"承担举证责任，并同时免除受害人证明被告行为与自己所受损害之间存在因果关系的举证责任。故法庭审理污染环境、破坏生态案件，不得要求原告（受害人）证明因果关系之存在，而应当责令被告举证证明因果关系之不存在，被告不能举证证明自己的行为与原告所受损害之间不存在因果关系的，即应当认定被告污染环境、破坏生态之行为与原告所受损害之间存在因果关系，并判决被告承担赔偿责任。本条基本沿用原法第66条原文。

第一千二百三十一条　两个以上侵权人的责任大小确定

两个以上侵权人污染环境、破坏生态的，承担责任的大小，根据污染物的种类、浓度、排放量，破坏生态的方式、范围、程度，以及行为对损害后果所起的作用等因素确定。

本条规定多数侵权人污染环境、破坏生态案型各侵权人应承担责任大小如何确定之标准。按照民法原理及本法规定，侵权人为多数（二人以上）的侵权行为，分为共同侵权行为（第 1168 条、第 1171 条）与原因竞合侵权行为（第 1172 条）；共同侵权行为再以侵权人“共同实施”或者“分别实施”，分为主观共同侵权行为（第 1168 条）与客观共同侵权行为（第 1171 条）。依本法规范，无论属于主观共同侵权行为还是客观共同侵权行为，各侵权人均对受害人承担连带责任（第 1168 条、第 1171 条）；而原因竞合侵权行为，各侵权人对受害人承担按份责任（第 1172 条）。本条就“两个以上侵权人污染环境、破坏生态”案型，直接规定各自“承担责任的大小”之确定标准，可见本条立法者意思，是将“两个以上侵权人污染环境、破坏生态”案型视为原因竞合侵权行为，使各侵权人对受害人承担按份责任。

本法关于原因竞合侵权行为的规定（第 1172 条），仅规定“能够确定责任大小的，各自承担相应的责任；难以确定责任大小的，平均承担责任”，而未规定“确定责任大小”的标准。故本条特别补充规定，二人以上分别实施污染环境、破坏生态侵权行为，各侵权人应当承担责任大小的确定标准，即“污染物的种类、浓度、排放量，破坏生态的方式、范围、程度，以及行为对损害后果所起的作用等因素”。即使本条规定了确定各侵权人责任大小的标准，鉴于污染环境、破坏生态案型的特殊性和复杂性，法庭在确定责任大小时仍然有委托相关鉴定机构予以鉴定或者咨询相关领域专家的必要。遇到难以通过委托鉴定或者咨询确定责任大小的个案，法庭只能按照“难以确定责任大小的，平均承担责任”（第1172条末句）的规定，判决各侵权人承担相同份额的赔偿责任。本条在原法第67条规定基础上进行了修改完善。

第一千二百三十二条　环境污染、生态破坏侵权的惩罚性赔偿

侵权人违反法律规定故意污染环境、破坏生态造成严重后果的，被侵权人有权请求相应的惩罚性赔偿。

本条是关于惩罚性赔偿的规定。如前所述，《侵权责任法》仅对于产品责任规定了惩罚性损害赔偿（现第1207条），编纂本编时，增加故意侵害知识产权案型（第1185条）及故意污染环境、破坏生态案型（本条）惩罚性损害赔偿的规定。须注意，本法关于惩罚性损害赔偿制度的规定，属于侵权责任补偿性损害赔偿之例外规定。

本条规定故意污染环境、破坏生态案型惩罚性损害赔偿制度之立法目的，在于进一步强化法律威慑力，打击故意、严重污染环境、破坏生态的侵权行为，威慑、吓阻潜在的侵权行为人，强化对生态环境的法律保护。本条适用的法律效果，是在被侵权人原有补偿性损害赔偿请求权基础上，使被侵权人享有惩罚性损害赔偿请求权。换言之，适用本条规定的法律效果是，法庭判决侵权人（被告）对被侵权人（原告）支付两笔损害赔偿金：一笔补偿性损害赔偿金，一笔惩罚性损害赔偿金。补偿性赔偿金的目的是填补被侵权人所受损害；惩罚性赔偿金的目的在对侵权人予以惩戒。

本条之适用，须具备污染环境、破坏生态侵权责任构成要件，并在

具备污染环境、破坏生态侵权责任构成要件基础上，还须具备本条规定的惩罚性赔偿的特别构成要件。

一、一般构成要件

污染环境、破坏生态侵权责任构成要件：(1)须被告实施污染环境、破坏生态的行为。污染环境行为，指违反法律法规规定的排放标准排放有害气体、液体、固体废弃物行为及污染环境之外的破坏生态行为。(2)被告的污染环境、破坏生态的行为"造成他人损害"。"造成他人损害"之所谓"损害"，是指环境被污染、生态被破坏的事实本身，以及因"环境被污染""生态被破坏"造成他人"人身权益和财产权益"的损害。(3)须被告实施的污染环境、破坏生态行为与他人所受损害之间具有因果关系。此因果关系之判断，按照第1230条的规定，系采举证责任倒置的方法。

二、特别构成要件

第一，"违反法律规定故意污染环境、破坏生态"。"违反法律规定"与"故意污染环境、破坏生态"，是一个要件抑或两个要件？应当理解为一个构成要件。所谓"故意污染环境、破坏生态"，应指侵权人明知法律关于污染环境、破坏生态之禁止性规定，而仍违反法律规定实施排放污染物及其他破坏生态的行为。按照民法关于任何人不得以不知法律规定为抗辩理由之法理，凡现行法有禁止污染环境、破坏生态强制性规定的，行为人违反该法律规定实施污染环境、破坏生态之行为，即应认定其"违反法律规定故意实施污染环境、破坏生态"行为。

最高人民法院《关于审理生态环境侵权纠纷案件适用惩罚性赔偿的解释》(法释〔2022〕1号)第7条规定:“具有下列情形之一的,人民法院应当认定侵权人具有污染环境、破坏生态的故意:(一)因同一污染环境、破坏生态行为,已被人民法院认定构成破坏环境资源保护犯罪的;(二)建设项目未依法进行环境影响评价,或者提供虚假材料导致环境影响评价文件严重失实,被行政主管部门责令停止建设后拒不执行的;(三)未取得排污许可证排放污染物,被行政主管部门责令停止排污后拒不执行,或者超过污染物排放标准或者重点污染物排放总量控制指标排放污染物,经行政主管机关责令限制生产、停产整治或者给予其他行政处罚后仍不改正的;(四)生产、使用国家明令禁止生产、使用的农药,被行政主管部门责令改正后拒不改正的;(五)无危险废物经营许可证而从事收集、贮存、利用、处置危险废物经营活动,或者知道或者应当知道他人无许可证而将危险废物提供或者委托给其从事收集、贮存、利用、处置等活动的;(六)将未经处理的废水、废气、废渣直接排放或者倾倒的;(七)通过暗管、渗井、渗坑、灌注,篡改、伪造监测数据,或者以不正常运行防治污染设施等逃避监管的方式,违法排放污染物的;(八)在相关自然保护区域、禁猎(渔)区、禁猎(渔)期使用禁止使用的猎捕工具、方法猎捕、杀害国家重点保护野生动物、破坏野生动物栖息地的;(九)未取得勘查许可证、采矿许可证,或者采取破坏性方法勘查开采矿产资源的;(十)其他故意情形。”

第二,“造成严重后果”。所谓“造成严重后果”,指造成严重“损害后果”。如前所述,作为污染环境、破坏生态侵权责任一般构成要件之一的“造成他人损害”,包括两种情形:一是环境被污染、生态被破坏的“损害事实”,二是因“环境被污染”“生态被破坏”所造成特定民事主体“人身权益和财产权益”损害。鉴于《环保法》关于污染环境、破坏生态造成严重损害后果，规定了刑事责任，而刑事责任的本质和功能均在于惩罚违法行为人，故本条规定适用惩罚性赔偿之所谓“损害”，应当限于特定民事主体所遭受人身权益和财产权益的损害。条文所谓“严重后果”之所谓“严重”，按照社会生活经验及裁判实践，应当指造成受害人死亡或者患不治之症等情形。

最高人民法院《关于审理生态环境侵权纠纷案件适用惩罚性赔偿的解释》第 8 条规定：“人民法院认定侵权人污染环境、破坏生态行为是否造成严重后果，应当根据污染环境、破坏生态行为的持续时间、地域范围，造成环境污染、生态破坏的范围和程度，以及造成的社会影响等因素综合判断。侵权人污染环境、破坏生态行为造成他人死亡、健康严重损害，重大财产损失，生态环境严重损害或者重大不良社会影响的，人民法院应当认定为造成严重后果。”

三、请求权人

如前所述，依污染环境、破坏生态侵权行为所造成“损害”事实之属于环境被污染、生态被破坏的事实，抑或造成他人“人身权益和财产权益”的损害而不同。所造成“损害”事实属于环境被污染、生态被破坏的，应当由“国家规定的机关或者法律规定的组织”行使请求权（第 1234 条）；造成特定民事主体“人身权益”和“财产权益”的“损害”的，由该遭受损害的民事主体（自然人、法人、非法人组织）行使请求权。本条规定的惩罚性赔偿请求权，仅遭受人身、财产损害的特定民事主体（自然人、法人、非法人组织）享有；国家规定的机关或者法律规定的组织，不得享有本条惩罚性赔偿请求权。[1]

四、惩罚性赔偿金数额

本书前已述及,中国法语境有所谓“相应的责任”概念,属于授权法庭予以补充的不确定概念。其特征是:立法者在授权法庭决定责任之轻重(赔偿金数额)的同时,给定一个供法庭作决定的基准(如“过错”或者“原因力”),并要求法庭所决定的“责任(赔偿金)数额”,与给定的“基准”(过错或者原因力)相互对应、呈正比例关系(第157条、第177条、第592条、第793条、第1172条、第1189条、第1191条、第1193条)。

本条规定受害人有权请求“相应的惩罚性赔偿”,与本法故意侵害知识产权的惩罚性赔偿的规定(第1185条),明知产品有缺陷仍然生产、销售的惩罚性赔偿的规定(第1207条)相同。此三个条文所谓“相应的惩罚性赔偿”,当然也属于授权法庭决定惩罚性赔偿责任之轻重(数额)的不确定概念。其与前述“相应的责任”概念的区别在于:法律条文在授权法庭决定“惩罚性赔偿”金数额时,并未给定一个供法庭作决定的“基准”(基数和倍数限制)。

但法庭决定“相应的惩罚性赔偿”金数额,不能没有据以决定的“基准”(基数和倍数限制)。关于故意侵害知识产权的惩罚性赔偿,法庭据以决定惩罚性赔偿金数额的“基准”,规定在《反不正当竞争法》第17条[2]、《著作权法》第54条[3],即明确规定惩罚性赔偿金以实际损害赔偿金的4倍为限。《商标法》和《专利法》的规定与此相同。明知产品具有缺陷仍然生产销售的惩罚性赔偿,规定在《消费者权益保护法》第55条第2款,即惩罚性赔偿金为实际损害赔偿金的2倍以下。[4] 现在的问题是,本条未规定法庭决定惩罚性赔偿金的“基准”(基数和倍数限制),《环保法》亦未有相关规定,因此只能由最高人民法院进行司法解释。

最高人民法院《关于审理生态环境侵权纠纷案件适用惩罚性赔偿的解释》第 9 条第 1 款规定:“人民法院确定惩罚性赔偿金数额,应当以环境污染、生态破坏造成的人身损害赔偿金、财产损失数额作为计算基数。前款所称人身损害赔偿金、财产损失数额,依照民法典第一千一百七十九条、第一千一百八十四条规定予以确定。法律另有规定的,依照其规定。”第 10 条第 1 款规定:“人民法院确定惩罚性赔偿金数额,应当综合考虑侵权人的恶意程度、侵权后果的严重程度、侵权人因污染环境、破坏生态行为所获得的利益或者侵权人所采取的修复措施及其效果等因素,但一般不超过人身损害赔偿金、财产损失数额的二倍。”本条为新增。

第一千二百三十三条　因第三人的过错污染环境、破坏生态的侵权责任

因第三人的过错污染环境、破坏生态的,被侵权人可以向侵权人请求赔偿,也可以向第三人请求赔偿。侵权人赔偿后,有权向第三人追偿。

本条规定第三人过错致侵权人污染环境、破坏生态案型的请求权行使。请特别注意,条文“因第三人的过错污染环境、破坏生态”一句,应当理解为“因第三人的过错”致使侵权人“污染环境、破坏生态”。亦即,污染环境、破坏生态的是侵权人而非该第三人。例如,因乙的过错行为致甲储存有害液体的设备破损,排出有害液体污染环

境、破坏生态致丙遭受损害案型，污染环境、破坏生态的侵权人为甲，受害人为丙，乙为第三人。就因果关系论，甲污染环境、破坏生态行为与丙所受损害结果之间存在因果关系（近因），乙的过错行为与丙所受损害结果之间不存在因果关系（远因）。按照民法原理，受害人丙对于侵权人甲享有损害赔偿请求权、对第三人乙不享有任何权利。至于侵权人甲对受害人丙承担赔偿责任之后，可依合同法或者侵权法另案请求第三人乙承担赔偿责任，自不待言。此类似于合同法上"因第三人的原因致债务人违约"案型，应当由债务人对相对方承担违约责任，债务人与第三人之间的纠纷应当依照法律规定或者合同约定处理（第593条）。本条规定"被侵权人可以向侵权人请求赔偿"是适当的，而规定"也可以向第三人请求赔偿"于法律逻辑有所不合。

进而言之，受害人丙向第三人乙请求赔偿也未必对受害人丙有利。例如，本法规定"污染环境、破坏生态"行为与受害人所受损害之间因果关系之认定，采举证责任倒置方法，由行为人负担证明污染行为与损害之间不存在因果关系的举证责任，行为人不能举证证明的，法庭即认定被告行为与原告所受损害之间存在因果关系（第1230条），此对受害人十分有利。但如受害人起诉第三人，因被告第三人非"污染环境、破坏生态"的行为人，（案件）不在规定因果关系举证责任倒置的法律条文（第1230条）的适用范围之内，法庭理当要求原告受害人就被告第三人的过错行为与自己所受损害之间存在因果关系负担举证责任。而原告受害人要完成此项举证，实际上是不可能的。

与本条规定案型最为类似的是"因运输者、仓储者等第三人的过错使产品存在缺陷，造成他人损害"案型，鉴于该等第三人的过错行为与受害人所受损害之间不存在因果关系（近因），故条文明确规定，

“产品的生产者、销售者赔偿后,有权向第三人追偿”(第 1204 条)。有鉴于此,本书建议采类推解释方法,不拘泥于条文之不当文句,解释为:因第三人的过错(致侵权人)污染环境、破坏生态的,被侵权人可以向侵权人请求赔偿,侵权人赔偿后,有权向第三人追偿。本条基本沿用原法第 68 条。

第一千二百三十四条　生态环境修复责任

违反国家规定造成生态环境损害,生态环境能够修复的,国家规定的机关或者法律规定的组织有权请求侵权人在合理期限内承担修复责任。侵权人在期限内未修复的,国家规定的机关或者法律规定的组织可以自行或者委托他人进行修复,所需费用由侵权人负担。

本条规定生态环境修复请求权。传统民法侵权责任形式,主要是责令侵权人向受害人支付一笔损害赔偿金,包括以填补损害为目的的实际损害赔偿金、精神抚慰为目的的精神抚慰金、以惩戒侵权行为人为目的的惩罚性赔偿金。此外还有停止侵害、排除妨害、消除影响等责任形式。侵权责任形式本无所谓“修复请求权”。“修复请求权”属于合同法违约责任形式(第 582 条)。《民法典》编纂中,立法者考虑到污染环境、破坏生态侵权行为案型,如果被破坏的生态环境“能够修复”,则不妨规定“生态环境修复请求权”以弥补侵权责任形式之不足。显而易见,对于生态环境“能够修复”案型而言,通过修复请求权之行使“修复”被破坏的生态环境,相对于判决支付损害赔偿金等责任形式而言,更有利于达成强化生态环境保护之政策目的。

一、适用范围

本条限于“违反国家规定造成生态环境损害,生态环境能够修复”的案型。至于“生态环境”是否“能够修复”,应当依据社会生活经验判断。实际上,环境污染、生态破坏,多数情形是难于“修复”的或者需要相当长的时间才能够“修复”。故本条适用范围限于某些特殊案型,例如在自然保护区违规建筑案型,可以通过拆除建筑物、种草植树修复被破坏的生态环境。

二、请求权人

条文规定,生态环境修复请求权的主体,限于“国家规定的机关或者法律规定的组织”。此外的主体,包括自然人、法人、非法人组织,均不得行使生态环境修复请求权。属于本条适用范围、生态环境能够修复的案型,“国家规定的机关或者法律规定的组织”有权行使此项请求权,“请求侵权人在合理期限内承担修复责任”,修复被破坏的生态环境(如拆除违章建筑物、种草植树以恢复原有植被)。

三、替代履行

须注意的是,并非所有的请求权标的均可以由执行法院强制执行。但有一类请求权标的,本属于民事责任形式的特定行为,如排除妨害、消除危险、消除影响等;虽然不能强制执行,但可采取变通办法代替,即由第三人代替义务人履行(如排除妨害、消除危险),而强制义务人(被告)承担其费用。本条生态环境修复请求权的标的、被破坏生态环境之“修复”行为,亦可由第三人代替履行。故条文规定,

"侵权人在期限内未修复的,国家规定的机关或者法律规定的组织可以自行或者委托他人进行修复,所需费用由侵权人负担"。

四、请求权的行使方式

生态环境修复请求权,属于法定侵权责任请求权,其行使方式与一般请求权相同,既可以意思表示方式即向侵权人(义务人)发通知的方式行使,也可以诉的方式即向法庭提起生态环境修复之诉,请求法庭判决责令被告(侵权人)于指定期限修复生态环境;如指定期限经过而侵权人未予修复,则由原告(国家规定的机关或者法律规定的组织)自行修复或者委托第三人予以修复,而修复费用由被告(侵权人)负担。本条为新增。

第一千二百三十五条　生态环境损害赔偿范围

违反国家规定造成生态环境损害的,国家规定的机关或者法律规定的组织有权请求侵权人赔偿下列损失和费用:

(一)生态环境受到损害至修复完成期间服务功能丧失导致的损失;

(二)生态环境功能永久性损害造成的损失;

(三)生态环境损害调查、鉴定评估等费用;

(四)清除污染、修复生态环境费用;

(五)防止损害的发生和扩大所支出的合理费用。

本条规定污染环境、破坏生态损害赔偿金的计算。如前所述,污

染环境、破坏生态的行为，造成两种“损害”：一是造成环境污染、生态破坏的“损害”；二是造成特定民事主体“人身权益和财产权益”的“损害”。第二种“损害”案型，人身权益损害和财产权益损失的数额是可以计算的，法庭要求受害人举证证明人身权益损害和财产权益损失的事实及其数额，与一般侵权责任案型并无区别。但第一种“损害”案型，“环境污染、生态破坏”的“损害”事实是可以证明的，但“损害”数额却是难于计算的。故本条特别规定第一种“损害”案型，侵权人承担损害赔偿责任所应赔偿的“损失和费用”。

本条规定，国家规定的机关或者法律规定的组织有权请求侵权人赔偿“损失和费用”包括：(1)生态环境受到损害至修复完成期间服务功能丧失导致的损失；(2)生态环境功能永久性损害造成的损失；(3)生态环境损害调查、鉴定评估等费用；(4)清除污染、修复生态环境费用；(5)防止损害的发生和扩大所支出的合理费用。按照社会生活经验和裁判实践，第3项、第4项和第5项，以实际发生的费用为准，易于举证和认定。而第1项“生态环境受到损害至修复完成期间服务功能丧失导致的损失”和第2项“生态环境功能永久性损害造成的损失”，其如何计算，仍然是个难题，有待于裁判实践中积累经验、形成判例。本条为新增。

注　释

1　最高人民法院《关于审理生态环境侵权纠纷案件适用惩罚性赔偿的解释》第12条规定：“国家规定的机关或者法律规定的组织作为被侵权人代表，请求判令侵权人承担惩罚性赔偿责任的，人民法院可以参照前述规定予以处理。但惩罚性赔偿金数额的确定，应当以生态环境受到损害至修复完成期间服务功能丧失导致的损失、生态环境功能永久性损害造成的损失数额作为计算基数。”本书认为，此项解释导致刑事责任（或行政责任）与惩罚性赔偿（民事责任）的功能重复，有所不妥。

2 《反不正当竞争法》第 17 条第 3 款规定：“……经营者恶意实施侵犯商业秘密行为，情节严重的”，可按侵权所得“一倍以上五倍以下确定赔偿数额……”其中侵权所得的一倍为实际损害赔偿金，惩罚性赔偿金以实际损害赔偿金的 4 倍为限。

3 《著作权法》第 54 条第 1 款规定：“……对故意侵犯著作权或者与著作权有关的权利，情节严重的，可以在按照上述方法确定数额的一倍以上五倍以下给予赔偿。”

4 本书认为，故意侵害知识产权属于财产权侵害，其惩罚性赔偿金为实际损害赔偿金的 4 倍以下，明知产品具有缺陷仍然生产销售所侵害的是人身权益，其惩罚性赔偿仅为实际损害赔偿金的 2 倍以下，显然与人身权益保护重于财产权益保护的法律思想不合，建议通过修改《消费者权益保护法》或者司法解释，将第 1207 条惩罚性赔偿金改为实际损害赔偿金的 4 倍以下。

第八章　高度危险责任

高度危险物责任、高度危险作业责任采无过错责任，使享受利益者承担风险，使能够控制风险者承担责任，以保障受害人能够获得赔偿。

第一千二百三十六条　高度危险责任的一般规定

从事高度危险作业造成他人损害的，应当承担侵权责任。

中国民事立法之规定高度危险责任，始于《民法通则》第 123 条。《民法通则》第 123 条系采用民法草案第四稿的第 432 条："从事高空、高压、易燃、易爆、剧毒、放射性等对周围环境有高度危险的作业而造成损害的，应当承担民事责任；如果能够证明损害是不可抗力或者是受害人故意造成的，可以不承担民事责任。"《民法通则》第 123 条，只是在高度危险种类中增添"高速运输工具"，并从免责事由中删去"不可抗力"。查立法史料，发现民法草案第四稿第 432 条仿自 1964

年《苏联民法典》第454条。1964年《苏联民法典》第454条源于1922年《苏俄民法典》第404条。

20世纪初期,随着科学技术和工业交通事业的初步发展,人类社会遭遇企业事故、交通事故等新型的侵权行为,因民法侵权责任适用过错责任原则,致许多受害人因不能举证证明加害人具有过失而不能获得赔偿,导致不公正的结果。于是学者提出危险责任理论,认为企业事故和交通事故等新型侵权行为,为工业交通事业本身不可避免的危险,法律的目的不是对于违法行为的制裁,而是对所发生损害的合理分担,因此应采无过错责任。

"二战"结束后,科学技术和工业交通事业突飞猛进,在增进人类生活福利的同时,也造成危害人类生命财产安全的严重社会问题,带来消费者保护运动的高涨,因而民法思想更加强调对消费者的特殊保护。正是基于此种社会情事和民法思潮,1964年《苏联民法典》的立法者和我国民法草案第四稿的起草人,将高度危险责任的免责事由减少为不可抗力和受害人故意两项。

《民法通则》的立法者进一步从危险责任的免责事由中删去"不可抗力",仅保留"受害人故意"一项免责事由,正是反映了立法者强化对受害人保护的思想倾向。《民法通则》第123条规定:"从事高空、高压、易燃、易爆、剧毒、放射性、高速运输工具等对周围环境有高度危险的作业造成他人损害的,应当承担民事责任;如果能够证明损害是由受害人故意造成的,不承担民事责任。"

《侵权责任法》制定时,将《民法通则》第123条中的"高速运输工具"致人损害抽出,单设一章规定机动车交通事故责任(第6章),其余内容设为第9章"高度危险责任"(共9个条文)。包括:第69条高度危险作业致损;第 70 条民用核设施事故致损;第 71 条民用航空器致损;第 72 条易燃、易爆、剧毒、放射性等高度危险物致损;第 73 条从事高空、高压、地下挖掘活动或者使用高速轨道运输工具致损;第 74 条遗失、抛弃高度危险物致损;第 75 条非法占有高度危险物致损;第 76 条擅自进入高度危险区域受害;第 77 条关于责任限额的规定。《民法通则》规定高度危险责任仅一个条文,在侵权责任法设为两章(第 6 章、第 9 章),共 15 个条文,增加了法律的可操作性、方便法庭裁判、有利于受害人的保护。《侵权责任法》第 9 章,编纂为《民法典》侵权责任编第 8 章,章名和内容均未作实质性更动。现在解读本条。

一、适用范围

本条适用范围是"从事高度危险作业"造成他人损害案型。问题是,何谓"作业"? 何谓"高度危险作业"? 按照《辞海》的解释,"作业"指"为完成生产、学习等方面的既定任务而进行的活动"。显而易见,本条所谓"作业"仅指"为完成生产任务""而进行的活动"("生产作业"),而不包括为完成学习任务而进行的(课堂作业、家庭作业)。所谓"高度危险作业",指其性质或者所使用工具有造成他人人身、财产损害危险的"生产作业"。这从《刑法》第 134 条之一所谓"危险作业罪",可以得到印证。

《刑法》第 134 条之一(危险作业罪)规定:"在生产、作业中违反有关安全管理的规定,有下列情形之一,具有发生重大伤亡事故或者其他严重后果的现实危险的,处一年以下有期徒刑、拘役或者管制:(一)关闭、破坏直接关系生产安全的监控、报警、防护、救生设备、设施,或者篡改、隐瞒、销毁其相关数据、信息的;(二)因存在重大事故隐患被依法责令停产停业、停止施工、停止使用有关设备、设施、场所或者立即采取排除危险的整改措施,而拒不执行的;(三)涉及安全生产的事项未经依法批准或者许可,擅自从事矿山开采、金属冶炼、建筑施工,以及危险物品生产、经营、储存等高度危险的生产作业活动的。"[1]

值得注意的是,《民法通则》第 123 条对"高度危险作业"有列举性规定。《民法通则》所谓"高度危险作业",指"从事高空、高压、易燃、易爆、剧毒、放射性、高速运输工具等对周围环境有高度危险的作业"。但本编立法者,已将《民法通则》第 123 条中的"高速运输工具"致人损害抽出,单设第 5 章机动车交通事故责任,其余内容设为本章,分为 9 个条文,前已详述。故本条所谓"高度危险作业",应当指具有危及他人人身财产安全的"生产作业(生产活动)"中,除本章第 1237 条至第 1243 条的适用范围之外的"生产作业(生产活动)"。对于本条"高度危险作业"概念,不必具体列举,应当采"排除法",凡具有危及他人人身、财产安全的"生产作业(生产活动)"、不能为本章其余条文的适用范围所涵盖的,均属于本条适用范围。

二、归责原则

与本条高度危险作业侵权责任类似的,有《意大利民法典》第 2050 条[2] 及中国台湾地区"民法"第 191 - 3 条[3]。须注意的是,意大利民法及中国台湾地区"民法",不采无过失责任,而采推定过错责任,是为了维持过失责任基本原则,并借举证责任倒置,以保护受害人。此种过失推定规定,难谓完全符合公平正义的要求。[4]

本书前已述及,本法对于产品责任、机动车交通事故责任及本章高度危险物责任、高度危险作业责任采无过错责任，不仅免除受害人举证责任负担，并且使加害人不能通过反证自己无过错而逃脱责任，保障受害人能够获得赔偿，符合公平正义的要求。本法规定无过错责任的法理依据：一是享受利益者承担风险的法理（报偿理论）；二是能够控制危险者承担责任之法理（危险控制理论），此不赘述。

三、构成要件

本条高度危险作业侵权责任的构成要件包括：(1)须被告实施高度危险作业之行为。如前所述，所谓“高度危险作业”，是指其性质及所使用之设施、工具具有危及他人人身、财产安全危险之“生产活动”。具有一定危险乃至高度危险之非生产活动，如体育活动、游乐场所活动、旅游探险活动、网络活动等，均非本条“高度危险作业”。虽属于其性质及所使用之设施、工具具有危及他人人身、财产安全危险之“生产活动”，但其中符合本章其余条文（第 1237 条至第 1243 条）适用范围的除外。(2)须“造成他人损害”。此所谓“他人”指“从事高度危险作业（生产活动）”之“作业人”之外的人。此即民法理论所谓受害人的“他人性”问题。“从事高度危险作业”之“作业人”自身遭受损害，属于用人单位工伤保险问题（本书对第 1191 条解读）。所谓“损害”，依据本条立法目的，是指自然人的人身损害、自然人和法人等组织体的财产损害。人身损害（侵害生命、身体、健康权），即造成自然人死亡、残疾或者患病。自然人和法人等组织体的财产损害，指有形财产（动产、不动产）损害，不包括无形财产（知识产权）、财产性权益损害。(3)须被告“从事高度危险作业”与原告所受“损害”之间具有因果关系。因果关系的本质及其认定，与一般侵权责任案型并无不同,此不赘述。

四、法定免责事由

1922 年《苏俄民法典》第 404 条采纳危险责任理论,使危险事业经营者负无过错责任,同时规定三项免责事由:不可抗力、受害人故意、受害人重大过失。我国民法草案第四稿第 432 条,将免责事由减少为不可抗力和受害人故意两项。《民法通则》第 123 条进一步删去“不可抗力”,仅保留“受害人故意”一项免责事由。

须特别注意,在《民法通则》第 123 条基础上制定的本条,未规定任何法定免责事由。但本章规定高度危险责任的其他条文,无论是高度危险物致损案型(第 1237 条、第 1239 条)还是高度危险作业致损案型(第 1240 条),均有关于受害人故意作为法定免责事由的规定,故本条未规定受害人故意作为法定免责事由,构成体系违反。并且在损害是由受害人故意造成情形,使被告承担侵权责任亦有悖于民法公平原则。故应当认为本条未规定以受害人故意为法定免责事由,构成法律漏洞。建议采类推解释方法,依第 1238 条的规定,解释为:被告“能够证明损害是因受害人故意造成的,不承担责任”。此所谓“受害人故意造成”损害,应解释为受害人“意图寻求自杀”。基于同样的理由,被告证明受害人“对于损害的发生有重大过失的”,可以减轻被告的责任。本条沿用原法第 69 条原文。

第一千二百三十七条　民用核设施或者核材料致害责任

民用核设施或者运入运出核设施的核材料发生核事故造成他人损

害的，民用核设施的营运单位应当承担侵权责任；但是，能够证明损害是因战争、武装冲突、暴乱等情形或者受害人故意造成的，不承担责任。

本条规定民用核设施损害责任。“民用核设施”与“核材料”属于高度危险物，核设施属于高度危险的不动产、核材料属于高度危险的动产。“运入运出核设施的核材料”属于高度危险作业。鉴于核事故损害（如切尔诺贝利核电站事故、福岛核电站事故）的极端严重性，我国制定了《核安全法》。《核安全法》对核事故损害的侵权责任设有专条，即第 90 条第 1 款规定：“因核事故造成他人人身伤亡、财产损失或者环境损害的，核设施营运单位应当按照国家核损害责任制度承担赔偿责任，但能够证明损害是因战争、武装冲突、暴乱等情形造成的除外。”此是本条的立法依据。

本条规定“民用核设施或者运入运出核设施的核材料发生核事故造成他人损害的，民用核设施的营运单位应当承担侵权责任”。依据条文，民用核设施和运入运出核材料致损案型，由核设施经营单位承担无过错责任。其立法理由为报偿理论和危险控制理论，此不赘述。

本条“但书”规定：“能够证明损害是因战争、武装冲突、暴乱等情形或者受害人故意造成的，不承担责任。”“受害人故意”为无过错侵权责任之共同免责事由，此无须赘言。值得注意的是，立法者将“不可抗力”概念，进一步区分为自然原因的不可抗力（如地震等自然灾害）与非自然原因的不可抗力。自然原因的不可抗力导致核设施致损，不得免除核设施运营单位的侵权责任；而非自然原因的不可抗力，即“战争、武装冲突、暴乱等情形”致损，核设施运营单位可以免于承担责任。其立法理由是，自然的原因（如地震等自然灾害）导致核设施致损，核设施运营单位是可以通过科学技术手段予以预防和规避的；而非自然的原因如“战争、武装冲突、暴乱等情形”导致核设施致损，是核设施运营单位所难于预见、难于抗拒、难于规避的。因此，条文中的“等”字，不包括自然原因的不可抗力，仅可包括非自然原因的不可抗力，如恐怖组织、恐怖分子针对核设施或者核材料的运入、运出的恐怖活动。

鉴于核设施、核材料所具有的高度危险性，立法者使核设施运营单位承担比其他高度危险物占有人、高度危险作业人更重的责任的立法思想，故本条未如第1239条规定受害人重大过失减轻责任。即使受害人对于损害的发生有重大过失，亦不得减轻核设施运营单位的赔偿责任。请予留意。本条基本沿用原法第70条原文，稍有修改。

第一千二百三十八条　民用航空器致害责任

民用航空器造成他人损害的，民用航空器的经营者应当承担侵权责任；但是，能够证明损害是因受害人故意造成的，不承担责任。

本条规定民用航空器致人损害的侵权责任。理解本条的关键是“造成他人损害”之所谓“他人”的范围，即受害人“他人性”问题。此所谓“他人”，是指处于航空器之外的人，包括地面行人，居民，建筑物所有人、使用人，以及（飞行中的）其他航空器所有人、使用人、驾驶人、服务人员、乘客，不包括肇事航空器的所有人、使用人及机舱内的

人员(旅客、驾驶人、服务人员)。所谓“损害”,指人身损害(侵害生命、身体)和有形财产(动产、不动产)损害。“航空器的经营者”,指从事旅客运输、货物运输的承运人和从事通用航空的民用航空器使用人。

本条民用航空器致人损害的侵权责任,属于无过错责任,仅以民用航空器造成他人损害、民用航空器与他人所受损害之间具有因果关系为责任构成要件。本条“但书”规定,航空器经营者,“能够证明损害是因受害人故意造成的,不承担责任”,即以受害人故意为法定免责事由。本条基本沿用原法第71条原文。

第一千二百三十九条　占有或使用高度危险物致害责任

占有或者使用易燃、易爆、剧毒、高放射性、强腐蚀性、高致病性等高度危险物造成他人损害的,占有人或者使用人应当承担侵权责任;但是,能够证明损害是因受害人故意或者不可抗力造成的,不承担责任。被侵权人对损害的发生有重大过失的,可以减轻占有人或者使用人的责任。

如前所述,高度危险责任分为高度危险作业致损责任与高度危险物致损责任。本条规定高度危险物致损的侵权责任。何谓“高度危险物”,条文作不完全列举规定,即“易燃、易爆、剧毒、高放射性、强腐蚀性、高致病性等”。鉴于第1237条规定核设施及该核设施的核材料致损,故本条高度危险物,仅指动产,不包括“核设施”及该核设施的核材料,不属于核设施的核材料,应当属于本条高度危险物(“高放射

性”物)。至于具体案件导致他人人身、财产损害之物,是否属于本条所谓“高度危险物”,法庭于依社会生活经验难于判断时,有咨询相关领域专家的必要。在民法理论上,高度危险物致损属于“准侵权”,应当由高度危险物的管理人(占有人或者使用人)承担侵权责任。

条文第一句规定由高度危险物的“占有人或者使用人”承担责任。请注意,条文未提及所有人。因为唯有实际控制(占有或者使用)高度危险物的人,能够控制和规避危险的发生;也唯有使能够控制和规避危险的人(占有人或者使用人)承担侵权责任,才能够尽可能控制和规避危险、减少损害。

可见,本法高度危险责任(本条高度危险物责任、第1236条及第1240条高度危险作业责任),与本法其他无过错责任(如机动车交通事故、环境污染、建筑物倒塌致损)之适用,虽均以所谓报偿理论和危险控制理论作为法理依据,但注重点有所不同。高度危险责任(由高度危险物占有人或者使用人、高度危险作业人承担责任),更着重于危险控制理论(由能够控制、规避危险的人承担责任);其他无过错责任,更着重于报偿理论(由利益归属者承担责任)。

民法所谓“占有”,分为直接占有与间接占有;“占有人”亦分为直接占有人与间接占有人。直接占有,指对物为实际管控(直接支配)的法律事实;直接占有人指对物为实际管控(直接支配)的人。“间接占有”属于一种法律关系;间接占有人,指基于一定的法律关系,对于直接占有人享有原物返还请求权的人。本条所谓“占有人”,仅指直接占有人。按生活经验,对物的“使用”须以对物的“占有”(实际管控)为前提,故“使用人”即是“占有人”,但委托保管、运输中的高度危险物,其保管人、承运人只是“占有人”而非“使用人”。故“占有人”概念,已经涵括“使用人”在内,条文规定“占有人或者使用人”,有语义重复之嫌。

条文第二句“但书”规定:“但是,能够证明损害是因受害人故意或者不可抗力造成的,不承担责任。”此句规定了两项法定免责事由:一是“受害人故意”;二是“不可抗力”。所谓“受害人故意”,指受害人意图借高度危险物自杀、自残。所谓“不可抗力”,指“不能预见、不能避免且不能克服的客观情况”(第 180 条第 2 款)。此“受害人故意或者不可抗力”须由被告(占有人或者使用人)承担举证责任,自不待言。

条文第三句规定:“被侵权人对损害的发生有重大过失的,可以减轻占有人或者使用人的责任。”此是关于过失相抵规则的规定。鉴于高度危险物致损的特殊性,条文将过失相抵限于受害人“重大过失”,而将一般过失、轻微过失排除在外。此受害人“重大过失”,须由主张过失相抵的被告(占有人或者使用人)负担举证责任,自不待言。本条基本沿用原法第 72 条原文。

第一千二百四十条　从事高空、高压、地下挖掘活动或者使用高速轨道运输工具致害责任

从事高空、高压、地下挖掘活动或者使用高速轨道运输工具造成他人损害的,经营者应当承担侵权责任;但是,能够证明损害是因受害人故意或者不可抗力造成的,不承担责任。被侵权人对损害的发生有重大过失的,可以减轻经营者的责任。

本条规定从事高空、高压等高度危险作业致损的侵权责任。“从事高空、高压、地下挖掘活动或者使用高速轨道运输工具”，属于高度危险作业的具体作业类型。故本条与第 1236 条高度危险作业致损侵权责任的规定，构成特别法与一般法的关系。待决案件被告人“从事高空、高压、地下挖掘活动或者使用高速轨道运输工具”作业造成他人损害，即应属于本条的适用范围；“从事高空、高压、地下挖掘活动或者使用高速轨道运输工具”之外的高度危险作业造成他人损害，则属于第 1236 条（高度危险作业致损侵权责任）的适用范围。如待决案件属于“从事高空、高压、地下挖掘活动或者使用高速轨道运输工具”造成他人损害，法庭却不适用本条，而适用第 1236 条，应当构成法律适用错误。

条文第一句规定，“从事高空、高压、地下挖掘活动或者使用高速轨道运输工具造成他人损害的，经营者应当承担侵权责任”。此属于无过错责任。所谓“经营者”，与第 1236 条所谓“作业人”含义相同，均指从事“高度危险作业”、从事“高空、高压、地下挖掘活动或者使用高速轨道运输工具”的法人、非法人组织或者自然人。

条文第二句“但书”规定，“但是，能够证明损害是因受害人故意或者不可抗力造成的，不承担责任”。此是关于法定免责事由的规定。第三句规定，“被侵权人对损害的发生有重大过失的，可以减轻经营者的责任”。此是关于过失相抵的规定。条文明定“受害人故意”“不可抗力”两项免责事由，及过失相抵规则之适用限于受害人“有重大过失”，与前条（第 1239 条）相同，此不赘述。

补充一点，本条“从事高空、高压、地下挖掘活动或者使用高速轨道运输工具”致损侵权责任、第 1236 条“高度危险作业”致损侵权责任，与本法关于使用人责任的规定（第 1191 条、第 1192 条）的法律适用关系。本条所谓“经营者”、第 1236 条所谓“作业人”对受害人承担侵权责任，性质上属于使用人责任。使用人责任（第 1191 条、第 1192 条）的适用范围，涵括了本条及第 1236 条所适用的案型。故本法关于使用人责任的规定（第 1191 条、第 1192 条）为一般法，本条及第 1236 条属于特别法。按照特别法优先适用原则（第 11 条），应当优先适用本条（或者第 1236 条）。受害人未选择适用本条（或者第 1236 条）请求“经营者”（或者“作业人”）承担赔偿责任，而选择适用第 1191 条（或者第 1192 条）请求“用人单位”（或者雇主）承担赔偿责任的，法庭应当予以释明，告知其正确选择所适用的法律条文（请求权基础）。“经营者”（或者“作业人”）依据本条（或者第 1236 条）对受害人承担赔偿责任之后，有权另案依据第 1191 条（或者第 1192 条）向具有故意或者重大过失的被使用人追偿，自不待言。本条基本沿用原法第 73 条原文。

第一千二百四十一条　遗失、抛弃高度危险物致害责任

遗失、抛弃高度危险物造成他人损害的，由所有人承担侵权责任。所有人将高度危险物交由他人管理的，由管理人承担侵权责任；所有人有过错的，与管理人承担连带责任。

本条规定遗失、抛弃高度危险物致损的侵权责任。条文所谓“遗失”，指物之所有人无意识丧失对物的占有；所谓“抛弃”，指物之所有人基于自己（放弃所有权）的意思放弃对物的占有。按照危险控制理

论,唯高度危险物占有人能够控制、规避高度危险物致人损害之风险,故本法使高度危险物占有人负妥善保管高度危险物、避免高度危险物造成他人损害的义务。占有人违反此项义务,致高度危险物造成他人损害的,法律规定由占有人对受害人承担赔偿责任(第1239条)。高度危险物之所有人遗失、抛弃高度危险物,致高度危险物处于不受控制状态,这种情形的高度危险物造成他人损害的,理当由遗失、抛弃高度危险物的使用人对受害人承担赔偿责任。

条文第一句规定:"遗失、抛弃高度危险物造成他人损害的,由所有人承担侵权责任。"此为原则规定。因通常情形,物之所有人即是物之占有人。遗失、抛弃之高度危险物,处于无人占有状态,故条文规定由丧失占有的所有人承担赔偿责任。

补充一点,按照民法原理,所有权人对所有物享有占有、使用、收益、处分权能。抛弃所有物,属于处分(权)之行使。但鉴于高度危险物具有危及他人人身、财产安全之"高度危险",故法律禁止所有人抛弃高度危险物。换言之,所有人基于自己放弃所有权的意思放弃对高度危险物的占有,不发生"抛弃"导致所有权消灭的法律效果。此属于现代民法基于社会公共利益对所谓"所有权绝对性"("所有权自由性")的法定限制。本法规定被抛弃的高度危险物造成他人损害由所有人对受害人承担赔偿责任的法律根据,正在于此。

条文第二句规定,"所有人将高度危险物交由他人管理的,由管理人承担侵权责任"。请特别注意,所谓"交由他人管理",非指作为高度危险物所有人的法人、非法人组织或者自然人,将高度危险物"交由"其工作人员、受雇人管理,而是指"交由"与其存在委托合同关系的受托人、与其存在仓储保管合同关系的保管人、与其存在运输合同关系的承运人“管理”。因受托人、保管人、承运人均负有妥善保管义务,故统称“管理人”。这种情形,高度危险物所有人并不占有高度危险物,故非所有人“遗失、抛弃高度危险物”,而是“管理人”“遗失、抛弃高度危险物”。故第二句规定“由管理人承担侵权责任”。[5]

条文第三句规定:“所有人有过错的,与管理人承担连带责任。”所有人将高度危险物“交由他人管理”情形,第二句规定所有人不承担侵权责任、由管理人承担侵权责任,属于原则规定;第三句规定“所有人有过错的,与管理人承担连带责任”,属于例外规定。

关键问题是,“所有人有过错”应当如何理解?鉴于本条第二句规定,与本法关于定作人责任的规定(第 1193 条)具有类似性,可采类推解释方法,类推第 1193 条末句“定作人对定作、指示或者选任有过错”的规定,解释为:所有人对“管理人”的“指示或者选任有过错”。例如,未正确告知管理人(受托人、保管人、承运人)高度危险物的性质、危险性、保管方法,属于“有指示过失”;将高度危险物交由不具有相应资质、技术手段和经验的“他人”(受托人、保管人、承运人)管理,属于“有选任过失”。所有人“有过错”之事实认定,应当由“管理人”承担举证责任,自不待言。本条沿用原法第 74 条原文。

第一千二百四十二条　非法占有高度危险物致害责任

非法占有高度危险物造成他人损害的,由非法占有人承担侵权责任。所有人、管理人不能证明对防止非法占有尽到高度注意义务的,与非法占有人承担连带责任。

本条是非法占有高度危险物致损侵权责任的规定。合法占有高度危险物造成他人损害占有人尚且应当承担侵权责任,非法占有高度危险物造成他人损害由非法占有人承担侵权责任,其理不言自明。

条文第一句规定:“非法占有高度危险物造成他人损害的,由非法占有人承担侵权责任。”所谓“非法占有”概念应当如何理解?民法理论上,“占有”指对物(有体物)为直接管控的事实状态。依占有人是否有对物为占有之权利(本权),将“占有”分为“有权占有”与“无权占有”。“有权占有”,指有本权(物权、债权)之占有;“无权占有”,指无本权(物权、债权)之占有。“无权占有”(无本权之占有),再分为“非法的无权占有”与“合法的无权占有”。“非法的无权占有”,简称“非法占有”,指基于非法行为(侵权行为、犯罪行为)占有他人之物;“合法的无权占有”,指并不构成违法的占有,如遗失物拾得人于失主认领前占有遗失物。条文所谓“非法占有高度危险物”,指基于侵权行为、犯罪行为占有他人高度危险物;“无权占有人”,指非法占有他人高度危险物的侵权行为人、犯罪行为人。条文“造成他人损害”之所谓“损害”,指人身、财产损害,不包括高度危险物所有人因其高度危险物被非法占有所受财产损害。“造成他人损害”之所谓“他人”,指遭受人身、财产损害的受害人。

依据条文第一句规定,“非法占有人”(侵权行为人、犯罪行为人)对受害人承担侵权责任,其构成要件为:其一,“非法占有高度危险物”;其二,高度危险物“造成他人损害”(人身、财产损害);其三,非法占有的高度危险物,与受害人所受损害之间存在因果关系。

条文第二句规定:“所有人、管理人不能证明对防止非法占有尽到高度注意义务的,与非法占有人承担连带责任。”条文第一句规定由非法占有人承担侵权责任,为原则规定;第二句规定所有人、管理人承担连带责任,属于原则规定之例外。所谓“管理人”,非指所有人(法人、非法人组织或者自然人)的工作人员或者雇员,特指基于委托合同、保管合同、仓储合同、运输合同占有高度危险物并予以管理的人(受托人、保管人、承运人),见本书对第1241条的解读。请特别注意,条文使用“高度注意义务”概念,特指“占有或者使用易燃、易爆、剧毒、高放射性、强腐蚀性、高致病性等高度危险物”相应专业领域特别要求的对高度危险物妥善保管、防止被他人非法占有(侵占、窃取)的注意义务。具体案件所谓“高度注意义务”,须依据相应专业领域安全生产法规、规章所规定的标准予以判断。

所有人、管理人之承担连带责任,以所有人、管理人对防止非法占有“未尽到高度注意义务”为构成要件。但条文采举证责任倒置方法,使所有人、管理人负担证明自己对防止高度危险物被非法占有尽到高度注意义务的举证责任。所有人、管理人不能举证证明自己对防止高度危险物被非法占有尽到高度注意义务的,法庭即认定其未尽到高度注意义务,并据以判决其承担连带责任。本条基本沿用原法第75条原文。

第一千二百四十三条　高度危险场所安全保障责任

未经许可进入高度危险活动区域或者高度危险物存放区域受到损害,管理人能够证明已经采取足够安全措施并尽到充分警示义务的,可以减轻或者不承担责任。

本条规定未经许可进入高度危险区域受到损害案型的免责事由。高度危险责任,以受害人故意为法定免责事由(第 1237 条、第 1238 条、第 1239 条、第 1240 条)、以受害人具有重大过失为减轻责任法定事由(第 1239 条、第 1240 条)。本条规定未经许可进入高度危险区域受到损害案型,以被告人(管理人)证明"已经采取足够安全措施并尽到充分警示义务"为减轻乃至免除责任的法定事由。

本条适用范围,限于"未经许可进入高度危险活动区域或者高度危险物存放区域受到损害"案型。待决案件之属于受害人"未经许可进入高度危险活动区域或者高度危险物存放区域受到损害",应当由被告(管理人)负担举证责任,当然也应当许可原告(受害人)予以反证。在认定待决案件属于"未经许可进入高度危险活动区域或者高度危险物存放区域受到损害"案型,如被告(管理人)举证证明"已经采取足够安全措施并尽到充分警示义务",法庭即应依据本条规定,判决减轻或者免除被告的赔偿责任。即使属于"未经许可进入高度危险活动区域或者高度危险物存放区域受到损害"案型,被告(管理人)不能证明"已经采取足够安全措施并尽到充分警示义务"的,法庭应当判决被告(管理人)承担全部赔偿责任,自不待言。

请特别注意,条文所谓"管理人",泛指高度危险责任的责任人,包括"高度危险作业人"(第 1236 条、第 1240 条),核设施"运营单位"(第 1237 条),民用航空器"经营者"(第 1238 条),高度危险物"占有人、使用人"(第 1239 条),遗失、抛弃高度危险物的"所有人"(第 1241 条),高度危险物"非法占有人"(第 1242 条)。

补充一点,本条不是高度危险责任的裁判规范(请求权基础),只是关于高度危险责任法定免责、减责事由的特别规定。法庭审理高度危险责任案件,在依据相关条文判定被告应当承担侵权责任之后,才适用关于法定免责、减责事由的规定。本条与本章其他条文关于免责、减责法定事由的规定,构成特别法与一般法的关系。按照特别法优先适用原则(第11条),凡属于"未经许可进入高度危险活动区域或者高度危险物存放区域受到损害"案型,其侵权责任之免除或者减轻,均应当适用本条,而不适用本章其他条文关于免责、减责事由的规定。但"未经许可进入高度危险活动区域或者高度危险物存放区域受到损害"案型,被告侵权责任之构成要件、赔偿责任数额之确定,应当适用本章相关条文(第1237条至第1242条)的规定,自不待言。本条基本沿用原法第76条原文。

第一千二百四十四条　高度危险责任赔偿限额

承担高度危险责任,法律规定赔偿限额的,依照其规定,但是行为人有故意或者重大过失的除外。

本条是关于高度危险责任法定赔偿限额适用之规定。条文规定,具体高度危险责任案型,如特别法有关于赔偿限额的规定,依特别法优先适用原则(第11条),理当适用该赔偿限额规定。本条"但书"规定,"行为人有故意或者重大过失的",不适用该赔偿限额的规定。此"行为人",指依法应当承担高度危险责任的侵权人,包括"高度危险作业人"(第1236条、第1240条),核设施"运营单位"(第1237条),民用航空器"经营者"(第1238条),高度危险物"占有人、使用人"(第1239条),遗失、抛弃高度危险物的"所有人"(第1241条),高度危险物“非法占有人”(第 1242 条)。如前所述,本法高度危险责任,包括高度危险作业致损责任和高度危险物致损责任。其中,高度危险作业致损,属于本来意义的侵权行为,高度危险作业人属于“行为人”;但高度危险物致损,非本来意义的侵权行为,称为“准侵权”,依法应当对高度危险物损害负责的人(管理人、占有人),并非“行为人”。条文统称“行为人”未必允当。

补充一点,鉴于高度危险责任案型的特殊性,受害人很难举证证明侵权人(高度危险作业人、高度危险物管理人)具有过错,这正是本法对高度危险责任适用无过错责任原则的理由,故法庭认定被告(侵权人)是否具有“故意或者重大过失”,不应要求原告(受害人)承担举证责任,而应当要求被告(侵权人)举证证明自己不存在“故意或者重大过失”。本条基本沿用原法第 77 条原文。

注 释

1 须补充的一点是,刑法“危险作业罪”所谓“危险作业”概念之外延,比本条“高度危险作业”概念的外延宽。

2 《意大利民法典》第 2050 条(进行危险活动的责任)规定:“在进行危险活动时给他人造成的任何损害,根据危险的性质和运用手段的特征,在未证明已采取全部适当措施以避免损害的情况下,行为人要承担赔偿责任。”

3 我国台湾地区“民法”第 191 – 3 条规定:经营一定事业或从事其他工作或活动之人,其工作或活动之性质或其使用之工具或方法有生损害于他人之危险者,对他人之损害应负赔偿责任。但损害非由于其工作或活动或其使用之工具或方法所致,或于防止损害之发生已尽相当之注意者,不在此限。

4　王泽鉴:《侵权行为》(第3版),北京大学出版社2016年版,第607页。

5　顺便指出,管理人占有中的高度危险物造成他人损害案件,其"管理人"作为高度危险物"占有人",依据第1239条的规定,对受害人承担侵权责任。

第九章　饲养动物损害责任

围绕饲养动物行为，对饲养主体、管理行为、饲养对象的相关致害责任，以及饲养法律义务进行规定。

第一千二百四十五条　饲养动物致害责任的一般规定

饲养的动物造成他人损害的，动物饲养人或者管理人应当承担侵权责任；但是，能够证明损害是因被侵权人故意或者重大过失造成的，可以不承担或者减轻责任。

饲养动物致损侵权责任，是传统民法重要的特别侵权行为类型。各国民法典大多设有规定。例如，《法国民法典》第 1385 条规定："动物的所有人或使用人在使用期间，对动物所造成的损害，不问该动物是否在其管束之下，或在走失或逃脱时所造成的损害，均应负赔偿责任。"《德国民法典》第 833 条规定："(1) 在动物伤害人或伤害人的身体或健康,或损坏财物时,动物的占有人有义务对受害人赔偿因此而造成的损害。(2)如损害系由用于维持动物占有人的职业、营业或生计的动物所造成的,而动物占有人已为相当注意的管束,或纵然已为相当注意的管束也难免发生损害者,不负赔偿的责任。"《德国民法典》第834条规定:"(1)因契约承担代动物占有人对动物实施管束的人,对动物以第833条所示的情况施加于第三人的损害,负赔偿责任。(2)如管束人在实施管束时已为相当的注意,或纵然已为相当的注意的管束也难免发生损害者,不负其责任。"《日本民法典》第718条规定:"(1)动物占有人,对其动物加于他人的损害,负赔偿责任。但是,按动物种类及性质,以相当注意进行保管者,不在此限。(2)代占有人保管动物者,亦负前款责任。"《瑞士债务法》第56条规定:"对动物所致损害,由动物的占有人承担责任。但占有人证明在该种情况下已尽占有及管理的注意义务或纵然已尽占有及管理义务仍然发生损害的,不在此限。"

《民法通则》制定时,起草人参考借鉴前述民法立法经验,设第127条规定:"饲养的动物造成他人损害的,动物饲养人或者管理人应当承担民事责任;由于受害人的过错造成损害的,动物饲养人或者管理人不承担民事责任;由于第三人的过错造成损害的,第三人应当承担民事责任。"条文明定饲养动物损害责任属于无过错责任,以保障受害人能够获得赔偿;并规定以受害人具有过错为法定免责事由,以平衡动物饲养人与受害人之间的利益关系。2009年制定《侵权责任法》时,以《民法通则》第127条的规定为基础,设第10章"饲养动物损害责任"(第78条至第84条),其第78条(现在的本条),维持《民法通则》规定饲养动物致损侵权责任的无过错责任性质不变,却将

《民法通则》以受害人"有过错"为法定免责事由，修改为以受害人"有故意或者重大过失"为法定免责、减责事由。《民法典》《侵权责任法》第10章编纂为本章(第9章)。

一、适用范围

本条第一句规定，"饲养的动物造成他人损害的，动物饲养人或者管理人应当承担侵权责任"。条文明确规定本章饲养动物损害责任的适用范围，限于"饲养的动物造成他人损害"案型。关键在于如何理解"饲养的动物"概念。

按照民法原理和立法例，所谓"饲养动物"，指处于所有人(或者管理人)管控之下、完全靠人工喂养的动物，包括牧民饲养的牛、羊、马、驼，农户饲养的猪、牛、鸡、鸭等家畜家禽，城市居民饲养的猫、狗等宠物，动物园饲养的虎、豹等野生动物。

析言之，构成"饲养动物"，须符合以下条件：(1)相对于属于无主物的野生动物，"饲养动物"属于有主物，其所有人亦称饲养人；(2)相对于野生动物之处于不受控制之自然状态，"饲养动物"处于人(所有人或者管理人)的管控之下；(3)相对于野生动物靠自己觅食维持生存，"饲养动物"靠人工喂养，包括圈养或者牧养；(4)饲养人之饲养动物必有其目的，或者是经济目的(如畜牧业、家庭养殖业之获取经济利益)，或者是非经济目的(动物园饲养野生动物、居民饲养宠物)。须注意的是，自然保护区受法律保护的野生动物，虽有管理人员定期投放饲料，但野生动物主要靠自己觅食维持生存，且野生动物未处于所有人(或者管理人)实际管控之下、处于野生状态，属于无主物，故非本法所谓"饲养动物"。[1]

二、所谓“造成他人损害”

鉴于动物具有危及他人人身安全的危险性，本法创设饲养动物致损侵权责任的立法目的，在于救济遭受人身损害的受害人。故条文“造成他人损害”一语之所谓“他人”，指“饲养动物”的饲养人、管理人之外的自然人，不包括法人、非法人组织，也不包括饲养人、管理人的家人或者雇员。所谓“损害”，限于人身损害，不包括财产损害。[2]

三、归责原则

条文第一句规定，“饲养动物造成他人损害的”，“动物饲养人或者管理人应当承担侵权责任”。此项责任属于无过错责任，其责任成立不以饲养人、管理人具有过错为要件，自不待言。

本法对饲养动物损害责任适用无过错责任原则，其法律依据是危险控制理论，使对动物为实际管控并能够控制、规避危险的人承担责任，有利于尽量规避、减少饲养动物伤害案件之发生。

四、责任人

条文规定，饲养动物损害责任之责任人，为饲养动物之“饲养人或者管理人”。所谓“饲养人”，指该动物的所有人；所谓“管理人”，非指承担喂养、牧放工作的、“饲养人”的家人或者雇员，而特指与饲养人之间存在（委托、保管、运输）合同关系、受饲养人委托喂养、管控“饲养动物”的人（受托人、保管人、承运人）。此与高度危险物的“管理人”，应作同一解释（见本书第1241条解读）。此“饲养人或者管理人”，相当于立法例所谓“占有人”（《德国民法典》第833条、《日本民法典》第718条、《瑞士债务法》第56条)。

五、责任构成要件

饲养动物损害责任构成要件:(1)须属于“饲养动物”;(2)须“饲养动物”对受害人实施攻击(撕咬、角抵、蹄踢、冲撞);(3)须造成(受害人)“人身损害”;(4)须饲养动物“实施攻击”与受害人所受人身损害之间有因果关系。

其中,第2项要件是饲养动物损害责任与高度危险物损害责任的区别所在。高度危险物为无生物,不可能对人类“实施攻击”,高度危险物之所以造成他人损害,是其性质(高放射性、高致病性等)使然;而饲养动物造成他人损害,是该动物基于野性对人“实施攻击”(撕咬、角抵、蹄踢、冲撞)的结果。如果饲养动物未对受害人实施攻击(撕咬、角抵、蹄踢、冲撞),如仅对人吠叫,不得认定与受害人所受损害之间具有因果关系。

六、法定免责、减责事由

条文末句设“但书”规定,“但是,能够证明损害是因被侵权人故意或者重大过失造成的,可以不承担或者减轻责任”。此是关于法定免责、减责事由的规定。其立法者意思,以受害人(被侵权人)故意为法定免责事由,以受害人重大过失为法定减责事由。

按照民法原理,所谓“受害人故意”,为受害人意图遭受损害(自杀、自残)。佛经所谓“以身饲虎”,即是“受害人故意”之适例。此在现实生活中是难以想象的。故本条规定,以受害人故意为法定免责事由,罕有实践意义。而本条重点在以“受害人重大过失”为减责事由。

此“受害人重大过失”之判断,应当以善良管理人之注意为标准,明知动物有伤害人的危险而予以挑逗、跨越动物园设置之安全护栏接触野生动物,可认定受害人对损害的发生有重大过失。

按照社会生活经验,饲养动物损害案型之受害人,多数为未成年人。故对于未成年人受害案件,应对“受害人重大过失”作扩张解释,解释为包括受害人的“监护人有重大过失”。再者,出于保护未成年人[3]及加重动物饲养人责任之立法思想,本书建议,于法庭认定受害人(的监护人)对于损害之发生具有重大过失情形,判决减轻侵权人的赔偿责任以不超过赔偿总额之四分之一为宜。本条基本沿用原法第78条原文。

第一千二百四十六条　违反规定未对动物采取安全措施致害责任

违反管理规定,未对动物采取安全措施造成他人损害的,动物饲养人或者管理人应当承担侵权责任;但是,能够证明损害是因被侵权人故意造成的,可以减轻责任。

一、适用范围

本条规定未对动物采取安全措施造成他人损害的侵权责任。本条适用范围,限于“违反管理规定,未对动物采取安全措施造成他人损害”案型,被前条(第1245条)的适用范围所涵盖,二者构成特别法与一般法的逻辑关系。故按照特别法优先适用原则(第11条),凡属于违反管理规定,未对动物采取安全措施造成他人损害的案件,应当优先适用本条。

二、责任构成要件

依据本条规定,饲养人或者管理人承担无过错侵权责任,须具备双重要件。先须具备前条(第 1245 条)规定之一般构成要件,在具备一般构成要件之后,还须具备本条规定的特别构成要件,即“违反管理规定,未对动物采取安全措施”。

一般构成要件:(1)须属于“饲养动物”;(2)须“饲养动物”对受害人实施攻击(撕咬、角抵、蹄踢、冲撞);(3)须造成(受害人)“人身损害”;(4)须饲养动物“实施攻击”与受害人所受人身损害之间有因果关系。

特别构成要件,即“违反管理规定,未对动物采取安全措施”。所谓“违反管理规定”,当然是指违反关于“对动物采取安全措施”的“管理规定”。须特别注意,此所谓“管理规定”,究何所指?本书认为,基于本条之立法目的,条文所谓“管理规定”,应当作广义解释,包括法律、行政法规、地方性法规、部委或者地方政府规章,乃至城镇街道办、居民委员会、村民委员会以及小区业主委员会、物业管理机构,关于“对动物采取安全措施”的规定。

三、法定减责事由

本条“但书”规定,“但是,能够证明损害是因被侵权人故意造成的,可以减轻责任”。此是关于减轻责任法定事由的规定。请注意,适用前条(第 1245 条)一般法,以受害人故意为法定免责事由,以受害人重大过失为法定减责事由；适用本条特别法，仅以受害人故意为减责事由。质言之，即被告证明受害人故意仅可减轻赔偿责任，证明受害人重大过失不能减轻赔偿责任。显而易见，立法者意思是，借此加重被告（饲养人或者管理人）的责任，对“违反管理规定，未对动物采取安全措施”的被告予以惩戒。

补充一点，凡属于“违反管理规定，未对动物采取安全措施造成他人损害”案型，受害人依据前条（第 1245 条）起诉的，法庭应当予以释明，告知其变更法律依据（请求权基础）。“违反管理规定，未对动物采取安全措施”的事实认定，应当由受害人负担举证责任，自不待言。本条在原法第 79 条基础上添加“但书”规定。但此“但书”规定以受害人故意为法定减责事由，罕有实际意义。理由见前条解读。

第一千二百四十七条　禁止饲养的危险动物致害责任

禁止饲养的烈性犬等危险动物造成他人损害的，动物饲养人或者管理人应当承担侵权责任。

一、适用范围

本条规定禁止饲养的烈性犬等危险动物损害侵权责任。本条适用范围，限于“禁止饲养的烈性犬等危险动物造成他人损害”案型，为第 1245 条的适用范围所涵盖，本条与第 1245 条构成特别法与一般法的逻辑关系。故按照特别法优先适用原则（第 11 条），凡属于“禁止饲养的烈性犬等危险动物造成他人损害”的案件，应当优先适用本条。

二、责任构成要件

适用本条，饲养人或者管理人承担无过错侵权责任，须具备双重要件。

第一，一般要件。待决案件先须具备第 1245 条规定之一般构成要件，即：须属于“饲养动物”；须“饲养动物”对受害人实施攻击（撕咬、角抵、踣踢、冲撞）；须造成（受害人）“人身损害”；须饲养动物“实施攻击”与受害人所受人身损害之间有因果关系。

第二，特别要件。在具备一般构成要件之后，还须具备本条规定的特别构成要件，即肇事饲养动物属于“禁止饲养的烈性犬等危险动物”。

鉴于各地方政府有关养犬管理规定所禁止饲养烈性犬种类有所不同（如上海市禁止饲养 21 种烈性犬、北京市禁止饲养 40 种烈性犬、昆明市禁止饲养 33 种烈性犬），故待审案件中肇事饲养动物是否属于“禁止饲养的烈性犬”，应当依据法院所在地的地方政府关于养犬管理条例实施细则或者条例授权管理部门明文规定禁止饲养烈性犬目录为准。

条文所谓“危险动物”，法律并无定义性规定，应当指对于人类生命安全具有高度危险的动物，包括家养危险动物如烈性犬，以及野生危险动物如狮、虎、豹、狼、狐、野猪、蟒蛇等。肇事饲养动物是否属于本条“危险动物”，应当按照社会生活经验判断。

补充一点，本条所谓“危险动物”，不包括动物园饲养的野生危险动物，动物园饲养的狮、虎、豹、狼、狐、野猪、蟒蛇等野生动物造成他人损害案件，不属于本条适用范围，而应当适用第 1248 条。

鉴于烈性犬等危险动物对于人类的巨大危险性，个人饲养“禁止饲养的烈性犬等危险动物”属于违法行为，故本条未规定任何法定免责、减责事由。顺便指出，个人饲养“禁止饲养的烈性犬等危险动物”，应当构成行政违法行为。本条沿用原法第 80 条原文。

第一千二百四十八条　动物园的动物致害责任

动物园的动物造成他人损害的，动物园应当承担侵权责任；但是，能够证明尽到管理职责的，不承担侵权责任。

一、适用范围

本条规定动物园饲养动物损害侵权责任。本条适用范围，限于“动物园的动物造成他人损害”案型。所谓“动物园”，指经地方人民政府批准设立的，以供游人观赏、珍稀动物保护及科学研究为目的的饲养动物的场所，包括综合性动物园（水族馆）、专类性动物园、野生动物园、城市公园的动物展区、珍稀濒危动物饲养繁殖研究场所。[4] 动物园属于本法非营利法人（第 87 条）。

所谓“动物园的动物”，指动物园饲养的动物，包括家养动物和野生动物。动物园饲养的动物，当然也属于第 1245 条所谓“饲养动物”，本条适用范围被第 1245 条适用范围所涵盖，本条与第 1245 条构成特别法与一般法的逻辑关系。按照特别法优先适用原则（第 11 条），凡属于“动物园的动物造成他人损害”的案件，应当优先适用本条，而不适用第 1245 条。

二、归责原则

请特别注意，本条规定“动物园的动物造成他人损害”责任，属于过错推定责任，而非无过错责任。推定过错责任，本属于过错责任，但立法采取举证责任倒置方法，免除受害人证明被告具有过错的举证责任，而使被告承担证明自己无过错（“尽到管理职责”）的举证责任。在责任严格程度上，与无过错责任差别不大。无过错责任在多数情形中，被告可以通过证明受害人对于损害的发生具有故意或者重大过失，而免除责任或者减轻责任（第1245条）；在推定过错责任中，被告可以通过证明自己无过错（“尽到管理职责”）而不承担责任。按照社会生活经验，证明自己“尽到管理职责”较易，而证明受害人具有故意或者重大过失较难。显而易见，本条规定动物园承担推定过错责任，其立法理由，在于动物园的公益性。[5]

三、责任构成要件

依据本条规定，动物园承担侵权责任的构成要件如下：（1）须属于“动物园的动物”，即动物园饲养的动物；（2）须“动物园的动物”对受害人实施攻击（撕咬、角抵、踢踢、冲撞）；（3）须造成（受害人）“人身损害”；（4）须“动物园的动物”对受害人“实施攻击”（的事实）与受害人所受人身损害之间有因果关系；（5）须动物园有过错，此项过错，理论上称为“管理过失”，即动物园“未尽到管理职责”。如前所述，本条属于过错推定责任。审理案件的法庭先推定被告（动物园）有过错（“未尽到管理职责”），如果被告（动物园）依据本条“但书”规定，举证证明自己“尽到管理职责”，则本条“过错推定”即被“推翻”，法庭应当认定被告（动物园）无过错（不具有“管理过失”），并以不具备本条规定侵权责任全部构成要件为由，判决驳回原告（受害人）诉讼请求，亦即判决被告（动物园）不承担责任。本条基本沿用原法第 81 条原文。

四、附论“严格责任”

无过错责任与过错推定责任，相对于过错责任而言，均属于严格责任。在中国民法语境之下，无过错责任又有附法定免责、减轻事由的无过错责任，与不附法定免责、减责事由的无过错责任之分。故就责任之严格程度而论，不附法定免责、减责事由的无过错责任最严；附法定免责事由（不附法定减责事由）的无过错责任次之；附法定免责、减责事由的无过错责任又次之；过错推定责任更次之。

本法无过错责任，以附法定免责、减责事由（第 1237 条、第 1238 条、第 1239 条、第 1240 条、第 1245 条、第 1246 条）为常态，而以不附法定免责、减责事由（第 1241 条、第 1242 条、第 1247 条）为例外。不附法定免责、减责事由的无过错责任，适用于责任人具有一定违法性的案型（第 1241 条、第 1242 条、第 1247 条），蕴含对责任人予以惩戒的立法者意思。对无过错责任作上述区分，为《民法典》中国特色之一，值得注意。

第一千二百四十九条　遗弃、逃逸的动物致害责任

遗弃、逃逸的动物在遗弃、逃逸期间造成他人损害的，由动物原饲养人或者管理人承担侵权责任。

一、适用范围

本条规定遗弃、逃逸动物损害侵权责任。其适用范围,限于“遗弃、逃逸的动物在遗弃、逃逸期间造成他人损害”案型。“遗弃、逃逸动物”,因属于“饲养动物”,本条适用范围被第1245条适用范围所涵盖,本条属于特别法而第1245条属于一般法。按照特别法优先适用原则(第11条),凡属于“遗弃、逃逸动物造成他人损害”案件,应当优先适用本条。

条文所谓“遗弃”,指基于饲养人(所有人)的意思而放弃对动物(所有权标的物)之占有。“遗弃”与“抛弃”,法律意义相同。放弃对动物的占有称为“遗弃”、放弃对(无生物的)动产的占有称为“抛弃”,系习惯使然。所谓“逃逸”,指非基于饲养人(所有人)的意思而丧失对动物之占有。“逃逸”的法律意义,接近于“遗失”。“逃逸”有基于动物自己的意思脱离饲养人(所有人)占有的意思。非基于饲养人(所有人)的意思丧失对动物的占有,包括动物自己“逃逸”及动物被“遗失”。条文未提及“遗失”,故对于条文所谓“逃逸”概念,应解释为包括“遗失”。

按照民法原理,动物被“遗弃”,发生“抛弃”的法律效果,即饲养人(所有人)的所有权消灭,该遗弃动物成为无主物。动物“逃逸”(包括遗失),成为遗失物,饲养人(所有人)的所有权并不消灭。拾得“逃逸”(包括遗失)动物的人(拾得人)依法有通知、送还的义务(第314条)。因此,条文所谓“动物原饲养人或者管理人”,包括因“遗弃”已经丧失动物所有权,及因(动物)“逃逸”(包括遗失)未丧失动物所有权两种类型。[6]

顺便指出,依本法,饲养人“遗弃”所饲养的动物,并不违法,饲养人对动物的所有权因“遗弃”已经消灭,故条文规定由“原饲养人或者管理人”承担侵权责任;而高度危险物所有人“抛弃”高度危险物属于违法行为,本法不允许高度危险物所有人“抛弃”高度危险物,“抛弃”高度危险物不发生所有人丧失所有权的法律效果。故被“抛弃”高度危险物造成他人损害,本法规定,“由所有人承担侵权责任”(第1241条)。

二、归责原则

条文规定,“遗弃、逃逸的动物在遗弃、逃逸期间造成他人损害”案型,由“动物原饲养人或者管理人”承担无过错责任,且此无过错责任,未附法定免责、减责事由。前已述及,所有人“遗弃”动物并不违法,但以社会观念(甚至有所谓“动物权利论”),一经饲养就不应当予以“遗弃”,一旦“逃逸”也应当尽快找回,“遗弃”动物、“逃逸”(包括“遗失”)而不予找回,属于应受谴责之行为。[7] 故本条规定使原饲养人或者管理人承担最严格之侵权责任。

三、责任构成要件

按照条文,遗弃、逃逸动物损害责任的构成要件如下:(1)须属于“遗弃、逃逸的动物”。(2)须“遗弃、逃逸的动物”对受害人实施攻击(撕咬、角抵、踯踢、冲撞)。(3)须发生在“遗弃、逃逸期间”。所谓“遗弃、逃逸期间”,指动物因被遗弃或者逃逸,未被他人收容、收养,而处于无人饲养、管控之放任状态(俗称“流浪动物”)。(4)须造成(受害人)“人身损害”。前已述及,本法动物损害责任制度立法目的,在救济遭受人身损害的受害人，故动物造成财产损害属于一般侵权行为，适用过错责任原则。(5)须“遗弃、逃逸动物在遗弃、逃逸期间”对受害人“实施攻击”(的事实)与受害人所受人身损害之间有因果关系。[8] 本条基本沿用原法第82条原文。

第一千二百五十条　因第三人的过错致使动物致害责任

因第三人的过错致使动物造成他人损害的，被侵权人可以向动物饲养人或者管理人请求赔偿，也可以向第三人请求赔偿。动物饲养人或者管理人赔偿后，有权向第三人追偿。

本条规定第三人过错致使动物造成他人损害案型的请求权行使。请特别注意，条文“因第三人的过错致使动物造成他人损害”一句，应当理解为“因第三人的过错”致使“饲养人或者管理人”占有之下的“饲养动物造成他人损害”。亦即，“造成他人损害的”是由“饲养人或者管理人”管控之下的“饲养动物”，而不是“第三人的过错(行为)”。就因果关系论，饲养人或者管理人管控之下的动物对受害人的攻击事实与受害人所受损害结果之间存在因果关系(近因)，第三人的过错(行为)与受害人所受损害结果之间不存在因果关系(远因)。按照民法原理，受害人对于肇事动物的“饲养人或者管理人”享有损害赔偿请求权、对该第三人不享有任何权利。至于“饲养人或者管理人”对受害人承担赔偿责任之后，可依合同法或者侵权法另案请求该第三人承担赔偿责任，自不待言。此类似于合同法上“因第三人的原因致债务人违约”案型，应当由债务人对相对方承担违约责任，债务

人与第三人之间的纠纷应当依照法律规定或者合同约定处理(第593条)。本条规定“被侵权人可以向动物饲养人或者管理人请求赔偿”是适当的,而规定“也可以向第三人请求赔偿”则于法律逻辑有所未合。

进而言之,受害人(被侵权人)向第三人请求赔偿也未必对受害人有利。如受害人起诉第三人,法庭理当要求原告(受害人)就被告第三人的过错行为与自己所受损害之间存在因果关系负担举证责任。因民法理论和裁判实务所谓“因果关系”,必须是直接因果关系(近因),其判断公式为“有此即有彼、无此即无彼”,若待审案件事实不符合此判断公式,则原告(受害人)要完成此项因果关系举证,实际上是不可能的。

与本条规定案型最为类似的,是“因运输者、仓储者等第三人的过错使产品存在缺陷,造成他人损害”案型。鉴于该等第三人的过错行为与受害人所受损害之间不存在因果关系(近因),故条文未规定“被侵权人也可以向第三人请求赔偿”,而是明确规定,“产品的生产者、销售者赔偿后,有权向第三人追偿”(第1204条)。

有鉴于此,本书建议采类推解释方法,不拘泥于条文之不当文句,解释为:因第三人的过错致使动物造成他人损害的,“被侵权人可以向动物饲养人或者管理人请求赔偿”,“动物饲养人或者管理人赔偿后,有权向第三人追偿”。所谓“管理人”非指“饲养人”的家人或者雇员,特指基于委托合同、保管合同、运输合同喂养、管控动物的当事人(受托人、保管人、承运人),见对第1245条解读。本条沿用原法第83条原文。

第一千二百五十一条　饲养动物应履行的义务

饲养动物应当遵守法律法规，尊重社会公德，不得妨碍他人生活。

本条规定动物饲养人遵守法律、社会公德，不得妨碍他人生活的义务。饲养动物，属于民事活动，本条为对本法第 8 条民法基本原则应有之义。本条基本沿用原法第 84 条原文，属于指导性原则，不具有裁判规范（请求权基础）的性质和功能，自不待言。

注　释

1　顺便指出，自然保护区野生动物致人损害案件，属于一般侵权行为，适用过错责任原则（第 1165 条第 1 款），管理机构有过错（管理过失）的，应当承担侵权责任；管理机构无过错（无管理过失）的，不承担侵权责任。

2　饲养动物造成他人财产损害案型，如饲养的牛、羊践踏他人农田及家禽糟蹋他人禾稼，不属于本条适用范围，应属于一般侵权行为，适用过错责任原则（第 1165 条第 1 款）。

3　《未成年人保护法》（2020 年修订）。

4　《城市动物园管理规定》第 2 条第 1 款。

5　此与本法规定校园伤害案件幼儿园、学校承担推定过错责任（第 1199 条、第 1120 条）相同。

6　“逃逸”（包括“遗失”）的动物，因他人“收养”而使原饲养人丧失动物所有权。

7　如各地城市养犬管理条例均有饲养人不得遗弃动物的规定。

8　顺便提及，饲养外来物种动物，因遗弃、逃逸造成自然生态破坏案型，应当适用第 1229 条的规定，造成严重后果的可以适用第 1232 条关于惩罚性赔偿的规定。

第十章　建筑物和物件损害责任

因建筑物具有缺陷或者管理瑕疵致人损害，为民法特别侵权行为之重要类型。

第一千二百五十二条　建筑物、构筑物或者其他设施倒塌、坍塌致害责任

建筑物、构筑物或者其他设施倒塌、塌陷造成他人损害的，由建设单位与施工单位承担连带责任，但是建设单位与施工单位能够证明不存在质量缺陷的除外。建设单位、施工单位赔偿后，有其他责任人的，有权向其他责任人追偿。

因所有人、管理人、使用人或者第三人的原因，建筑物、构筑物或者其他设施倒塌、塌陷造成他人损害的，由所有人、管理人、使用人或者第三人承担侵权责任。

先介绍本章。建筑物为人类居所，因建筑物具有缺陷或者管理瑕

疵致人损害,为民法特别侵权行为(准侵权)之重要类型,立法例多有规定。例如,《法国民法典》第1386条规定:“建筑物的所有人,对于因缺乏维护或因建筑物的缺陷所发生的坍塌而引起的损害,应负赔偿责任。”《德国民法典》第836条规定:“(1)建筑物或与土地结合的工作物,因崩坍,或因建筑物或工作物部分之剥落,致人于死或伤害人之身体或健康,或毁损物品者,若其崩坍或剥落,系因设置或保管有欠缺所致者,土地占有人对被害人因此所生损害,负赔偿责任。占有人以避免危险为目的,已尽交易上必要之注意者,不负赔偿义务。……”《德国民法典》第827条规定:“因权利之行使在他人土地上占有建筑物或其他工作物,应代占有人负担第836条所定之责任。”《日本民法典》第717条规定:“(1)土地之工作物之设置或保管存在瑕疵,因而发生损害于他人者,其工作物之占有人,对被害人应负赔偿责任。但占有人对于防止损害之发生,已尽必要注意者,应由所有人负损害赔偿之责。(2)前款规定,准用于竹木栽植或支撑有瑕疵情形。(3)于前两款情形,就损害原因另有责任者时,占有人或所有人可以对其行使求偿权。”《瑞士债务法》第58条规定:“(1)建筑物或者其他工作物的所有人,对因其设备或者构造的瑕疵或者保存的瑕疵产生的损害必须赔偿。(2)前项所有人,对其承担的损害责任对他人保留求偿权。”

上述立法例的特征如下:第一,对建筑物缺陷致损与建筑物管理瑕疵致损不作区分。建筑物致人损害的原因,一是建筑物缺陷,即建筑物具有危及他人人身、财产安全的不合理危险;二是建筑物管理瑕疵。前述立法例对二者未作区分而规定为一个条文,表述为“因缺乏维护或因建筑物的缺陷”(《法国民法典》)、“设计、制造或保管有瑕疵”(《瑞士债务法》)、建筑物的“设置或保管有欠缺”(《德国民法典》)。第二,对归责原则亦不作区分,或者适用无过错责任(《法国民法典》《瑞士债务法》),或者适用过错推定责任(《德国民法典》《日本民法典》)。第三,对承担责任的主体也不作区分,统一规定为建筑物的"所有人"(《法国民法典》《瑞士债务法》),建筑物的"自主占有人"(《德国民法典》)、"占有人或者所有人"(《日本民法典》)。

《民法通则》制定时,专设第 126 条规定:"建筑物或者其他设施以及建筑物上的搁置物、悬挂物发生倒塌、脱落、坠落造成他人损害的,它的所有人或者管理人应当承担民事责任,但能够证明自己没有过错的除外。"该条为法院审理建筑物损害案件的法律根据。但因未区分建筑物缺陷损害与建筑物管理瑕疵损害,统一规定为推定过错责任,致法院裁判实务存在规范不足。

制定《侵权责任法》时,起草人以《民法通则》第 126 条规定为基础,总结《民法通则》实施以来的裁判实践,参考借鉴境外立法经验,专设第 11 章,分别规定建筑物管理瑕疵损害责任(第 85 条),建筑物缺陷损害责任(第 86 条),建筑物中抛掷、坠落物损害补偿(第 87 条),堆放物倒塌致损责任(第 88 条),公共道路堆放、倾倒、遗撒物品损害责任(第 89 条),林木折断致损责任(第 90 条),公共场所、道路施工致损责任(第 91 条),共 7 个条文。《侵权责任法》实施以来的经验表明,该章法律规范之创制是成功的,有利于人民法院对建筑物损害等案件的依法审理和公正裁判,具有良好的社会效果。《民法典》编纂时对若干条文作了修改完善,将其设为侵权责任编第 10 章,以"建筑物和物件损害责任"为章名,条文数不变。

建筑物管理瑕疵责任与建筑物缺陷损害责任的区别如下:(1)责任的根据不同。建筑物管理瑕疵责任的根据是"管理人(维护、保养)

过失”,民法理论称为“管理瑕疵”;建筑物缺陷损害责任的根据是“建筑物缺陷”,即因设计施工违反法律、法规、规章规定的安全标准,致建筑物存在对于他人人身、财产的“不合理危险”。(2)归责原则不同。建筑物管理瑕疵责任适用过错责任原则,我国《民法通则》及《德国民法典》、《日本民法典》采“过错推定”;建筑物缺陷损害责任应适用无过错责任原则(与产品缺陷致损责任相同)。(3)保护对象不同。建筑物管理瑕疵责任的保护对象,是建筑物所有人、占有人、管理人之外的“他人”;建筑物缺陷损害责任的保护对象,是建设单位与施工单位之外的一切人,包括建筑物的所有人、占有人、使用人、管理人和在该建筑物内外活动的人(如学生、老师、顾客、运动员、行人等)。

建筑物缺陷致人损害的原因是“建筑物缺陷”,即因设计施工违反法律、法规、规章规定的安全标准,致建筑物存在“不合理危险”。其“肇事者”是违反法律、法规、规章的建设单位和施工单位。建筑物的“所有人和管理人”,并不参与建筑物的设计、施工,一般不可能知道“建筑物缺陷”之存在。退一步说,“所有人和管理人”即使怀疑建筑物存在缺陷,也不可能通过履行维护、保养义务以消除缺陷、排除危险。因此,要求无辜的建筑物所有人或者管理人承担赔偿责任,而不使建设单位和施工单位承担赔偿责任,既不合法理、情理,也不符合法律逻辑。

有鉴于此,《侵权责任法》制定时,起草人将建筑物损害责任分设为两个条文:一是建筑物管理瑕疵责任,为推定过错责任(第 85 条);二是另创设建筑物缺陷损害责任,适用无过错责任原则(第 86 条)。鉴于改革开放以来发生所谓高楼坠物损害案件,因高层建筑同一单元楼层甚多,肇事者往往难于确定,起草人采纳法院裁判方案,创设所谓高楼坠物损害肇事者难于确定情形的补偿规则(第87条)。建筑物缺陷损害责任和高楼坠物损害补偿,为最具中国特色之民法创制,请予留意。下面解读第1252条。

一、适用范围

条文第1款第一句规定:"建筑物、构筑物或者其他设施倒塌、塌陷造成他人损害的,由建设单位与施工单位承担连带责任,但是建设单位与施工单位能够证明不存在质量缺陷的除外。"请注意,条文从"建筑物、构筑物或者其他设施倒塌、塌陷造成他人损害"案型中,用"但书"规定将"不存在质量缺陷"的案型予以排除,于是本条适用范围被限定于"建筑物、构筑物或者其他设施"因"质量缺陷"致"倒塌、塌陷造成他人损害"案型,既区别于建筑物管理瑕疵损害案型(第1253条),也区别于无质量缺陷的建筑物倒塌、塌陷造成他人损害案型。

(一)何谓"建筑物、构筑物或者其他设施"

按照本法关于有体物的分类,"建筑物、构筑物或者其他设施"属于"不动产"(第115条)。"不动产",指土地、海域及土地定着物。"定着物",指固定于土地、不可移动之物。"建筑物、构筑物或者其他设施"属于"定着物"。所谓"建筑物",指定着物中,供人居住、学习、劳作、娱乐、休息、存放物品及圈养动物的定着物,房屋为建筑物之典型。所谓"构筑物",指定着物中,除房屋等建筑物之外,如桥梁、隧道、堤坝、轨道、道路、城墙、碉堡等定着物。所谓"其他设施",指定着物中,除建筑物、构筑物之外的,如广告牌、电灯杆、电线杆(塔),运动场馆的看台、篮球架、单双杠,娱乐场所的秋千架、旋转木马、滑梯、滑道、过山车轨道、摩天轮,旅游景点的索道、缆车、栈道等定着物。

(二)何谓建筑物"质量缺陷"

关于建筑物质量缺陷,法律未设定义。鉴于建筑物质量缺陷与产品(动产)缺陷类似,故应类推解释产品缺陷定义[1]。所谓建筑物质量缺陷,指"建筑物、构筑物或者其他设施"未达到有关法律、法规、规章规定的安全标准,存在对于他人人身、财产的"不合理危险"。

(三)如何理解"倒塌、塌陷"

所谓"倒塌、塌陷",是建筑物缺陷造成他人损害的典型事例,如建筑物倒塌、道路塌陷。但因"建筑物、构筑物及其他设施"存在质量缺陷造成他人损害的形态甚多,如桥梁断裂、堤坝溃决、隧道垮塌、道路塌方、运动场看台垮塌、索道或者缆车车厢坠落、过山车轨道断裂、广告牌倾倒或脱落等。可见条文"倒塌、塌陷",不过是立法者所举典型示例罢了。故不可拘泥于"倒塌、塌陷"之文义,凡"建筑物、构筑物或者其他设施"因存在质量缺陷造成他人损害情形,均应当涵盖在内。

二、责任人

条文第一句明定责任人为"建设单位与施工单位"。请注意,"单位",亦称"用人单位",是中国法语境特有概念,本法未设定义。《工伤保险条例》第 2 条第 1 款规定:"中华人民共和国境内的企业、事业单位、社会团体、民办非企业单位、基金会、律师事务所、会计师事务所等组织和有雇工的个体工商户(以下称用人单位)应当依照本条例规定参加工伤保险，为本单位全部职工或者雇工（以下称职工）缴纳工伤保险费。”可见，“单位”概念，涵括中国境内的法人、非法人组织和有雇工的个体工商户，而将自然人、农村承包经营户、无雇工的个体工商户排除在外。条文所谓“建设单位”，指委托“施工单位”建造“建筑物、构筑物或者其他设施”的法人、非法人组织或者有雇工的个体户。自然人（及农户）建造住房、围墙、温室、大棚、牲畜栏圈等，均非本条“建设单位”。“施工单位”，指具有建设主管部门许可、从事建筑施工的营利法人（建筑公司）、非法人组织（建筑队）、有雇工的个体户（俗称包工头）。以个人名义揽活的建筑工匠，非本条“施工单位”。

三、归责原则

本法建筑物损害责任分设为建筑物缺陷损害责任（本条）与建筑物管理瑕疵责任（第1253条），而适用不同的归责原则，建筑物缺陷损害责任为无过错责任，建筑物管理瑕疵责任为推定过错责任。按照本条，“建筑物、构筑物或者其他设施倒塌、塌陷造成他人损害”案型，由建设单位与施工单位承担无过错责任。其法理根据是危险控制理论，唯建设单位与施工单位能够控制和规避建筑物质量缺陷及其危险。

请特别注意，条文“但书”规定，“能够证明不存在质量缺陷的除外”，并非法定免责事由，而是关于质量缺陷推定的规定。故本法建筑物缺陷损害责任，属于不附法定免责、减责事由的无过错责任，其责任“严格程度”最高。这是因为，建筑物质量缺陷具有极为严重的社会危害性，立法者用最严格责任，对违反安全标准、粗制滥造、偷工减料、使用不合格建筑材料、违背技术规程等造成建筑物质量缺陷的行为予以惩戒，尽量减少具有质量缺陷的建筑物、构筑物（俗称“豆腐渣工程”）之发生。

四、连带责任

本法民事责任形式，有按份责任（第177条）与连带责任（第178条第1款）之分，且连带责任必须由法律规定或者当事人约定（第178条第2款）。连带责任对救济受害人最为有利。本编连带侵权责任，适用于共同侵权行为（包括主观共同侵权行为和客观共同侵权行为）。按照社会生活经验，建筑物质量缺陷之发生，既有建设单位的原因，如对施工单位选任不当、疏于监督或者为降低造价使用不合格建筑材料（劣质钢材，低标号水泥、海沙）或者要求赶工期等。也有施工单位的原因，如不具有相应技术资质、违反技术规程、偷工减料、粗制滥造、赶工期等，符合主观共同侵权行为的本质特征。条文规定由“建设单位与施工单位承担连带责任”，实际是将建筑物质量缺陷致损视为主观共同侵权行为。当然，规定“由建设单位与施工单位承担连带责任”，出于使受害人能够获得充分救济的政策目的，自不待言。

五、责任构成要件

责任构成条件如下：(1)须是“建筑物、构筑物或者其他设施”；(2)须是“建筑物、构筑物或者其他设施倒塌、塌陷”；(3)须“造成他人损害”；(4)须“建筑物、构筑物或者其他设施倒塌、塌陷”与他人所受“损害”之间存在因果关系；(5)须“建筑物、构筑物或者其他设施”具有“质量缺陷”。

关于第3项“造成他人损害”，前已述及，此所谓“他人”，指建设单位与施工单位之外的一切人，包括“建筑物、构筑物或者其他设施”的所有人、占有人、使用人、管理人和利用“建筑物、构筑物或者其他设施”的人，如学生、老师、顾客、运动员、观众、车辆驾驶人、乘客、游客、行人等。[2] 所谓“损害”，包括人身损害即造成受害人死亡、残疾或者健康损害，及财产（限于有形财产）损害。

关于第5项要件，“建筑物、构筑物或者其他设施”具有“质量缺陷”，本条采取“质量缺陷推定”的方法。凡“建筑物、构筑物或者其他设施倒塌、塌陷”，即推定“建筑物、构筑物或者其他设施”“存在质量缺陷”，并同时允许建设单位与施工单位举证“证明不存在质量缺陷”。“质量缺陷推定”，是由“建筑物、构筑物或者其他设施倒塌、塌陷”的事实，推定“质量缺陷”（事实）之存在。此与“因果关系推定”（第1230条），即由污染环境、破坏生态的事实，推定污染环境、破坏生态与受害人所受损害之间存在因果关系，属于同一立法方法。实质是，采用举证责任倒置方法，使被告负担证明要件事实（“质量缺陷”或者“因果关系”）不存在的举证责任，免除原告（受害人）证明要件事实（“质量缺陷”或者“因果关系”）存在的举证责任。前已述及，条文“但是建设单位与施工单位能够证明不存在质量缺陷的除外”，是关于“质量缺陷推定”的规定，而非关于法定免责事由的规定。请予注意。

六、关于追偿权行使

条文第1款末句规定：“建设单位、施工单位赔偿后，有其他责任人的，有权向其他责任人追偿。”此“其他责任人”究何所指？考虑到此“建设单位与施工单位”追偿权，与本编产品责任“生产者、销售者”的追偿权（第1204条）最为类似，而“生产者、销售者”追偿权的对象，是因其“过错使产品存在缺陷”的“运输者、仓储者等第三人”,则本条作为“建设单位与施工单位”追偿权的对象的“其他责任人”,应指“建设单位与施工单位”之外的、其行为使“建筑物、构筑物或者其他设施”存在“质量缺陷”的人。

第2款对作为“建设单位与施工单位”追偿权对象的“其他责任人”概念,作了解释性规定,即第1款所谓“其他责任人”,是指“所有人、管理人、使用人或者第三人”。第2款条文,属于民法理论所谓“立法解释”,而非裁判规范(请求权基础),其与第1款之间也不构成特别法与一般法的逻辑关系。

请特别注意,第2款条文“因所有人、管理人、使用人或者第三人的原因”,与“建筑物、构筑物或者其他设施倒塌、塌陷”之间的语法关系不明。可有两种理解:其一,“所有人、管理人、使用人或者第三人”(的行为)是使“建筑物、构筑物或者其他设施”存在质量缺陷的“原因”;此“质量缺陷”是“建筑物、构筑物或者其他设施”倒塌、塌陷的“原因”。其二,“所有人、管理人、使用人等第三人”(的行为),是“建筑物、构筑物或者其他设施”倒塌、塌陷的“原因”。

按照第一种理解,“所有人、管理人、使用人或者第三人”(的行为),是受害人所受损害的“远因”,受害人对“所有人、管理人、使用人或者第三人”不享有赔偿请求权,只能依本条第1款的规定请求“建设单位与施工单位”承担赔偿责任。而按照第二种理解,“所有人、管理人、使用人或者第三人”(的行为),是受害人所受损害的“近因”,受害人应当请求“所有人、管理人、使用人或者第三人”承担赔偿责任,而不能请求“建设单位与施工单位”承担赔偿责任[3],也就不发生“建设单位与施工单位”的追偿权问题。

按照社会生活经验，所有人或者使用人拆除建筑物承重墙、挖掘地下室导致建筑物基础动摇、在房顶增建楼层或者空中花园超过建筑物基础承受限度，即为“所有人、管理人、使用人”（的行为）使“建筑物、构筑物或者其他设施”存在质量缺陷的著例。

这里有两个问题：第一，第2款“所有人、管理人、使用人或者第三人”中的“第三人”概念，是否包括因其履约行为导致“建筑物、构筑物或者其他设施”“存在质量缺陷”的合同相对方当事人，如其建筑设计不符合安全标准导致建筑物具有“质量缺陷”的设计人，未尽到监理、监督职责导致建筑物等具有“质量缺陷”的监理人，提供假冒伪劣建筑材料导致建筑物等具有“质量缺陷”的材料供应商。此与运输者、仓储者导致产品缺陷的情形最为类似（第1204条）。应采类推解释方法，认为因设计人、监理人、材料供应商的履约行为导致建筑物、构筑物或者其他设施存在质量缺陷情形，设计人、监理人、材料供应商属于第2款所谓“第三人”、属于“建设单位与施工单位”追偿权的对象。建设单位或者施工单位对受害人承担赔偿责任后，有权依据本条第1款末句规定，对该设计人、监理人、材料供应商行使追偿权。

第二，按照社会生活经验，偶有邻地所有人建筑施工（挖坑、抽地下水）导致建筑物倒塌、塌陷，地铁施工导致地面建筑物倒塌、道路塌陷，船舶撞坏桥墩致桥梁垮塌，合法拆除行为致建筑物垮塌，乃至犯罪行为人实施爆破致建筑物倒塌的情形。这类情形，该等导致“倒塌、塌陷”的行为人（邻地所有人、地铁施工人、船舶驾驶人、拆除行为人、犯罪行为人），是否属于第2款所谓“第三人”？请特别注意，这类情形，倒塌、塌陷的“建筑物、构筑物或者其他设施”本不存在质量缺陷，其倒塌、塌陷的“原因”，是该邻地所有人、地铁施工人、船舶驾驶人、拆除行为人、犯罪行为人所实施的"事实行为"。按照本条第 1 款第一句"但书"规定,"建设单位与施工单位"可以通过主张并举证证明发生倒塌、塌陷的"建筑物、构筑物或者其他设施""不存在质量缺陷"(以推翻关于质量缺陷的立法推定),而不承担侵权责任。"建设单位与施工单位"不承担侵权责任,当然也就不发生追偿权行使问题。故应当肯定,第 2 款"所有人、管理人、使用人或者第三人"中的"第三人",不包括实施"事实行为"导致本不存在质量缺陷的"建筑物、构筑物或者其他设施倒塌、塌陷"的"行为人"(邻地所有人、地铁施工人、船舶驾驶人、拆除行为人、犯罪行为人)。[4]

再有一个问题,法庭审理案件,如被告"建设单位与施工单位"主张"其他责任人"(的行为)使"建筑物、构筑物或者其他设施"存在"质量缺陷",并申请将"其他责任人"列为共同被告,法庭应否允许?如前所述,"其他责任人"(的行为)属于受害人所受损害的"远因",受害人对于该"其他责任人"无请求权(及诉权),故受害人诉"建设单位与施工单位"与"建设单位与施工单位"对该"其他责任人"追偿之诉,是基于不同法律关系的两个诉,不符合诉的合并条件,故法庭不应允许。本条基本沿用原法第 86 条,另将第 2 款原文"其他责任人"改为"所有人、管理人、使用人等第三人"等。

第一千二百五十三条　建筑物、构筑物或者其他设施及其搁置物、悬挂物脱落、坠落致害责任

建筑物、构筑物或者其他设施及其搁置物、悬挂物发生脱落、坠落造成他人损害,所有人、管理人或者使用人不能证明自己没有过错的,

应当承担侵权责任。所有人、管理人或者使用人赔偿后,有其他责任人的,有权向其他责任人追偿。

一、适用范围

条文第一句明确规定,本条适用范围是“建筑物、构筑物或者其他设施及其搁置物、悬挂物发生脱落、坠落造成他人损害”案型。所谓“搁置物”“悬挂物”并无法律定义,应当依社会生活经验解释。“搁置物”,如窗台搁置的花盆;悬挂物,指悬挂于外墙或者阳台之物,如腊制食物、晾衣杆、衣架。所谓“脱落、坠落”,如建筑物砖瓦、墙皮、窗户玻璃、窗台搁置的花盆、悬挂的食品和衣物坠落、脱落。此等物件、物品之脱落、坠落,系因管理、维护瑕疵所致,非人的行为所致。

二、责任人

本条规定,建筑物管理瑕疵责任的责任人为“所有人、管理人或者使用人”。须特别注意,此所谓“管理人”,特指依据物业服务合同、“为业主提供建筑物及其附属设施的维修养护、环境卫生和相关秩序的管理维护等物业服务的”“物业服务企业和其他管理人”。所谓“使用人”,指基于租赁合同或者借用合同占有、使用建筑物,且合同明确约定由承租人或者借用人承担维修义务之承租人或者借用人。[5]

于裁判实务中,须结合涉案建筑物管理的不同情形,决定究竟由所有人承担责任,或者由管理人承担责任,或者由使用人承担责任。鉴于建筑物管理瑕疵责任的法理依据为危险控制理论,即由能够控制和规避危险的人承担责任。因此,凡属于订立物业服务合同交由物业服务公司或者其他管理人管理的建筑物,应当由物业服务公司或者其他管理人承担责任。未交由物业服务公司或者其他管理人管理的建筑物,属于所有人自己使用的,应当由所有人承担责任;属于出租人、借用人使用、合同约定由使用人承担维修义务的,应当由使用人(承租人、借用人)承担责任;合同未约定由使用人承担维修义务的,仍应当由所有人(出租人、出借人)承担责任。

三、责任构成要件

责任构成条件如下:(1)须是"建筑物、构筑物或者其他设施";(2)须是"建筑物、构筑物或者其他设施及其搁置物、悬挂物发生脱落、坠落";(3)须"造成他人损害";(4)须"建筑物、构筑物或者其他设施及其搁置物、悬挂物发生脱落、坠落"与他人所受"损害"之间具有因果关系;(5)须"所有人、管理人或者使用人不能证明自己没有过错"。

关于第2项要件,须注意,条文"建筑物、构筑物或者其他设施及其搁置物、悬挂物发生脱落、坠落"的表述并不准确,"建筑物、构筑物"本身不可能发生脱落、坠落,发生脱落、坠落的是"建筑物、构筑物"的"构成部分",如墙面砖瓦、窗户玻璃、墙面瓷砖、阳台栏杆,及窗台搁置物如花盆,阳台悬挂物如食品、晾衣杆、衣架等。"其他设施",如广告牌、路灯,也可能发生脱落、坠落。

关于第3项要件,其所谓"他人",是指"所有人、管理人或者使用人"之外的人,如邻居、行人、游客,及利用该"建筑物、构筑物或者其他设施"的人,如学生、老师、顾客、运动员、观众、车辆驾驶人、乘客,不包括"所有人、管理人或者使用人"的家人、工作人员、雇员。[6] 所谓

“损害”，包括人身损害即造成受害人死亡、残疾或者健康损害，及有形财产损害，如汽车被砸坏。

关于第5项要件，“所有人、管理人或者使用人不能证明自己没有过错”。其所谓“过错”，非一般意义上的“过错”（违反善良管理人的注意），而特指违反对于“建筑物、构筑物或者其他设施”的“维修、保养义务”，民法理论称为“管理瑕疵”。并且，本条采过错推定（举证责任倒置）方法，凡“建筑物、构筑物或者其他设施及其搁置物、悬挂物发生脱落、坠落”，即推定“所有人、管理人或者使用人”具有过错，免除受害人证明被告“所有人、管理人或者使用人”具有过错的举证责任，而使被告“所有人、管理人或者使用人”负担证明自己没有过错的举证责任。如果被告“所有人、管理人或者使用人”不能证明自己没有过错，法庭即应当判决其对受害人承担赔偿责任；反之，如果被告“所有人、管理人或者使用人”举证证明自己没有过错，则过错推定被推翻，法庭应当认定被告“所有人、管理人或者使用人”没有过错，并判决被告“所有人、管理人或者使用人”不承担责任。

四、追偿权

条文第二句规定：“所有人、管理人或者使用人赔偿后，有其他责任人的，有权向其他责任人追偿。”所谓“其他责任人”，是指造成建筑物存在“管理瑕疵”的人。例如，“所有人、管理人或者使用人”通过订立承揽合同，委托装修公司（承揽人）对“建筑物、构筑物或者其他设施”进行装修、修缮、维护，而存在装修、修缮、维护的质量瑕疵情形，指“装修公司”（承揽人）；或者“所有人、管理人或者使用人”自己（的工作人员或者雇工）进行装修、修缮、维护，所使用的材料存在质量缺陷的情形,是指材料的生产者或者供应商。

依据条文,于存在“其他责任人”情形,“所有人、管理人或者使用人”须对受害人承担赔偿责任之后,另案行使追偿权。于受害人请求“所有人、管理人或者使用人”承担赔偿责任的诉讼中,被告“所有人、管理人或者使用人”主张存在“其他责任人”,并请求将该“其他责任人”列为共同被告的,法庭不应允许,理由与前条(第1252条)同。本条沿用原法第85条原文。

第一千二百五十四条　从建筑物中抛掷物、坠落物致害责任

禁止从建筑物中抛掷物品。从建筑物中抛掷物品或者从建筑物上坠落的物品造成他人损害的,由侵权人依法承担侵权责任;经调查难以确定具体侵权人的,除能够证明自己不是侵权人的外,由可能加害的建筑物使用人给予补偿。可能加害的建筑物使用人补偿后,有权向侵权人追偿。

物业服务企业等建筑物管理人应当采取必要的安全保障措施防止前款规定情形的发生;未采取必要的安全保障措施的,应当依法承担未履行安全保障义务的侵权责任。

发生本条第一款规定的情形的,公安等机关应当依法及时调查,查清责任人。

鉴于改革开放以来发生所谓高楼坠物损害案件,因高层建筑同一单元楼层甚多,加害人往往难于确定,《侵权责任法》起草人采纳法院裁判方案,创设所谓高楼坠物损害加害人难于确定情形的补偿规则

（第 87 条）。《侵权责任法草案》一次审议稿和二次审议稿均规定，由可能加害的建筑物使用人“承担赔偿责任”，最终通过的法律条文改为由可能加害的建筑物使用人“给予补偿”。修改的理由是，被判决分担损害的建筑物使用人中，仅可能有“一人”是加害人，其他人均不是加害人，而对于不是加害人的其他人而言，他们既然没有实施加害行为，其分担损害当然不具有“承担侵权责任”的性质。

本条的法律渊源，是罗马法关于从建筑物落下物或投掷物致损的“准私犯”规则。按照罗马法，如果从建筑物中落下或投出的任何物品在公共场所造成他人损害，住户无论是否具有过错，均应受到“落下物或投掷物致害之诉”（*actio de effuses et deiectis*）的追究，被要求双倍赔偿损失。同一房间的数名房客将负连带责任。[7] 现代民法关于建筑物管理瑕疵损害责任的规定，如《法国民法典》（第 1386 条）、《德国民法典》（第 836 条）、《日本民法典》（第 717 条），均源于该项罗马法规则。

值得注意的是，前述罗马法规则及法国民法、德国民法、日本民法建筑物管理瑕疵损害责任，其所谓“建筑物”与本条所谓“建筑物”不同。本条所谓“建筑物”，专指现代“区分所有建筑物”，其建筑物所有人、建筑物使用人不止一人，而是人数众多。假如建筑物仅有一个所有人或者使用人，从该建筑物任一窗口抛下的烟灰缸造成他人损害，按照第 1253 条关于建筑物管理瑕疵责任的规定，无须确定具体抛掷烟灰缸之人（加害人），而由该建筑物的所有人、管理人或者使用人承担赔偿责任。现在从“区分所有建筑物”窗口抛下一个烟灰缸造成他人损害，在不能确定具体抛掷烟灰缸之人时，让该建筑物使用人中可能加害的人予以补偿，并不违背罗马法原理。

鉴于现代区分所有建筑物的多单元、多楼层结构特征，要求全体所有人或者全体使用人给予补偿，也不尽合理。因为致人损害的那个烟灰缸仅可能从一个单元的二层以上楼层的一个窗口坠落，不可能从其他单元的楼层的窗口坠落，本条所谓“可能加害的建筑物使用人”，即是坠落烟灰缸的那个单元二层以上的建筑物使用人，而不包括该单元一楼的建筑物使用人和别的单元的建筑物使用人。本条在确定“可能加害的建筑物使用人”范围后，准用关于“共同危险行为”规则（第1170条），将能够“证明自己不是加害人”的建筑物使用人“除外”，最后判决不能证明自己不是加害人的“可能加害的建筑物使用人”，对该单元二层以上坠落的烟灰缸所造成他人的损害“给予补偿”。

个别民法学者认为，因不能确定具体抛掷烟灰缸之人而使其他无辜的建筑物使用人给予补偿有失公平，并主张既然不能确定具体的抛掷烟灰缸之人（加害人），法庭就应当驳回受害人的诉讼请求。这样的意见不符合多数民法学者和多数民事法官对公平正义的理解。与被判决给予补偿的真正加害人以外的建筑物使用人比较，被高楼坠落的烟灰缸砸伤、砸死的受害人更加无辜。要求每一个人为自己外出遭受高楼坠物伤害向保险公司投保人身伤害保险，或者要求地方政府用纳税人缴纳的税金予以补偿，既不合情亦不合理。总不能要求每一个人戴上“头盔”出门吧！因为不能确定具体抛掷烟灰缸之人就驳回受害人的诉讼请求，使无辜受害人或者其家属不能获得救济，也不可能起到警示、减少抛掷物品行为的社会效果。

中国原本是农业社会，现在的区分所有建筑物使用人的大多数，曾长期生活、居住在农村，农户住房窗外就是自家菜地、院坝，从而形成顺手将果核、果皮乃至烟蒂、菜根往外一扔的习惯。所谓“高楼坠物”损害之发生,大多与此习惯有关。《侵权责任法》针对现代化区分所有建筑物的实际,总结《民法通则》以来的裁判实践经验并参考罗马法准私犯的法理,创设高楼坠物致损难于确定具体加害人情形,由可能加害的建筑物使用人给予补偿规则(第87条),在全国人大常委会及法律委员会审议中,获得一致赞同并顺利通过。《侵权责任法》实施以来的裁判实践表明,此项裁判规则之创设是成功的、社会效果是良好的。在原法基础上编纂《民法典》侵权责任编时,本条受到社会各界广泛的关注,并提出很多修改完善的建议。起草人根据各界的建议对原条文(第87条)作了重要修改并设为三款。

一、第1款第一句

条文第1款第一句规定:“禁止从建筑物中抛掷物品。”此句为新增规定,因为用了“禁止”一词,可能被误认为“禁止性规定”。民法所谓强制性规定,分为禁止性规定与命令性规定。违反禁止性规定将发生行为无效或者其他法律效果。禁止性规定,亦即总则编第153条所谓将导致法律行为无效的强制性规定,如禁止权利滥用(第132条),禁止转承包、禁止再分包(第791条)。故禁止性规定,具有裁判规范(请求权基础)的性质,可被法庭援引为判决的法律依据。本条第一句规定“禁止从建筑物中抛掷物品”,却未涉及违反此项规定之“抛掷物品”行为之有效、无效问题,抛掷物品行为人也并不仅因违反此项规定而受到法律制裁,其承担侵权责任须具备其他要件(如损害结果、因果关系)。可见,第一句规定“禁止从建筑物抛掷物品”,并非禁止性规定、不具有裁判规范(请求权基础)的性质,而属于原则性条文。

二、第 1 款第二句前段规定

条文第 1 款第二句前段规定,“从建筑物中抛掷物品或者从建筑物上坠落的物品造成他人损害的,由侵权人依法承担侵权责任”。此段也是新增规定。请特别注意,条文所谓“物品”一词,区别于前条(第 1253 条)所谓“搁置物、悬挂物”概念。此“物品”特指建筑物使用人日常生活所使用、享用之物,但不包括搁置物、悬挂物。据社会生活经验和裁判实务,被从建筑物抛掷的“物品”,有果皮、果核、菜叶、废纸、烟灰缸、啤酒瓶,甚至有夫妻吵架从窗口抛下枕头、被褥、菜刀乃至宠物猫狗的。而猫狗很难说是“物品”。故不可拘泥于“物品”一词的文义,从高层建筑抛掷、坠落之物,凡不属于前条(第 1253 条)“脱落、坠落”之屋顶瓦片、外墙瓷砖、窗户玻璃及“搁置物、悬挂物”,均属于本条所谓抛掷、坠落“物品”。

条文所谓“抛掷”,指建筑物使用人从室内通过窗户向外抛弃物品的行为。所谓“坠落”,区别于前条(第 1253 条)“搁置物、悬挂物”之“脱落、坠落”,指不属于“搁置物、悬挂物”的“物品”之“(从窗口)坠落”。所谓“抛掷物品”“坠落物品”,区别何在?“抛掷物品”着重于人的(抛掷)行为,“坠落物品”着重于从窗口坠下之事实。因此,本条“侵权人”,包括从窗口向外“抛掷物品”之行为人,及从窗口“坠落物品”之管理人。

条文第二句前段“从建筑物中抛掷物品或者从建筑物上坠落的物品造成他人损害的,由侵权人依法承担侵权责任”,是否属于裁判规范(请求权基础)?请特别注意,在中国法语境,凡条文规定“应当承担侵权责任”(如第 1253 条、第 1255 条、第 1257 条、第 1258 条)或者规定“由某某某承担侵权责任”（如第1252条、第1256条），均属于裁判规范（请求权基础）；凡条文使用“依法”“依照法律规定”字样，如规定“依法承担侵权责任”（如第1186条、第1208条）或者规定权利人“可以依法请求损害赔偿”（第237条），均属于指引性规定。指引性规定，属于辅助性条文，其本身不具有裁判规范（请求权基础）的性质，其所指引的法律规定（应“依”之“法”），才是裁判规范（请求权基础）。

条文第一款第二句前段“从建筑物中抛掷物品或者从建筑物上坠落的物品造成他人损害的，由侵权人依法承担侵权责任”，属于指引性规定，不具有裁判规范的性质。受害人起诉“抛掷物品”之人的案件，法庭不得直接依据条文第1款第二句前段判决。这就出现一个问题，法庭裁判受害人起诉“抛掷物品”之人或者“坠落物品”的管理人的诉讼，所应“依”之“法”何在？

本条属于建筑物损害责任，但本条“抛掷物品”“坠落物品”造成他人损害案件，不在建筑物缺陷损害责任（第1252条）、建筑物管理瑕疵责任（第1253条）的适用范围之内，不能依照建筑物缺陷损害责任（第1252条）判决侵权人承担无过错责任，或者依照建筑物管理瑕疵损害责任（第1253条）判决侵权人承担推定过错责任。这样看来，条文第一款第二句前段“抛掷物品、坠落物品”致损案型，似应归入一般侵权行为，适用过错责任原则（第1165条第1款）。这样一来，法庭就应当要求原告（受害人）负担证明被告（抛掷物品之人、坠落物品的管理人）具有过错的举证责任及举证不能的风险（不能获得赔偿），使抛掷物品之人、坠落物品的管理人承担比建筑物管理人更轻的责任。这样做，显然是不适当的。

按照本编编纂体例，侵权行为被区分为一般侵权行为与特别侵权行为。属于特别侵权行为的诸类型,分别设专章规定,即第 4 章至第 10 章,另有若干特别侵权行为类型,因条文简单、不适于设一章的,合并规定在第 3 章。并且,凡属于特别侵权行为,均不属于过错责任原则(第 1165 条第 1 款)的适用范围,或为无过错责任,或为推定过错责任,或采过错客观化方法。将本条第 1 款第二句前段规定的"抛掷物品、坠落物品"损害案型,纳入一般侵权行为、适用过错责任原则(第 1165 条),显然违反本编编纂体例和立法逻辑。

应当认为,本条第 1 款第二句前段规定"依法承担侵权责任",而本法不存在裁判"抛掷物品、坠落物品"致损案型的"可依之法",已构成法律漏洞。如前所述,本条之设参考借鉴罗马法关于从建筑物落下物或投掷物致损的"准私犯"规则:如果从建筑物中落下或投出的任何物品在公共场所造成他人损害,住户无论是否具有过错,均可受到"落下物或投掷物致害之诉"(*actio de effuses et deiectis*)的追究。本书建议,将此罗马法规则作为一项民法法理,以补充此项漏洞。法庭审理受害人起诉抛掷物品之人、坠落物品管理人的案件,应依关于抛掷物品、坠落物品损害由抛掷物品之人、坠落物品的管理人承担无过错责任的民法法理予以判决。[8]

三、第 1 款第二句后段

条文第 1 款第二句后段规定,"经调查难以确定具体侵权人的,除能够证明自己不是侵权人的外,由可能加害的建筑物使用人给予补偿"。此是本条重心所在,是高楼坠物难于确定加害人时的补偿规则。前已述及,此项补偿规则的法律根据,是在发生高楼坠物损害、不能确定具体侵权人时,立法类推关于共同危险行为规则(第 1170

条)，考虑到被告中仅一人为侵权人(抛掷物品之人或者坠落物品的管理人)，其他人均为非侵权人，故将“承担赔偿责任”改为“给予补偿”，以合于情理。

(一)补偿义务人

补偿义务人，为“可能加害的建筑物使用人”。鉴于本条所谓建筑物，特指区分所有建筑物，此“建筑物使用人”，指待审案件损害事实发生当时，实际占有该建筑物“专有部分”(第271条)的人。于“自主占有”情形，是指“业主”即所有人；于“他主占有”情形，是指承租人、借用人。

按照物理规律，造成损害的“物品”，只能从同一单元的二层以上楼层窗口坠落，故“可能加害的建筑物使用人”限于该单元二层以上楼层的建筑物使用人。考虑到社会生活实际情形，虽属于该单元二层以上楼层的建筑物使用人，如果损害发生当时不在家(建筑物专有部分)，则不可能是侵权人，故条文允许“自证”其不是侵权人。该单元二层以上楼层的建筑物使用人，可以举证证明“自己不是侵权人”。这是准用共同危险行为的规则，与刑法所谓“不在现场”规则类似。因此，从该单元二层以上楼层建筑物使用人(所有人、承租人、借用人)中，除去能够证明自己不是侵权人的建筑物使用人，即是补偿义务人。

法庭审理中，被告举证证明自己不是侵权人的，即因当事人不适格而退出诉讼；如果经审查确定或者被告自认是抛掷物品之人或者坠落物品的管理人，则法庭应当允许其余被告退出诉讼。这种情形，法庭应当提示原告变更诉讼请求，由请求可能加害的建筑物使用人补偿之诉,变更为以确定的或者自认的侵权人(抛掷物品之人、坠落物品的管理人)为被告的侵权责任之诉。

(二)补偿要件

补偿要件如下:(1)须属于区分所有建筑物[9];(2)须从建筑物抛掷物品或者坠落物品;(3)须造成他人损害,此所谓“损害”限于人身损害(死亡、残疾)及有形财产(动产)损害(如砸坏汽车);(4)须抛掷物品或者坠落物品与他人所受损害之间存在因果关系;(5)须(经调查)难以确定具体侵权人(抛掷物品的人或者坠落物品的管理人)。

关于第5项要件,《侵权责任法》第87条原文是:“难以确定具体侵权人”。编纂为《民法典》时,起草人在前面添加“经调查”三字。实际上,“难以确定具体侵权人”,是“经调查”之后得出的判断。受害人经向该建筑物业主委员会、物业管理单位(或者物管人员)或者居民委员会、公安派出所询问、打听,仍不能确定具体侵权人(抛掷物品之人、坠落物品的管理人),即符合“经调查难以确定侵权人”要件。如果已经“确定具体侵权人”(抛掷物品之人或者坠落物品的管理人),受害人将以该侵权人为被告提起侵权责任之诉;受害人以该建筑物可能加害的使用人为被告提起补偿之诉,足以表明“经调查难以确定具体侵权人”。因此,立案庭、审判庭对于“经调查难以确定具体侵权人”要件,应无须审查而予以认定。

补充一点,本法关于侵权责任形式有连带责任与按份责任之分,连带责任必须由法律规定或者当事人约定。而关于“补偿”不存在连带补偿问题,各补偿义务人负担的补偿金数额应当相同。

四、第1款末句

条文第1款末句规定："可能加害的建筑物使用人补偿后，有权向侵权人追偿。"此是关于追偿权的规定。之所以要由"可能加害的建筑物使用人"给予补偿，其前提是"难以确定具体侵权人（抛掷物品之人、坠落物品的管理人）"。故"补偿"有替侵权人"垫付"的性质。补偿义务人给予补偿后，一旦确定具体侵权人（抛掷物品之人、坠落物品的管理人），理当向确定的侵权人追偿。

五、第2款

本条第2款规定："物业服务企业等建筑物管理人应当采取必要的安全保障措施防止前款规定情形的发生；未采取必要的安全保障措施的，应当依法承担未履行安全保障义务的侵权责任。"《侵权责任法》第87条并无第2款，现在的第2款为编纂《民法典》时起草人所新增。

（一）第2款规定的法律性质

第2款条文采用"应当依法承担"这样的表述，表明第2款规定属于指引性规定，而不具有裁判规范（请求权基础）的性质。受害人起诉"物业服务企业等建筑物管理人"的案件，法庭不能直接依据第2款规定判决，而应当依据所指引的法律条文（应"依"之"法"）判决。法庭裁判受害人起诉"物业服务企业等建筑物管理人"的案件，所应"依"之"法"何在？

本书前已述及，本法参考借鉴德国"交易安全义务理论"，创设"安全保障义务"制度，规定在第1198条。其第1款规定："宾馆、商场、银行、车站、机场、体育场馆、娱乐场所等经营场所、公共场所的经营者、管理者或者群众性活动的组织者,未尽到安全保障义务,造成他人损害的,应当承担侵权责任。"第 2 款规定:"因第三人的行为造成他人损害的,由第三人承担侵权责任;经营者、管理者或者组织者未尽到安全保障义务的,承担相应的补充责任。经营者、管理者或者组织者承担补充责任后,可以向第三人追偿。"显而易见,第 1198 条关于安全保障义务的规定,即是本条第 2 款所指引的应"依"之"法"、法庭裁判受害人起诉"物业服务企业等建筑物管理人"的案件所应当适用的裁判规范(请求权基础)。

(二)本条第 2 款与第 1 款的逻辑关系

应当肯定,第 2 款与第 1 款规定之间构成特别法与一般法的逻辑关系。按照特别法优先适用原则(第 11 条),受害人起诉物业服务企业等建筑物管理人的案件,应当优先适用第 2 款规定,鉴于第 2 款属于指引性规定,故应当优先适用第 2 款所指引的应"依"之"法",即本法第 1198 条关于安全保障义务的规定。

(三)适用第 1198 条的结果

第 1198 条安全保障义务的适用范围,限于"宾馆、商场、银行、车站、机场、体育场馆、娱乐场所等经营场所、公共场所"以及"群众性活动"所发生的损害案型。按照本条第 2 款规定,受害人依据第 1198 条安全保障义务起诉"物业服务企业等建筑物管理人",请求其承担赔偿责任,被告"物业服务企业等建筑物管理人",必定主张"适用范围抗辩"。抗辩理由是,被告依据物业服务合同所负责管理的区分所有建筑物(及住宅小区)为业主私有财产,并非"经营场所、公共场所",

更与所谓“群众性活动”无关。被告物业服务企业等建筑物管理人还将主张“当事人不适格抗辩”，抗辩理由是，被告物业服务企业等建筑物管理人，并非（宾馆、商场、银行、车站、机场、体育场馆、娱乐场所等）“经营场所、公共场所的经营者、管理者或者群众性活动的组织者”。法庭审查后，将认定被告“物业服务企业等建筑物管理人”的抗辩理由成立，并以该案不属于第1198条的适用范围、被告（当事人）不适格为由，驳回受害人的诉讼请求。

（四）第2款规定违背法律适用逻辑

按照法律适用逻辑，待决案件须在法庭引为裁判依据的法律条文（规范）的适用范围之内。换言之，用某法律条文（规范）裁判该法律条文（规范）适用范围之内的案件，谓之法律适用。诚然法律适用之外，还有“参照适用”（“准用”）。所谓参照适用，即用某法律条文（规范）裁判该法律条文（规范）适用范围之外的类似案件。但须注意，所谓参照适用，一是须立法明确授权、条文须采用“参照适用”概念并明示所参照的法律规定（条文）；二是“参照适用”的案件，虽不在所适用的法律条文（规范）的适用范围之内但必须与该法律规范适用范围内的案件具有“类似性”。[10]且不说本条第2款并未使用“参照适用”概念，区分所有建筑物“抛掷物品、坠落物品”致损案件，与第1198条适用范围内的营业场所抢劫案件、球场暴力案件、集会游行的打砸抢烧案件并不具有“类似性”，是显而易见的。可见，起草人新增本条第2款指引性规定，指引法庭援用第1198条，裁判与第1198条适用范围之外的，与该条适用范围内的案型（营业场所抢劫案件、球场暴力案件、集会游行的打砸抢烧案件）不具有“类似性”的区分所有建筑物

“抛掷物品、坠落物品”致损案件,是违反法律适用逻辑的。

(五)第2款立法失误的原因

导致本条第2款立法失误的根本原因,在于起草人未正确认识区分所有建筑物及物业服务合同的法律本质。按照本法,区分所有建筑物,属于“业主的建筑物区分所有权”的标的物。第271条规定:“业主对建筑物内的住宅、经营性用房等专有部分享有所有权,对专有部分以外的共有部分享有共有权和共同管理的权利。”第272条第一句规定:“业主对其建筑物专有部分享有占有、使用、收益和处分的权利。”区分所有建筑物的专有部分(俗称“套内面积”),属于业主的合法的私有财产(不动产物权),受宪法和法律的保护,任何组织和个人不得侵犯(《宪法》第13条、本法第207条)。谚语所谓“风能进、雨能进,国王不能进”,指的就是业主对建筑物专有部分的私有财产权(不动产物权)。不经业主同意,任何人都不能进入其建筑物专有部分,除非警察持有搜查证。

第284条第1款规定:“业主可以自行管理建筑物及其附属设施,也可以委托物业服务企业或者其他管理人管理。”物业服务合同为本法有名合同。第937条第1款规定:“物业服务合同是物业服务人在物业服务区域内,为业主提供建筑物及其附属设施的维修养护、环境卫生和相关秩序的管理维护等物业服务,业主支付物业费的合同。”物业服务企业和其他管理人,为“物业服务人”,习惯上也常常简称“物管”,要说“管理”,其“管理”对象只是“建筑物及其附属设施”和“环境卫生和相关秩序”,业主及作为业主私有财产的建筑物“专有部分”,不属于物业服务企业和其他管理人“管理”的对象。物业服务企业员工或其他管理人查水表、电表,须进入业主的专有部分,也必须事先经业主允许。

概言之,区分所有建筑物(小区)及业主享有私人财产权的建筑物专有部分,属于私有财产,并非“经营场所、公共场所”、更与“群众性活动”无关,业主从专有部分如窗户向外抛掷物品、坠落物品致损案型,显然不在第1198条安全保障义务的适用范围之内,且与该适用范围内的案型(营业场所抢劫、球场暴力、集会游行的打砸抢烧)不具有类似性。为防止发生“抛掷物品、坠落物品”致损,物业服务企业和管理人唯一能够做的,只是在小区显眼的地方、电梯口张贴“警示(通告)”,告知业主“抛掷物品、坠落物品”造成他人损害,将要承担法律责任。实际上,《侵权责任法》实施以来,各区分所有建筑物(小区)的物业服务企业和管理人也正是这样做的。严格言之,张贴“警示(通告)”属于安全教育,而非所谓“安全保障措施”。总不能把建筑物“专有部分”的窗口都装上铁丝网罩吧?真要这样做,业主会允许吗?可见,要求物业服务企业等建筑物管理人,对作为自己的服务对象(而非“管理”对象)的业主从建筑物“专有部分”“抛掷物品、坠落物品”的行为,负担“安全保障义务”,实在是强人所难!要求物业服务企业等建筑物管理人对“抛掷物品、坠落物品”致损,“承担未履行安全保障义务的侵权责任”,其违背人情事理和社会正义,是毋庸置疑的。

(六)小结

本条第2款规定属于立法失误。现在的问题是裁判实务应当如何对待它。与其拘泥于第2款条文,让“抛掷物品、坠落物品”致损的受害人,依据第1198条关于安全保障义务的规定起诉物业服务企业等建筑物管理人，法庭认定被告物业服务企业等建筑物管理人所主张的“适用范围抗辩”和“当事人不适格抗辩”理由成立，判决驳回受害人的诉讼请求之后，受害人再依据本条第1款规定另行起诉“可能加害的建筑物使用人”，请求给予补偿，不如肯定本条第2款属于立法失误、不具有法律效力，而允许受害人直接依据第1款的规定提起请求“可能加害的建筑物使用人”给予补偿之诉。这样做，可以减轻当事人和法院的讼累，规避裁判资源的浪费。[11]

六、如何看待本条第3款

本条第3款规定：“发生本条第一款规定的情形的，公安等机关应当依法及时调查，查清责任人。”所谓“公安等机关”究何所指？其中的“公安”一语，当指隶属于各级政府的公安机关，包括公安部、省公安厅、区县公安局。要求公安部、公安厅“调查”建筑物窗口坠落一个烟灰缸伤及行人案件的“责任人”，恐怕不现实。故以采限缩解释，解释为案件发生地的区县公安局为宜。“公安等机关”中的那个“等”字，按照文义解释和体系解释，应当指隶属于区县政府的具有执行法律职能的行政机关，如司法局、民政局。但司法局、民政局未必具有此项职能。就本款立法目的言之，区县公安局介入“调查”已经足够。因为一个“等”字将司法局、民政局牵扯进去，显然超出本条立法目的，故本书建议，将此“等”字解释为误植为宜。

在民事法律中规定公安机关的职责，要求“及时调查，查清责任人”，也是罕见的、值得商榷的，幸好起草人加上“依法”一词。这样一来，第3款就具有了指引性规定的性质。区县公安机关非直接依据本款规定进行“调查”，而是“依”别的“法”进行“调查”。这所“依”之

"法",当然是指《公安机关办理行政案件程序规定》《公安机关办理刑事案件程序规定》。概而言之,公安机关要介入"调查",其前提是必须构成一个"刑事案件"或者"行政案件"。公安机关是不可能主动介入民事侵权案件、"及时调查"、"查清"民事侵权案件的"责任人"的。要求公安机关"及时调查""查清"民事侵权案件的"责任人",违背前述《公安机关办理行政案件程序规定》《公安机关办理刑事案件程序规定》。至于如何构成一个行政案件或者刑事案件,须符合行政法或者刑法的规定,自不待言。

话说回来,"抛掷物品、坠落物品"致损发生民事侵权责任与行政责任、刑事责任的竞合,是可能的。当受害人依行政法或者刑法的规定提起行政案件或者刑事案件时,公安机关将"及时调查""查清"行政违法行为人或者犯罪人。本条增设第 3 款指引性规定的实际意义,不过如此。

请特别注意,受害人依据本条第 1 款提起请求可能加害的建筑物使用人给予补偿的给付之诉,法庭审理中发现受害人已经提起行政案件或者刑事案件、公安机关已经介入"调查"而尚未"查清责任人",法庭应作何处理? 是继续审理、判决可能加害的建筑物使用人支付补偿金以终结诉讼;还是暂停审理、等待公安机关"调查""查清责任人"之后,再恢复审理,告知原告变更被告和诉讼请求,将请求可能加害的建筑物使用人补偿之诉,变更为请求侵权人承担赔偿责任的侵权之诉? 本书认为,从本法创设本条第 1 款补偿规则的立法目的论,法庭应当继续审理并判决可能加害的建筑物使用人对原告(受害人)给予补偿,以终结此补偿金给付之诉;待将来公安机关"调查""查清责任人"(抛掷物品之人或者坠落物品的管理人)之后,支付了补偿金的"可能加害的建筑物使用人”，理当依据第 1 款末句规定，以侵权人为被告，向法院提起追偿权行使之诉，自不待言。本条在原法第 87 条基础上做了增改。

第一千二百五十五条　堆放物倒塌、滚落或者滑落致害责任

堆放物倒塌、滚落或者滑落造成他人损害，堆放人不能证明自己没有过错的，应当承担侵权责任。

本条规定堆放物损害责任。所谓“堆放物”是社会生活中的概念，指“成堆放置”之动产（有体物），如钢材、木料、砖瓦、谷物秸秆、固体废弃物等。“倒塌、滚落或者滑落”，指堆放物造成他人损害的几种情形。请注意，条文未明示“堆放物”所放置之场所，但考虑到下一条（第 1256 条）规定“在公共道路上堆放”，故本条“堆放物”，不包括堆放于“公共道路上”的“堆放物”。

条文规定，“堆放物”“造成他人损害，堆放人不能证明自己没有过错的，应当承担侵权责任”。这是中国法语境关于推定过错责任的典型表述。因此，本条堆放物损害责任属于推定过错责任。法庭审理堆放物损害案件，原告受害人不承担证明被告堆放人具有过错的举证责任，应当由被告堆放人证明自己没有过错，不能证明自己没有过错的，法庭即认定被告堆放人有过错，并判决被告堆放人承担侵权责任。须注意，本条“过错”之判断，应当以善良管理人的注意为标准。例如，堆放物是否足够牢固、稳固，堆放位置是否避开行人通道及儿童游戏场所，是否设置醒目的警示标志等。

责任构成要件如下:(1)须属于“堆放物”。(2)须非堆放于公共道路上的“堆放物”。如果属于堆放于公共道路上的“堆放物”,应当适用下一条(第1256条)。(3)须属于堆放物“倒塌、滚落或者滑落”。(4)须造成他人损害。此“他人”指堆放人之外的一切人。此“损害”指人身损害及有形财产损害。(5)须堆放物“倒塌、滚落或者滑落”与受害人所受损害之间存在因果关系。(6)须被告堆放人“不能证明自己没有过错”。本条基本沿用原法第88条原文,添加“滚落或者滑落”。

第一千二百五十六条　在公共道路上堆放、倾倒、遗撒妨碍通行的物品致害责任

在公共道路上堆放、倾倒、遗撒妨碍通行的物品造成他人损害的,由行为人承担侵权责任。公共道路管理人不能证明已经尽到清理、防护、警示等义务的,应当承担相应的责任。

本条规定公共道路上堆放、倾倒、遗撒损害责任。关键概念是“公共道路”。“公共道路”之所谓“公共”,指“公共使用(通行)”。所谓“公共道路”,包括公路、城镇街道和胡同(里巷)。其中,公路,以时速限制分为高速公路与一般公路;以管理权属分为国道、省道、县道。乡村可供机动车通行的便道、机耕道,通向单位、住宅小区或停车场的岔道,以及单位、住宅小区内部有公共使用性质的通道,亦属于公共道路。但单位、住宅小区内部不具有公共使用性质的通道不属于公共道路;乡村机动车不能通行的田间小路、羊肠小道也不属于公共道路。

所谓“堆放”,指放置“堆放物”,与前条(第 1255 条)相同。“倾倒”,包括倾倒沙土、废弃物。“遗撒”,指运输沙土、废弃物的车辆行进中所装载沙土、废弃物沿路撒落。所谓“妨碍通行的物品”,指砖、瓦、木、石及固体废弃物。倾倒、遗撒液体可能导致车辆打滑、行人摔倒,故“妨碍通行的物品”,还应当包括液体。

条文第一句规定,在公共道路上堆放、倾倒、遗撒妨碍通行的物品造成他人损害的,“由行为人承担侵权责任”。此“行为人”,指“在公共道路上”堆放、倾倒、遗撒“妨碍通行的物品”的人。此“行为人”可以是法人、非法人组织或者自然人。于车辆“遗撒”情形,如车辆所有人、车辆驾驶人非同一人,应以谁为应承担侵权责任之“行为人”,不无疑问。按照危险控制理论,车辆驾驶人最能够控制、规避危险,应当由驾驶人承担侵权责任,则此“行为人”似应为车辆驾驶人。但驾驶人为被使用人,按照本法使用人责任(第 1191 条、第 1192 条),被使用人执行职务造成他人损害的,应当由使用人承担侵权责任。故应当肯定,于车辆所有人与驾驶人非同一人情形,应当承担侵权责任之“行为人”,应指车辆所有人。

责任构成要件包括:(1)须属于“公共道路”。(2)须在公共道路上“堆放、倾倒、遗撒妨碍通行的物品”。(3)须“造成他人损害”。所谓“他人”指在公共道路上通行之自然人、车辆所有人、车辆驾驶人;所谓“损害”,指人身损害及有形财产(车辆、货物)损害。(4)须所“堆放、倾倒、遗撒”之“妨碍通行的物品”,与受害人所受“损害”之间存在因果关系。依本条规定,“行为人”所应承担的责任,属于不附法定免责、减责事由之无过错责任。

条文第二句规定:“公共道路管理人不能证明已经尽到清理、防护、警示等义务的,应当承担相应的责任。”此系关于公共道路管理瑕疵责任的规定。民法理论所谓“道路管理瑕疵”,指道路管理人未尽到对于道路的维护、保养义务,致使道路具有对他人人身、财产的不合理危险。道路具有对他人(行人、车辆驾驶人)人身、财产的不合理危险,称为“道路缺陷”。“道路缺陷”,属于“建筑物缺陷”,而类似于“产品缺陷”。

“道路缺陷”,以其发生原因不同,分为两种:一是原发性道路缺陷,指道路不符合安全标准、具有对他人(行人、车辆所有人和驾驶人)人身、财产的不合理危险。具有原发性缺陷道路发生垮塌、塌陷造成他人损害的案型,应当适用第 1252 条,由建设单位与施工单位承担连带责任(无过错责任)。二是后发性道路缺陷,指道路本无缺陷,因人的行为或者自然力致使道路不符合安全标准,具有对他人人身、财产的不合理危险。因人的行为致使道路具有缺陷造成他人损害的案型,依本法规定,由行为人承担无过错责任,具有管理瑕疵的管理人承担相应的责任(本条及第 1258 条)。因自然力致使道路具有缺陷造成他人损害的案型,由具有管理瑕疵的管理人承担相应的责任,但构成不可抗力的,管理人可以主张不可抗力免责(第 180 条),自不待言。

本条“在公共道路上堆放、倾倒、遗撒妨碍通行的物品”,属于人的行为致使道路具有后发性道路缺陷。第一句规定由行为人(堆放人、倾倒人、遗撒人)承担无过错责任;第二句规定未尽到“清理、防护、警示等义务”的管理人承担相应的责任,亦即道路管理瑕疵责任。

第二句规定道路管理瑕疵责任,系采“管理瑕疵推定”方法,凡因在公共道路上堆放、倾倒、遗撒妨碍通行的物品造成他人损害，即推定管理人具有道路管理瑕疵（未尽到“清理、防护、警示等义务”），而允许管理人以反证推翻此项立法推定。如果管理人不能证明自己已经尽到清理、防护、警示等义务，法庭即认定管理人具有管理瑕疵，并据以判决管理人承担相应的责任；反之，如果管理人举证证明自己已经尽到清理、防护、警示等义务，则此项立法推定被推翻，法庭即应认定管理人不具有管理瑕疵，并据以判决管理人不承担责任。

在法庭认定管理人不具有管理瑕疵并据以判决管理人不承担责任情形，理当由行为人按照第一句规定对受害人承担全部赔偿责任，自不待言。在法庭认定管理人具有管理瑕疵情形，依第二句规定，法庭应当判决管理人承担相应的责任。此所谓“相应的”责任，本书前已述及，是指“责任”（赔偿金数额）与其“管理瑕疵”（未尽到“清理、防护、警示等义务”）的严重程度“相应”。如发生“堆放、倾倒、遗撒”后未及时予以清理乃至经过相当长的时间仍未清理、未有任何防护措施，亦未设置（危险）警示，应当认定管理瑕疵程度严重，即相应判决管理人承担较重的责任（赔偿金数额）；反之，如管理人对于“堆放、倾倒、遗撒”有防护、警示等措施、因某种原因致清理不及时致发生损害，应当认定管理瑕疵程度较轻，即相应判决管理人承担较轻的责任（赔偿金数额）。

裁判实务中，法庭判决管理人不承担责任情形，则行为人应当承担全部责任（赔偿金）；判决管理人承担较轻的责任（如20%以下），则行为人应当承担较重的责任（80%以上）。问题是，法庭认定管理瑕疵程度严重情形，管理人所应当承担的责任（赔偿金数额），不应超过行为人所应当承担的责任（赔偿金数额）。因为造成受害人损害的直接原因,毕竟是行为人的作为(“堆放、倾倒、遗撒”行为)。因此,本书认为,于法庭认定管理瑕疵程度严重情形,判决管理人所承担的责任(赔偿金数额),以不超过全部责任(赔偿金数额)的40%为宜。与此相应,行为人承担的责任(赔偿金数额),以不少于全部责任(赔偿金数额)的60%为宜。

请特别注意,“在公共道路上堆放、倾倒、遗撒妨碍通行的物品造成他人损害”案型,受害人要确定“行为人”(堆放人、倾倒人、遗撒人)颇为困难,而要确定“管理人”就相对容易。于受害人难于确定“行为人”情形,受害人请求“管理人”承担全部赔偿责任,法庭应当如何处理? 此与在“经营场所、公共场所”“因第三人的行为造成他人损害”案型颇为类似。

按照第1198条第2款的规定:(在“经营场所、公共场所”)“因第三人的行为造成他人损害的,由第三人承担侵权责任;经营者、管理者或者组织者未尽到安全保障义务的,承担相应的补充责任。经营者、管理者或者组织者承担补充责任后,可以向第三人追偿。”请注意,所谓“补充责任”,其含义是,“责任人”不能承担全部赔偿责任情形,由“补充责任人”予以“补充”、承担其不足部分赔偿金;于“责任人”不具有承担责任的资力或者难于确定“责任人”情形,由“补充责任人”予以“补充”、承担全部赔偿责任。

鉴于本条立法目的在保护“在公共道路上”因“堆放、倾倒、遗撒妨碍通行的物品”遭受损害的受害人,与第1198条第2款类似,应采立法解释和类推解释,于“行为人”(堆放人、倾倒人、遗撒人)难于确定情形,受害人起诉公共道路“管理人”的,法庭应当判决“管理人”“予以补充”、承担全部赔偿责任;“管理人”“承担补充责任”(全部赔偿责任)后,有权向“行为人”(堆放人、倾倒人、遗撒人)追偿。[12]

再一个问题,于受害人起诉“管理人”请求“管理人”承担全部赔偿责任诉讼中,“管理人”申请增列“行为人”(堆放人、倾倒人、遗撒人)为共同被告的,法庭应当如何处理?鉴于由“管理人”承担补充责任,是不能确定“行为人”(堆放人、倾倒人、遗撒人)情形的“替代(责任)”,故“管理人”请求增列“行为人”(堆放人、倾倒人、遗撒人)为共同被告的,法庭应当准许。这种情形,如前所述,法庭经审查认定“管理人”不具有“管理瑕疵”的,应当判决“行为人”承担全部赔偿责任;认定“管理人”具有“管理瑕疵”的,则判决“管理人”承担与其“管理瑕疵”的严重程度“相应的”赔偿责任。本条基本沿用原法第 98 条,第二句为新增。

第一千二百五十七条　林木折断、倾倒或者果实坠落等致人损害的侵权责任

因林木折断、倾倒或者果实坠落等造成他人损害,林木的所有人或者管理人不能证明自己没有过错的,应当承担侵权责任。

本条规定林木折断、倾倒或者果实坠落损害责任。决定本条适用范围的关键,是如何理解“林木”概念。按照《现代汉语词典》,“林木”一词有两个义项:(1)树林。《荀子·劝学》:“林木茂,而斧斤至焉,树成荫,而众鸟息焉。”(2)生长在森林中的树木。《墨子·杂守》:“重五斤已上,诸林木,渥水中,无过一茷。”本条立法目的,是要解决因树木折断、倾倒或者果实坠落而遭受人身损害的行人、游人的救济问题,而

“林木”一词的两个义项均与本条立法目的无关。可见,条文使用“林木”一词不当。从条文所用动词“折断、倾倒”可知,立法者的本义是指(单棵的)“树木”,而非众多树木(树林)。故条文“林木”,应当理解为“树木”。并且,因折断、倾倒或者果实坠落造成他人损害的“树木”,并非人迹罕至的原始森林、未开放供人游览的森林公园或者农户所有的经济林和果园中的树木;其折断、倾倒或者果实坠落有造成他人人身损害危险性的“树木”,只能是公共道路、公共场所、公园(包括开放供人游览的湿地公园、森林公园)的“树木”。因此,本条的适用范围,限于公共道路行道树、公共场所的树木、公园内的树木因折断、倾倒或者果实坠落造成人身损害的案型。[13]

责任构成要件如下:(1)须属于公共道路、公共场所、公园(包括开放供人游览的湿地公园、森林公园)的“树木”。(2)须树木“折断、倾倒或者果实坠落”。考虑到树木折断的枝丫乃至树叶(如棕榈类)坠落亦可造成伤害,故条文“果实坠落等”的“等”字,应指(足以造成人身损害的)枝丫坠落、树叶坠落。(3)须“造成他人损害”。此所谓“他人”,指肇事“树木”的所有人、管理人之外的自然人,包括行人、游人;[14]所谓“损害”,指人身损害和有形财产(如汽车)损害。(4)须树木“折断、倾倒或者果实坠落”与“他人”(受害人)所受损害之间具有因果关系。(5)须“所有人或者管理人不能证明自己没有过错”。

关于第5项要件须稍作说明。本条为推定过错责任,凡因树木“折断、倾倒或者果实坠落造成他人损害”,即推定树木的所有人或者管理人具有过错(“管理瑕疵”)。如所有人或者管理人举证证明自己没有过错,则此项过错推定即被推翻,法庭应认定被告所有人或者管理人无过错,并判决侵权责任不成立、被告(所有人或者管理人)不承担责任;被告所有人或者管理人不能证明自己没有过错的,法庭即认定被告(所有人或者管理人)有过错,并判决其承担侵权责任。

补充一点,条文未涉及导致树木“折断、倾倒或者果实坠落”的原因。导致树木“折断、倾倒或者果实坠落”的原因有四:第一,因管理瑕疵(如树木或枝丫枯朽而未及时砍伐、修剪)导致树木“折断、倾倒或者果实坠落”。第二,第三人的原因(如擅自砍伐、攀采果实)导致树木“折断、倾倒或者果实坠落”。第三,受害人自身的原因(如攀爬树木、采摘果实)导致树木“折断、倾倒或者果实坠落”。第四,不可抗力(如地震)导致树木“折断、倾倒或者果实坠落”。本条立法目的,在于救济因管理瑕疵导致树木“折断、倾倒或者果实坠落”的受害人,本属于管理瑕疵责任。有鉴于此,则第三人的原因导致树木“折断、倾倒或者果实坠落”造成他人损害情形,所有人或者管理人对受害人承担责任后,应有权向该第三人行使追偿权;受害人自身的原因导致树木“折断、倾倒或者果实坠落”使自己受损害情形,所有人或者管理人可以主张过失相抵规则(第 1173 条)之抗辩;不可抗力的原因导致树木“折断、倾倒或者果实坠落”造成他人损害情形,所有人或者管理人有权主张不可抗力免责(第 180 条),自不待言。本条基本沿用原法第 90 条,增加“倾倒或者果实坠落等”。

第一千二百五十八条　公共场所或者道路上施工致害责任和窨井等地下设施致害责任

在公共场所或者道路上挖掘、修缮安装地下设施等造成他人损害,施工人不能证明已经设置明显标志和采取安全措施的,应当承担侵权责任。

窨井等地下设施造成他人损害，管理人不能证明尽到管理职责的，应当承担侵权责任。

本条第1款规定公共场所、道路施工损害责任。前已述及，本法有两种“公共场所”概念：一是“公有公用”的场所。其特征是：所有权归国家；供一般人（公众）使用；由地方政府管理，如城镇街道、胡同、广场、公路、河滩、海滩、公园等。二是所谓“经营性公共场所”。其特征是：所有权归营利性法人、非法人组织或者个体经营户；供消费者（顾客、储户、旅客、游客）使用；由所有人或者管理人管理，如商场、银行营业厅、机场、车站、体育场馆、游乐场所等。本条所谓“公共场所”，指前者、即“公有公用”的公共场所。本法所谓“道路”，以产权归属不同，分为两种：一是“公共道路”；二是“非公共道路”，即单位、住宅小区内部道路。请特别注意，本条所谓“道路”，包括“公共道路”与“非公共道路”。

责任构成要件如下：(1)须属于“公共场所或者道路”。如前所述，此所谓“公共场所”，仅指“公有公用”的“公共场所”，不包括“经营性”的“公共场所”。但此所谓“道路”，除“公共道路”外，还包括单位、住宅小区内部道路。(2)须属于“在公共场所或者道路上挖掘、修缮安装地下设施等”。“挖掘”指“挖掘”地面，是为了“修缮安装地下设施”。“地下设施”，指地面以下的设施，如地下电缆、网络线路、供水管道、排污管道、地铁站口、人防工程等。因“地下设施”种类甚多，难于全部列举，故用一个“等”字涵括。(3)须“造成他人损害”。所谓“他人”，指从事“挖掘、维修安装”施工人之外的一切人。施工单位工作人员、雇员遭受损害,不适用本条。[15]所谓"损害",指人身损害及有形财产(如汽车)损害。(4)"在公共场所或者道路上挖掘、修缮安装地下设施等"与受害人所受损害之间存在因果关系。(5)须"施工人不能证明已经设置明显标志和采取安全措施"。

关于第5项要件,须稍作说明。本条为推定过错责任,凡因"在公共场所或者道路上挖掘、修缮安装地下设施等造成他人损害",即推定施工人具有过错。此项"过错",指施工人未履行特定情形之注意义务("设置明显标志和采取安全措施")。如果施工人举证证明"已经设置明显标志和采取安全措施",则此项过错推定即被推翻,法庭应据此认定被告施工人无过错,并判决侵权责任不成立、被告施工人不承担侵权责任;如果被告施工人不能证明"已经设置明显标志和采取安全措施",法庭即认定被告施工人有过错,并判决其承担侵权责任。

本条第2款规定窨井等地下设施损害责任。其适用范围,为"窨井等地下设施造成他人损害"案型。责任人为窨井等地下设施的"管理人"。本款亦属于推定过错责任。

所谓"窨井",指城市上下水道或其他地下管线工程的地面出入口。窨井的井盖称为窨井盖。所谓"地下设施",有狭义与广义之分。狭义地下设施,指设置于地面以下用于城市供电、供水、供气、供热、通信、排水、环卫的管线等地下设施,亦称地下公用设施。广义的地下设施,指设置于地面之下的建筑物和构筑物,包括地下公用设施(狭义地下设施),及地下室、地下商场、人防工程、地铁等。须特别注意,本款所谓"地下设施",仅指狭义的地下设施,即城市地下公用设施。此"地下设施"的法律特征是:所有权归国家、社会公有、地方政府专设的特别法人（第 97 条）负责管理。条文所谓“管理人”，即隶属于地方政府、负责对地下设施管理维护的特别法人。

请注意，条文“窨井等地下设施”一语并不严谨。因为，“窨井”是地下设施的地面出入口，其本身非地下设施之一类型。“窨井”多设置于街道、道路两侧，因管理人（其工作人员）为检修、维护地下设施而移除“窨井盖”期间未设置明显标志和采取安全措施，或者“窨井盖”被人窃取（管理人未及时发现），致行人跌入“窨井”造成人身损害的案件时有发生。严格言之，“造成他人损害”的，是“地下设施”的出入口即（被移去“窨井盖”的）“窨井”，而非“地下设施”本身。

责任构成要件如下：（1）须属于“窨井”。（2）须“窨井盖”被移去。（3）须“造成他人损害”。此“他人”指“管理人”（及其工作人员）之外的人（行人）。此“损害”为人身损害（肢体受伤、残疾、死亡）及有形财产（受害人随身携带动产）损害。（4）须“窨井”与受害人所受损害之间存在因果关系，即受害人跌入（被移去“窨井盖”的）“窨井”造成人身损害。（5）须“管理人”不能证明已经尽到管理职责。

关于第 5 项要件，须稍作说明。本条为推定过错责任，凡因“窨井等地下设施造成他人损害”，即推定管理人具有过错。此项“过错”，指管理人“未尽到管理职责”。此“管理职责”，指管理人于特定情形之注意义务，于检修、维护地下设施、移除“窨井盖”期间，应当设置明显标志和采取安全措施（设置隔离行人之围栏），为防止“窨井盖”被窃取而设置防盗装置等。如果被告管理人举证证明“已尽到管理职责”（如于检修、维护地下设施而移除“窨井盖”期间，已设置明显标志并设置隔离行人之围栏，为防止“窨井盖”被窃取而设置防盗装置等），则此项过错推定即被推翻，法庭应当据以认定被告管理人无过错，并判决侵权责任不成立、被告管理人不承担侵权责任；如果被告管理人不能证明"已尽到管理职责"（如于检修、维护地下设施而移除"窨井盖"期间，未设置明显标志、未设置隔离行人之围栏，未为"窨井盖"设置防盗装置等），法庭即应认定被告管理人具有过错，并判决其承担侵权责任。

补充一点，于第三人移除（窃取）"窨井盖"造成他人损害情形，管理人依据本款规定对受害人承担侵权责任后，有权向该第三人追偿，自不待言。本条基本沿用原法第 91 条原文，稍有文字改动。

注　释

1 《产品质量法》第 46 条。

2 建筑过程中、未完成的"建筑物、构筑物或者其他设施"发生倒塌、塌陷造成建设单位或者施工单位雇员、工作人员人身损害的，应当适用《工伤保险条例》的规定，而不属于本条适用范围。

3 如果受害人起诉"建设单位与施工单位"，"建设单位与施工单位"可通过举证证明建筑物"不存在质量缺陷"，主张构成要件抗辩而不承担责任。

4 顺便指出，受害人有权依据本编第 1165 条关于一般侵权行为的规定，追究该等行为人的侵权责任。

5 合同编第 712 条规定，"出租人应当履行租赁物的维修义务，但是当事人另有约定的除外"。借用合同为无名合同，借用物维修义务之承担，应参照适用租赁合同的规定。

6 "建筑物、构筑物或者其他设施""所有人、管理人或者使用人"的工作人员、雇员遭受损害，应当适用《工伤保险条例》或者本编第 1192 条的规定，而不属于本条适用范围。

7　参见《全国人民代表大会法律委员会关于〈中华人民共和国侵权责任法草案〉主要问题的汇报》。

8　适用法理以补充法律漏洞的实例，如最高人民法院在2014年民提字71号案民事判决中，引用民法关于虚伪表示无效不得对抗善意第三人的法理作为裁判依据。此外，如湖北省高级人民法院（2017）鄂民终210号民事判决书适用民法关于债务加入又称并存的债务承担的法理；河南省高级人民法院（2016）豫民终211号民事判决书适用民法关于代物清偿的法理；武汉市武昌区人民法院（2013）鄂武昌民商初字第00127号民事判决书适用民法关于真意保留的法理；北京市第三中级人民法院（2015）三中民终字第11207号民事判决书适用民法关于添附的法理。

9　多层建筑物所有人为一人（不属于区分所有建筑物），使用人为多人，不能确定具体侵权人时，应以该建筑物所有人为侵权人；多层建筑物所有人为多人（属于区分所有建筑物），使用人为一人（所谓"分时度假酒店"），不能确定具体侵权人时应以该建筑物使用人（酒店经营者）为侵权人。

10　例如，合同编第464条第2款规定，身份关系的协议可以参照适用合同通则的规定；第467条规定无名合同可参照适用典型合同中最相类似的规定。

11　法院认定某项法律规定属于立法失误而不予适用，在比较法上最典型的实例，是《德国民法典》第54条。该条规定，"无权利能力社团，适用合伙的规定"，被认定为立法失误、不具有法律效力，而不被适用。

12　请特别注意，本条与第1198条违反安全保障义务责任的差别：本条规定未尽到"清理、防护、警示等义务"的"管理人"承担"相应的责任"；第1198条规定未尽到"安全保障义务"的经营者、管理者或者组织者承担"相应的补充责任"。此不同规定，体现立法者的以下考量：公共道路管理人为隶属于政府的行政机关（特别法人），而"经营场所、公共场所的经营者、管理者或者群众性活动组织者”往往是一般民事主体,隶属于政府的行政机关(特别法人)所承担的责任应当比一般民事主体稍重。因此,难于确定“行为人”时,“管理人”承担补充责任,应当全额补充,即承担全部赔偿责任;难于确定“第三人”或者“第三人”无赔偿能力情形,安全保障义务人承担“相应的补充责任”,不是补充全额。

13 单位内部、住宅小区内部的树木折断、倾倒或者果实坠落致人损害案件,可以类推适用本条规定。

14 所有人、管理人的工作人员、雇员执行职务中受害应当适用本编第1191条、第1192条,而不适用本条。

15 应当适用《工伤保险条例》和本法第1192条的规定。